AS VIAGENS DE
Francisco

AS VIAGENS DE Francisco

Conversas com Sua Santidade

ANDREA TORNIELLI

Tradução
Ada Morandi

Planeta

Título original: *In Viaggio*

Preparação: Maurício Katayama
Revisão: Dan Duplat e Andressa Veronesi
Diagramação: Anna Yue
Capa: adaptada do projeto original
Imagens de capa: Alessandra Benedetti – Corbis/Getty Images

Transcrições de cartas e textos escritos pelo Papa Francisco foram mantidos em português de Portugal por ser o idioma usado por ele para se comunicar em português.

CIP-BRASIL. CATALOGAÇÃO NA PUBLICAÇÃO
SINDICATO NACIONAL DOS EDITORES DE LIVROS, RJ

T638v

Tornielli, Andrea
As viagens de Francisco / Andrea Tornielli; tradução Ada Morandi. - 1. ed. - São Paulo: Planeta, 2017.

Tradução de: In viaggio
ISBN 978-85-422-1175-7

1. Francisco, Papa, 1936- - Entrevistas. 2. Viagens. 3.Vida cristã. I. Morandi, Ada. II. Título.

17-44719 CDD: 231.6
CDU: 231

2017

EDITORA PLANETA DO BRASIL LTDA.
Rua Padre João Manuel, 100 – 21º andar
Ed. Horsa II – Cerqueira César
01411-000 – São Paulo-SP
www.planetadelivros.com.br
atendimento@editoraplaneta.com.br

SUMÁRIO

INTRODUÇÃO

Lampedusa, porta de entrada às feridas do mundo

Na manhã da quinta-feira 7 de março de 2013, na sala do Sínodo do Vaticano, o arcebispo de Buenos Aires, Jorge Mario Bergoglio, tomava pela primeira vez a palavra diante de seus confrades cardeais durante as congregações gerais que precedem o conclave. Cada prelado dispunha de cinco minutos. Ele utilizou três e meio. Pensando como seria o próximo papa, prefigurou "um homem que, da contemplação de Jesus Cristo, ajudasse a Igreja a sair de si, mirando as periferias. Não somente as geográficas, mas também as periferias existenciais: as do mistério do pecado, as da dor, as da injustiça, as da ignorância e da indiferença religiosa, as do pensamento, as de cada miséria".

Seis dias mais tarde, aquele cardeal argentino se mostrava pela primeira vez no balcão central da Catedral de São Pedro como Papa Francisco. A partir daquele momento, a relação entre centro e periferia entrou com força no magistério do primeiro bispo de Roma a nascer e viver em uma megalópole do hemisfério Sul. Que se havia inspirado, como registra Gianni Valente em um ensaio publicado na revista *Limes*, na filósofa argentina peronista Amelia Podetti, estudiosa de Hegel. Esta observava que a Europa via a si mesma de modo diferente depois da viagem de circum-navegação empreendida por Fernão de Magalhães. Olhar o mundo de Madri, de fato, não era como olhá-lo da Terra do Fogo: o alcance era mais amplo e possibilitava ver coisas destinadas a permanecerem escondidas a quem via tudo desde o "centro" do império.

É a essas considerações simples, formuladas por uma professora com quem travara conhecimento em Buenos Aires quando era sacerdote e provincial dos jesuítas, às quais Bergoglio hoje recorre ao buscar justificar sua menção às periferias. "Vê-se melhor a realidade desde a periferia do que do centro", explicou Francisco em uma entrevista publicada em um boletim paroquial de Villa la Cárcova, favela na periferia de Buenos Aires: "Normalmente nos movemos por espaços que, de uma ou outra maneira, dominamos. Esse é o centro. Na medida em que saímos do centro e nos distanciamos dele, descobrimos mais coisas".

Não é, portanto, adequado procurar decisões geopolíticas por trás dos destinos das viagens feitas pelo Papa Francisco. Há, na verdade, uma chave de leitura mais simples. Francisco, que não gosta de viajar, como ele próprio explica na entrevista que abre este livro, segue o rastro de seus grandes predecessores, sublinhando de forma particular a atenção e a predileção por áreas marginais e situações-limite. Prefere os países menores e em dificuldades, aqueles nos quais sua presença pode servir para encorajar processos de diálogo, de paz, de reconciliação, a abertura de novos caminhos.

Tudo isso nada tem a ver com posições ideológicas ou reivindicações antagonísticas ou terceiro-mundistas, como afirmam alguns de seus críticos. Mas tampouco tem a ver com aqueles que, na vertente oposta, reduzem a mensagem de Francisco a slogans gastos ou palavras de ordem convenientes.

A escolha por incluir em todas as suas viagens encontros com presos e visitas a bairros pobres não decorre de estratégias de marketing, mas da urgência evangélica de "tocar a carne do Cristo" na humanidade ferida. Francisco, com seu testemunho pessoal, indica aos cristãos a necessidade de sair rumo às periferias geográficas e existenciais – sejam elas a esquecida África central, seja o vizinho de porta sozinho e em dificuldades – para encontrar ali o rosto de Cristo e tocar sua carne. Ou seja, para se deixar evangelizar e "ferir" pela realidade, observando-a de um ponto de vista diferente. Para chorar com quem chora e alegrar-se com quem se alegra, mostrando a face misericordiosa de Deus e Sua ternura.

Assim, nas Filipinas, desafiando a chegada de um tufão, o papa decide ir a Tacloban, na ilha de Leyte, para abraçar os sobreviventes do ciclone Yolanda (também conhecido como Haiyan). Na Europa, não começa pelas grandes capitais, mas por países com história atribulada, como a Albânia, de maioria muçulmana e martirizada pelo comunismo, ou Sarajevo, a cidade símbolo da Bósnia-Herzegovina. Depois do deslocamento até o Brasil para a Jornada Mundial da Juventude (JMJ), compromisso legado por seu antecessor, na primeira viagem à América Latina cujo roteiro decide sozinho, escolhe visitar Equador, Bolívia e Paraguai, países "periféricos" da América do Sul. Quando, no ano seguinte, vai ao México, não se furta a visitar Chiapas, no extremo sul, para ir ao encontro das populações indígenas no local onde vivem. E conclui a viagem em Ciudad Juárez, olhando em silêncio a fronteira que tantos hispânicos tentam atravessar na busca desesperada por um futuro melhor.

Este livro tenta recontar as viagens internacionais do Papa Bergoglio, desde a realizada ao Brasil, em julho de 2013, até a que o levou a Lund, na Suécia, em outubro de 2016, sendo concluído com um relato dos bastidores dos voos papais. Não é um ensaio analítico de geopolítica, nem tem a pretensão de ser um primeiro balanço do pontificado itinerante. Em um tempo no qual abundam os comentários, quem o escreve tem a convicção de que o dever do cronista é, sobretudo, procurar narrar a realidade que testemunha. Ao leitor destas páginas cabe julgar se a tentativa, ao menos em parte, se cumpriu.

Um livro sobre os percursos internacionais do Papa Francisco seria, no entanto, incompleto se não abordasse a primeira viagem do bispo de Roma fora de sua diocese. Uma viagem surpresa, aos confins da Itália, no meio daquele Mediterrâneo cujos abismos se transformaram em túmulo para milhares de crianças, mulheres e homens fugidos da guerra e da miséria. A viagem à ilha de Lampedusa, que Francisco decide empreender em 8 de julho de 2013, não nasce de uma decisão calculada, mas no meio de junho, como consequência do enésimo naufrágio. Nasce da dor e da compaixão por aqueles mortos. O papa pergunta se não foram até lá políticos, autoridades italianas ou os bispos da Sicília. Confirma diretamente ao arcebispo de Agrigento, Francesco Montenegro, ter aceitado o convite do pároco da ilha, dom Stefano Nastasi.

Durante sua estada de apenas quatro horas, dividindo-se entre o cais e a paróquia, dialoga com os refugiados e implora o perdão de Deus por esse "massacre dos inocentes": 25 mil mortos em vinte anos. Celebrando a missa em um altar improvisado em um velho barco, com uma cruz pastoral feita com a madeira das embarcações dos imigrantes, convida todos a despertar da "globalização da indiferença", das bolhas nas quais vive "quem se acomodou, se fechou em seu próprio bem-estar, na anestesia do coração". Conclama "aqueles que, com suas decisões, em nível mundial, criaram situações que levam a esses dramas". Exorta à "coragem de acolher aqueles que buscam uma vida melhor". Descreve os erros de uma "cadeia de morte que derrama o sangue do irmão". Recorda que os muros do egoísmo são erguidos por "uma sociedade que esqueceu a experiência do pranto, do compartir". E pergunta: "Terá alguém no mundo chorado por esses irmãos?".

Lampedusa, porta de entrada às feridas do mundo. Lampedusa, incentivo imprevisto e perturbador para tantas outras viagens que levaram esse velho bispo de Roma, encontrado "no fim do mundo", a percorrer o chão de tantas outras periferias. Para abraçar e fazer-se abraçar, consolar e ser consolado, chorar e enxugar lágrimas. Para levar até o coração do mundo lugares como Bangui, a capital da República Centro-Africana, feita centro da cristandade onde se celebrou, uma semana antes de Roma, a abertura da primeira Porta Santa do Jubileu da Misericórdia.

A velhinha com pele de pergaminho

Entrevista com o Papa Francisco sobre suas viagens

Julho é o mês no qual, ao menos em tese, o papa tem algum tempo de férias. Não é o que acontece nesse verão de 2016, com três semanas pontuadas por viagens à Armênia e à Polônia e algumas audiências extraordinárias, como a que foi concedida a um populoso grupo de pessoas pobres vindas da França a Roma em peregrinação. Para Francisco, as férias significam diminuir um pouco o ritmo, ter mais tempo para oração e leitura, poder dedicar umas horinhas a mais a encontros informais. Nas entrevistas coletivas concedidas em voos de regresso de viagens internacionais, os longos diálogos sem barreiras com jornalistas que o acompanham mundo afora, o Papa Bergoglio muitas vezes deu um jeito de se expressar sobre sensações que teve, encontros significativos, episódios que o tocaram de maneira particular durante a excursão. Seria interessante começar este percurso por suas viagens justamente fazendo a ele algumas perguntas. Ele nos recebe em Santa Marta, sua casa. No corredor espaçoso há uma mesa com alguns livros, alguns presentes recebidos, entre os quais sobressai uma grande cruz de vidro soprado decorada com ouro e pedras. No baú ao lado da porta de entrada à suíte transformada em (mini) apartamento papal há uma estatueta de papel machê que representa São José adormecido – ela é "pública", isto é, fica à disposição dos que vivem próximo do pontífice e o ajudam: é uma devoção que há muitíssimos anos acompanha Jorge Mario Bergoglio, que tem o hábito de inserir sob a base da estatueta bilhetes contendo pedidos de graças ou problemas a serem confiados ao grande patrono da Igreja, o grande protagonista-não-protagonista dos primeiros anos da vida na Terra de Jesus de Nazaré, o guardião de sua infância. Há um outro São José, que é "privado" e que o Papa Francisco mantém sobre um movelzinho no pequeno estúdio, sempre abarrotado de livros, papeladas, documentos. Um membro da Guarda Suíça trajando uniforme completo está de plantão no corredor e, além de vigiar, cumpre também com a função de adido da antecâmara, talvez devido ao protocolo estival, um pouco menos rígido. "Santidade, aqui está seu visitante", diz, enfiando a cabeça pela porta. Francisco chega de imediato. A saleta à qual dá a porta de entrada não mudou de aspecto, mas agora nas paredes há quadros pequenos, dispostos em mosaico, obra do padre Rupnik.

Vossa Santidade gosta de viajar?
Sinceramente, não. Nunca fui muito afeito a viagens. Quando era bispo na outra diocese, em Buenos Aires, vinha a Roma somente se necessário e, se podia não vir, não vinha. Sempre me custou estar longe de minha diocese, que, para nós, os bispos, é a nossa "esposa". E, além disso, eu sou uma pessoa de hábitos; para mim, tirar férias significa ter mais tempo para a oração e para a leitura, mas, para descansar, nunca tive necessidade de mudar de ares, de ambiente. Ainda que isso seja às vezes necessário: por exemplo, quando fazemos os exercícios da cúria romana, na Quaresma, e vamos todos por uma semana a Ariccia.

Esperava, quando começou seu pontificado, viajar tanto assim?
Não, não mesmo! Como disse, não gosto muito de viajar. E nunca teria imaginado fazer tantas viagens...

Como isso começou? O que fez que mudasse de ideia?
A primeiríssima viagem foi a de Lampedusa. Uma viagem italiana. Não estava programada, não havia nenhum convite oficial. Eu senti que devia ir, haviam me tocado e comovido as notícias sobre migrantes mortos no mar, nas profundezas. Crianças, mulheres, jovens... Uma tragédia dilacerante. Eu via as imagens de salvamento de sobreviventes, recebia testemunhos sobre a generosidade e a acolhida dos habitantes de Lampedusa. Por isso, graças a meus colaboradores, organizou-se uma visita-relâmpago. Era importante ir. Depois veio a viagem ao Rio de Janeiro, para a Jornada Mundial da Juventude. Era um compromisso que já estava na agenda, previamente estabelecido. O papa sempre foi às JMJ. João Paulo II havia programado ir à de Colônia em 2005, mas retornou ao Pai poucos meses antes, e

aquela foi a primeira viagem de seu sucessor, Bento XVI, e, portanto, tratou-se do primeiro retorno do papa a sua pátria. Não havia o que discutir sobre a ida ao Rio de Janeiro, era necessário ir, e, para mim, foi o primeiro retorno ao continente latino-americano.

Entende-se que a JMJ era um compromisso ao qual o papa não poderia faltar. Mas e as demais viagens?
Depois do Rio veio outro convite, e depois outro. Eu simplesmente respondi sim, deixando-me de certa forma "levar". E agora sinto que devo fazer essas viagens, ir visitar as Igrejas, estimular as sementes de esperança que houver.

Quão pesadas são as viagens internacionais, do ponto de vista físico?
São pesadas, mas digamos que, até agora, tenho me virado. Talvez pesem mais do ponto de vista psicológico, mais que do físico. Precisaria ter mais tempo de ler para me preparar. Uma viagem não nos ocupa somente durante os dias em que estamos fora, na região ou país de visitação. Existe também a preparação, que normalmente se desenrola durante períodos em que há também todo o trabalho de sempre, que deve ser cumprido.

Alguma coisa mudou na agenda já consolidada de viagens papais?
Não muito. Tentei, por exemplo, eliminar todos os almoços oficiais. É natural que, seja da parte das autoridades institucionais, seja da parte dos confrades bispos, se queira festejar o hóspede que chega. Não tenho nada contra dividir a mesa. Lembremo-nos de que o Evangelho está cheio de relatos e testemunhos que descrevem situações exatamente desse tipo: o primeiro milagre de Jesus acontece durante um banquete de casamento. Entrar em uma casa e dividir a mesa é, da parte de Jesus, um sinal de atenção e misericórdia que subverte inclusive as convenções sociais, como no caso do chamamento dirigido a Zaqueu, chefe dos publicanos. E lembremos também de que após a ressurreição, para convencer seus apóstolos de que se tratava dele próprio, e não de um fantasma, Jesus come com eles. Mas se a agenda da viagem, como acontece quase sempre, já está cheia de

compromissos, prefiro comer com simplicidade e em pouco tempo. A mim basta pouco, um pouco de arroz e de verdura. De modo usual faço minhas refeições na companhia de um *entourage* restrito, mais íntimo, que inclui o núncio apostólico do país visitado e o encarregado de organizar a viagem; antes era o doutor Alberto Gasbarri, agora é o monsenhor Mauricio Rueda Beltz. Inclui ainda o comandante Domenico Giani com outros dois gendarmes, dois guardas suíços e, enfim, os meus dois camareiros, que são excelentes: são pais de família, sabem fazer as coisas benfeitas.

Por que, ao contrário de seus predecessores, não viaja também com seus dois secretários particulares, os monsenhores Fabián Pedacchio Leániz e Yoannis Lahzi Gaid?

Porque não preciso de secretários quando viajo, me bastam meus camareiros, os ministros e o resto do séquito. Estou muito satisfeito com a maneira como meus dois secretários particulares realizam seu trabalho aqui, continuando ambos a frequentar seus respectivos escritórios pela manhã e trabalhando ao meu lado de tarde.

Volto ao tema do cansaço físico, também porque – e falo a partir da experiência que nós, jornalistas, temos ao acompanhar o papa nessas ocasiões – ele se faz sentir por todos...

Neste momento eu estou com um pouco de bronquite e acho que é uma consequência do cansaço da viagem à Armênia. O primeiro dia após voltar para casa, para o Vaticano, costuma ser muito cansativo, e preciso me recuperar. Mas sempre levo comigo os rostos, as manifestações de fé, imagens, experiências... Uma riqueza inimaginável, que sempre me faz dizer: valeu a pena.

Falando nisso, quais são as experiências mais belas?

Sem dúvida, o contato com as pessoas. Se me perguntassem qual é a lembrança mais bonita da viagem que fiz à Armênia em junho de 2016, por exemplo, contaria o que aconteceu no fim da missa naquela cidade, Gyumri, cujo nome tenho dificuldade de pronunciar direito. Ao fim da celebração na praça – a primeira celebração litúrgica ocorrida naquela praça – chamei para o papamóvel descoberto Sua Santidade, o *catholicos* de todos os armênios, Karekin II, ao lado do bispo armênio e do bispo católico, Raphaël Minassian. Demos a volta na praça juntos, saudando as pessoas. No fim desse giro, vejo ali, numa esquina, uma senhora de idade, uma velhinha que tinha a pele que parecia um pergaminho, ressequida pelo sol. Estava ali, cumprimentava e sorria, mostrando dois dentes de ouro, como se costumava implantar em outros tempos. Estava ali, humilde, saudando-nos. Eu, depois de descer do papamóvel, me dirigi a ela para cumprimentá-la e abraçá-la. O intérprete estava do meu lado. Ela me disse: "Eu vim da Geórgia". No dia seguinte, o último da viagem, quando eu me encontrava em Ierevan, fui visitar as freiras. Estava sozinho cumprimentando as pessoas, e era muita gente. Disseram que nunca se havia visto tanta gente assim na rua. E, de repente, eis que me encontro de novo diante daquela velhinha tão humilde: a mesma que no dia anterior eu tinha abraçado em Gyumri! Tinha viajado oito horas de ônibus para chegar a Gyumri, depois fez outros 130 quilômetros para ir a Ierevan e poder ver o papa mais uma vez. E ali estava, toda humilde... Aí está, isso para mim é o mais gratificante. Essa é, no fundo, a razão das viagens. Também o disse São João Paulo II, em resposta aos que faziam objeções a suas viagens lembrando que as pessoas podiam ir a Roma para ver o papa. Respondeu simplesmente: "Os pobres não viajam".

Que sentimentos experimenta diante do entusiasmo daqueles que esperam por horas para ver Sua Santidade passar pelas ruas?

O primeiro sentimento é aquele de quem sabe que pode haver os gritos de "Hosana!", mas, como lemos no Evangelho, podem vir também os de "Crucifiquem-no!". Um segundo sentimento é aquele que extraio de um episódio que li certa vez. Trata-se de uma frase dita pelo então Cardeal Albino Luciani a propósito dos aplausos com que um grupo de coroinhas o havia acolhido. Disse mais ou menos assim: "Passa pela cabeça de vocês que o burrico sobre o qual ia sentado Jesus quando de sua entrada triunfal em Jerusalém pudesse pensar que os aplausos fossem para ele?". Pois bem, o papa deve ter consciência do fato de que ele "leva" Jesus, dá testemunho de Jesus e de sua vizinhança, proximidade e afeto a todas as criaturas, em especial àquelas que sofrem. Por isso, em algumas ocasiões, pedi a quem gritava "Viva o papa!" que gritasse "Viva Jesus!". E há ainda essas belíssimas expressões a propósito da paternidade em um dos diálogos entre o beato Paulo VI e Jean Guitton. O Papa Montini assim confidenciou ao filósofo francês: "Creio que, de todas as dignidades de um papa, a mais invejável seja a paternidade. A paternidade é um sentimento que invade o espírito e o coração, que nos acompanha em todas as horas do dia, que não diminui, e sim aumenta, porque aumenta o número de seus filhos. É um sentimento que não fatiga, que não cansa, que repousa de qualquer cansaço. Nunca, nem por um momento, senti cansaço ao erguer a mão para uma bênção. Não, eu nunca me cansarei de abençoar ou de perdoar". Paulo VI disse isso logo depois de voltar da Índia. Acredito que essas palavras expliquem o porquê de os papas da era contemporânea terem decidido viajar.

Outras lembranças de viagens deixaram marcas indeléveis em sua memória?

O entusiasmo dos jovens no Rio de Janeiro, me puxando por todo lado no papamóvel. E, ainda no Rio, aquele menino que se esgueirou e subiu correndo as escadarias para me abraçar. Lembro das pessoas que acorreram ao santuário de Madhu, no norte do Sri Lanka, onde fui recebido não só por cristãos, mas também por muçulmanos e hindus, um lugar aonde os peregrinos chegam como se fossem membros de uma só família. Ou a acolhida que tive nas Filipinas. Ainda vejo diante de mim aqueles pais que levantavam seus filhos para que eu os abençoasse, e parecia que queriam dizer: "Este é o meu tesouro, meu futuro, meu amor, por ele vale a pena trabalhar e fazer sacrifícios". E havia ainda tantas crianças com deficiências, e seus pais não escondiam esses filhos, mas os estendiam a mim, para que eu os abençoasse, afirmando com seus gestos: "Este é meu filho, ele é assim, mas é meu filho". Gestos nascidos do coração. Lembro ainda das muitas pessoas que me receberam em Tacloban, também nas Filipinas. Chovia muito naquele dia. Eu devia celebrar a missa em recordação dos milhares de mortos provocados pelo tufão Haiyan, e quase que o mau tempo nos impede de viajar. Mas eu não podia não ir: as notícias do tufão que havia devastado aquela região em novembro de 2013 me haviam afetado muito. Chovia, e eu usava um impermeável amarelo sobre as vestes de missa, missa que celebramos ali, como foi possível, em um pequeno palco castigado pelo vento. Depois da missa, um acólito me confiou que havia ficado impressionado porque os ministrantes, apesar da chuva, não haviam deixado de sorrir. Também sorriam os jovens, os pais, as mães. Era um júbilo verdadeiro, não obstante a dor e o sofrimento daqueles que haviam perdido sua casa e entes queridos.

Aquela homilia foi uma das mais comoventes. Por que em tantas ocasiões decide improvisar?

Em Tacloban eu falei com o coração. Porque há encontros e situações aos quais não se pode ficar indiferente, eles nos comovem. Foi um momento realmente muito forte. Eu me senti como que aniquilado, quase me faltava a voz. Ainda que o discurso preparado antes da viagem fosse benfeito, não pude não falar de improviso, olhando nos olhos daqueles que tinha diante de mim. Tanta gente que perdeu tudo, tantas famílias afetadas. As palavras improvisadas nascem no momento, tendo visto e ouvido as pessoas. É algo que posso fazer quando falo espanhol ou italiano, agora eu me saio um pouco melhor, mesmo que meu vocabulário em italiano seja muito limitado. Um outro encontro realmente comovente em Manila foi o que teve lugar na Universidade de Santo Tomás, quando uma mocinha, chorando, me perguntou por que as crianças sofriam tanto: pobreza, violência, opressão, abuso. Ela havia visto tudo isso. Há momentos em que não é possível dar uma resposta, só cabe oferecer um abraço e chorar junto. A cultura marginalizante em que vivemos, as bolhas de indiferença nas quais vivemos fazem com que nos habituemos à injustiça e percamos a capacidade de chorar. Devemos pedir a graça das lágrimas e chorar pelas injustiças e pelos pecados. E há aqueles momentos em que prefiro o silêncio e a oração: diante do muro de separação em Belém, do muro em memória das vítimas do terrorismo em Jerusalém, ou no memorial do “Grande Mal” em lembrança das vítimas armênias. E há ainda os problemas de idioma: em Tacloban eu falava em espanhol e o monsenhor Mark Miles traduzia para o inglês. Foi bem mais difícil entrar em contato com as pessoas lendo o texto da homilia em inglês na missa final em Manila, dedicada ao Santo Niño, diante de milhões de pessoas. Já na viagem aos Estados Unidos, quando falei no Congresso norte-americano, creio ter conseguido comunicar bem o que queria dizer e ter sido entendido.

Quão importantes são os gestos na sua comunicação?

Muito, eu diria que, em algumas circunstâncias, não consigo falar sem gesticular. Não me basta ler um texto, eu tenho também de fazer alguma coisa. No Quênia, em novembro de 2015 no estádio de Kasarani, com os jovens, eu tinha de falar contra o tribalismo, contra os conflitos ocasionados pelo pertencimento a tribos diversas. Eu disse, falando de improviso, que o tribalismo se vence com o ouvido, perguntando ao irmão por que as coisas são como são e sabendo escutar. Vence-se com o coração, com o diálogo e estendendo a mão ao diálogo. Depois eu convidei alguns jovens a se aproximarem e pedi aos presentes – acho que eram cerca de 70 mil – que ficassem de pé e dessem as mãos, como um sinal contra o tribalismo: somos todos uma única nação, e nossos corações devem ser como nossas mãos que se apertam. Também as autoridades presentes, inclusive o presidente Uhuru Kenyatta, fizeram esse gesto. Acredito que a comunicação também tenha sido boa no México, no encontro com jovens e famílias, e, ainda nas Filipinas, quando falei de minha devoção particular a São José adormecido e do risco da colonização ideológica. Ainda sobre os gestos: foi bonito receber no papamóvel o imã de Bangui, quando saudei os moradores daquele bairro muçulmano reunidos em um pequeno estádio. É um pequeno sinal descer do avião, na Armênia, em Gyumri, junto do *catholicos*, lado a lado, como fazem dois irmãos. Às vezes os gestos, mesmo se pequenos, dizem mais que muitas palavras.

Minha pergunta anterior dizia respeito também a gestos simbólicos, por exemplo a escolha de antecipar a abertura do Jubileu da Misericórdia em Bangui, na República Centro-Africana, em vez de em Roma...

A República Centro-Africana é uma país esquecido, além de paupérrimo, não obstante suas grandes riquezas naturais. Ir até lá, abrir ali antes do que em Roma a primeira Porta Santa significou colocar no centro, no coração da cristandade, esse lugar, essa gente que sofre. Bangui me impressionou muito. Ali houve a oportunidade de demonstrar amizade com os muçulmanos, que me receberam na mesquita. Depois foi possível levar um pouco de paz àquela cidade, graças a uma trégua que as partes em luta firmaram para a ocasião. Mas o que mais me impressionou foi a pobreza. Há um só hospital pediátrico, e ele não tinha nem mesmo oxigênio. Foi comovente visitá-lo, abraçar as crianças doentes. Agora, graças a Deus, alguns benfeitores estão se mobilizando para dar um pouco mais de esperança aos que são recebidos para tratamento. Outro aspecto me impressionou, em Bangui como em outros lugares pobres que visitei: a grande manifestação da fé dos missionários. Pessoas que dedicam a vida a amar e ajudar ao próximo, que se consomem dando amor e proximidade. Que estão dispostas a perder a vida para estar perto de quem sofre, de quem tem fome, dos doentes, dos perseguidos. Essa é a grandeza da Igreja. Os missionários são uma semente, uma semente de esperança. No fim da missa em Bangui, cumprimentei uma velha religiosa italiana, a irmã Maria Concetta Esu. Perguntei-lhe quantos anos tinha. Ela respondeu "81". Eu lembrei que tinha somente dois a menos. Ela vive na África desde os 23. Estava ali com uma menina e se comportava como uma avozinha. Tinha vindo do Congo, viajando até de canoa. É enfermeira e obstetra, trouxe ao mundo milhares de crianças. Toda uma vida dedicada à vida, e à vida dos outros. Quer ficar ali apesar de tudo e apesar da velhice. Assim como ela há tantas outras. Tantas religiosas e religiosos, tantos padres que consomem sua vida para anunciar Jesus, seu Evangelho. Encontrar essas pessoas é muito belo e me ajuda muito.

Depois de uma viagem, o que acontece? Como recorda aqueles que encontrou?

Eu os levo no coração, rezo por eles, pelas situações dolorosas e difíceis com as quais deparei. Rezo pela redução das desigualdades que vi.

Tantas viagens mundo afora, quase nenhuma na União Europeia. Por quê?
O único país da União Europeia que visitei foi a Grécia, uma viagem de apenas cinco horas a Lesbos para encontrar e confortar os refugiados, com meus irmãos Bartolomeu de Constantinopla e Ieronymos de Atenas. Uma peregrinação para descobrir a face de Jesus naqueles que fogem da guerra, da perseguição, da miséria, da fome. Também nesse caso, graças à sugestão de um colaborador, a viagem se concluiu com um pequeno mas significativo gesto: levamos conosco de volta a Roma três famílias do campo de refugiados.

Depois eu fui ao Parlamento Europeu e ao Conselho da Europa em Estrasburgo, mas aquela foi uma visita a uma instituição, não a um país. Visitei, porém, outros países que são europeus, ainda que não façam parte da União Europeia: a Albânia e a Bósnia-Herzegovina. Preferi privilegiar países aos quais posso prestar alguma pequena ajuda, encorajar aqueles que, apesar das dificuldades e dos conflitos, trabalham pela paz e pela união. Países que estão, ou que estiveram, em grave dificuldade. Isso não significa ignorar a Europa, a qual eu encorajo como posso a redescobrir e a praticar suas raízes mais autênticas, seus valores. Tenho convicção de que não serão as burocracias ou os instrumentos das altas finanças que nos salvarão da crise atual e resolverão o problema da imigração, que, para os países da Europa, é a maior emergência da época pós-Segunda Guerra Mundial.

Ainda não falamos disso, mas, entre as novidades das viagens papais, haverá, suponho, um protocolo de segurança diferente. É isso mesmo?
Sou grato aos gendarmes e aos membros da Guarda Suíça por terem se adaptado ao meu estilo. Não consigo me deslocar em carros blindados ou no papamóvel com vidros à prova de bala fechados. Compreendo perfeitamente as exigências de segurança e sou grato àqueles que, com dedicação e muito, realmente muito esforço, estão perto de mim e me vigiam nas viagens. Mas um bispo é um pastor, um padre, não pode haver barreiras demais entre ele e as pessoas. Por isso eu disse, desde o princípio, que só viajaria se me fosse sempre possível estar em contato com as pessoas. Havia apreensão durante a viagem

ao Rio de Janeiro, mas ainda assim percorri muitas vezes a praia de Copacabana com o papamóvel aberto, saudando os jovens, parando perto deles, abraçando-os. Nada aconteceu em todo o Rio naqueles dias. Basta ter fé e confiar. Estou ciente dos riscos que se corre. Devo dizer – talvez seja inconsciente – que não temo pela minha pessoa. Mas, por outro lado, sempre me preocupei com a integridade dos que viajam comigo e, sobretudo, das pessoas que encontro nos vários países. Aquilo que me preocupa são os riscos concretos, as ameaças a quem vem e participa de uma celebração ou de um encontro. Há sempre o perigo de um gesto temerário da parte de algum louco. Mas sempre há o Senhor.

Dezenas de visitas à basílica de Santa Maria Maior, antes e depois de cada viagem. Por quê?

Porque, para ficar no tema da segurança, a verdadeira segurança a gente pede à Mãe. É necessário confiar-se a Maria, abrigar-se sob seu manto. Em Santa Maria Maior se conserva o antigo ícone da *Salus Populi Romani*, uma imagem da Virgem à qual os romanos prestam devoção. Sou o bispo de Roma e, portanto, cada vez que devo viajar, vou pedir auxílio a Nossa Senhora, tão cara aos romanos. Na volta de cada viagem, antes de retornar ao Vaticano, vou agradecer pela ajuda que me deu e gosto de depositar a seus pés flores ou algum objeto relacionado à viagem. Caminha-se mais seguro e todo medo desaparece se a Mãe nos dá sua mão.

COM OS JOVENS NO BRASIL

A ida ao Brasil foi a primeira viagem internacional de Francisco, ainda em plena "lua de mel" midiática. O organizador das viagens papais, Alberto Gasbarri, um leigo da direção administrativa da Rádio Vaticano, já havia começado a prepará-la para Bento XVI, ignorando, como aliás todos no Vaticano, salvo dom Georg Gänswein e o secretário de Estado Tarcisio Bertone, que o Papa Ratzinger havia meses tomara a clamorosa decisão de renunciar.

Um dos motivos que desencadearam a escolha de Ratzinger foi justamente a duração da viagem intercontinental para encontrar os jovens no Rio de Janeiro. O próprio papa emérito o revelaria em uma entrevista a Elio Guerriero, seu biógrafo: "Havia numerosos compromissos que me parecia não poder mais levar a cabo. Em particular, já se havia fixado a data da Jornada Mundial da Juventude, que devia ter lugar no verão de 2013, no Rio de Janeiro, Brasil. Ora, quanto a isso, eu tinha duas convicções bem claras. Depois da experiência da viagem ao México e a Cuba,[1] eu não me sentia mais capaz de realizar uma viagem tão exigente. Além disso, com o direcionamento dado por João Paulo II a essas jornadas, a presença física do papa era indispensável. Era impensável fazer uma transmissão televisiva ou

1. Em março de 2012.

usar outro recurso possibilitado pela tecnologia. Também por essa circunstância eu tinha o dever de renunciar".

E assim, se para o próprio Ratzinger a primeira viagem internacional tinha sido para Colônia, em sua terra natal, Alemanha, em um compromisso para a Jornada Mundial da Juventude definido por João Paulo II, também Francisco se encontra diante de uma viagem determinada por seu antecessor e que representa seu primeiro retorno à América do Sul depois de sua eleição.

É normal que, antes de uma viagem do pontífice, o papamóvel seja enviado de avião até o país de destino com a devida antecedência. Assim, também nessa ocasião um voo militar oferecido pelo governo brasileiro estava pronto para ir a Roma e levar ao país o pesado veículo de vidros blindados usado pelo papa em seus deslocamentos no exterior.

"O papamóvel ainda não tinha sido enviado", explica Gasbarri, "e, certo dia, me telefona o Santo Padre para introduzir algumas mudanças no programa". Francisco adicionou à agenda uma visita ao santuário mariano de Aparecida, onde havia ocorrido, em 2007, a última grande reunião do episcopado latino-americano, e decidiu sacrificar alguns outros destinos possíveis, como uma visita ao Corcovado, o morro que se eleva sobre o Rio, com sua colossal estátua do Cristo com os braços abertos. Naquela conversa telefônica, Bergoglio disse ao organizador da viagem: "Escute, doutor Gasbarri, posso dizer uma coisa? Eu, naquela caixa, não entrarei jamais!". E ele: "Desculpe, Santo Padre, de qual caixa está falando?". "Aquela que vocês chamam papamóvel."

Naquela mesma manhã, antes do telefonema, Francisco tinha ido com um de seus camareiros à garagem vaticana para experimentar o veículo. Conta Gasbarri: "Tentei convencê-lo, também por causa da segurança: quando o Santo Padre se encontra no papamóvel, está mais seguro. Tentei responder dizendo: 'Eu o entendo, mas deixe-me fazer uma coisa. Eu levo o papamóvel e, se não quiser, não o utiliza'. A resposta foi que eu poderia levar, mas que ele não o usaria. Diante disso, não o despachei. Já estava conhecendo um pouco do seu jeito, sabia quando era possível convencê-lo e quando não. Quis um carro aberto como o que usa na praça de São Pedro". Quanto aos outros deslocamentos, o papa ordena que se façam em carros não blindados e, de preferência, não luxuosos.

Menos de um ano depois, em 2014, o próprio Francisco confirmaria publicamente as razões dessa decisão, durante uma entrevista ao jornal espanhol *La Vanguardia*: "Sei que pode me acontecer alguma coisa, mas tudo está nas mãos de Deus. Lembro que, para o Brasil, haviam preparado um papamóvel fechado, com vidros. Mas eu não posso cumprimentar o povo e dizer que o amo de dentro de uma lata de sardinhas, mesmo se feita de cristal. Para mim, isso é um muro. É verdade que pode acontecer alguma coisa, mas sejamos realistas: na minha idade, não tenho muito a perder".

Assim, desde então, o papamóvel blindado, com suas 4 toneladas, vidros duplos com espessura de 5 centímetros e resistentes – dizem – até a tiros de um Kalashnikov, jaz inutilizado na garagem. E, apesar das infalíveis e reiteradas objeções dos serviços de segurança dos países visitados, dos Estados Unidos a Israel, de Sarajevo à República Centro-Africana, Francisco não entrou jamais em um carro blindado: os veículos utilizados para deslocamentos rápidos são sempre utilitários de tamanho médio.

Na manhã de 22 de julho, o primeiro voo papal do pontificado de Bergoglio decola de Fiumicino, o aeroporto de Roma. Francisco cumprimenta um por um os jornalistas, e diz umas poucas palavras sobre a JMJ: "Essa primeira viagem tem como objetivo encontrar os jovens, mas não isolados de sua vida: eu quero encontrá-los precisamente no tecido social, em sociedade... Os jovens têm um pertencimento, pertencem a uma família, a uma pátria, uma fé. Eles têm um pertencimento, e não devemos isolá-los! Sobretudo não devemos isolá-los inteiramente da sociedade".

Na chegada, assim que deixamos o aeroporto, um imprevisto. Francisco deveria dirigir-se ao Palácio Guanabara para visitar a presidente da República, Dilma Rousseff. Bergoglio entra num Fiat Idea e a comitiva, escoltada por carros e motos da polícia, submerge nas ruas da metrópole brasileira, onde vivem 7 milhões de pessoas.

Muita gente espera sua passagem. Mas, em certo ponto, o carro que conduzia a comitiva erra o caminho e entra numa via lateral cheia de ônibus estacionados. Os carros ficam engarrafados, e uma multidão de fiéis se aproxima do automóvel do papa. São momentos de tensão, mesmo que ninguém quisesse fazer mal a Francisco. Os gendarmes vaticanos tentam conter o assalto pacífico. O papa sorri, abre com a manivela a janela do carro, que não tem vidros elétricos, e cumprimenta as pessoas, aperta suas mãos. Alguém chegou a dizer que o comandante dos gendarmes, Domenico Giani, sacou a pistola para intimidar a multidão: nada mais falso. Ao contrário, foi ele próprio quem ajudou uma jovem mulher com uma criança a se aproximar do papa para que pudesse cumprimentá-lo.

São necessários doze longos minutos, com contínuos *stop and go*, para percorrer 500 metros, enquanto uma crescente maré humana se aperta, quase esmagando os gendarmes contra as laterais do automóvel. "O episódio foi um pouco romanceado pela imprensa", conta o comandante Giani, "mas é verdade que, em certo ponto, depois de dez minutos ali parados, e com tanta gente que ele queria cumprimentar, Francisco me disse: 'Eu vou descer e vou a pé'. Eu respondi: 'Santidade, talvez não seja o caso'. A situação felizmente estava se resolvendo, e ele esperou".

Momentos de tensão como os vividos pelas forças de segurança no Rio de Janeiro não são uma novidade na história das viagens papais. Em 1979, durante a primeira viagem internacional de João Paulo II, ao México, o grande carro aberto no qual viajava errou o caminho e se viu subitamente sem escolta. Outro momento de receio pela pressão da multidão ocorreu em Manila, em 1995, na Jornada Mundial da Juventude: foi difícil até mesmo o pouso do helicóptero no qual se encontrava Wojtyla. Todas as ruas estavam bloqueadas; os cordões do Exército que deveriam manter o acesso do papamóvel desobstruído tinham se desorganizado e mesmo o local onde o helicóptero deveria pousar havia sido completamente tomado pelo povo.

Mas o momento mais dramático continua sendo ainda aquele vivido por Paulo VI em janeiro de 1964, por ocasião de sua peregrinação histórica a Jerusalém: a primeira viagem ao estrangeiro de um papa da era contemporânea. Na chegada à Porta de Damasco, a multidão separou o papa de seu séquito, e Montini, que queria percorrer a pé a *Via Dolorosa* até o Calvário, foi completamente cercado e quase tragado pela maré humana. As imagens mostram o pontífice de Brescia circundado de soldados enquanto é arrastado de um lado para o outro pelos becos da Cidade Santa. Pálido, mas sorridente, Paulo VI conseguiu chegar incólume a seu destino, o Santo Sepulcro, onde celebraria a missa. Naquela noite, o padre Giulio Bevilacqua, amigo do papa, revelou a um grupo de jornalistas reunidos do lado de fora da delegação apostólica em Jerusalém um pensamento que Montini lhe havia confidenciado anos antes: "Sonho com um papa que viva livre da pompa da corte e das prisões particulares. Finalmente só em meio a seus diáconos". Eis por que, concluiu Bevilacqua, "estou convencido de que hoje, ainda que tenha sido arrastado pela multidão, ele esteja mais contente do que quando desce em São Pedro na *sedia gestatoria* entre as alabardas dos guardas e os mantos púrpura dos cardeais".

Exatamente como acontece hoje com Francisco, que, diante da presidente e das autoridades brasileiras, diz: "Aprendi que, para ter acesso ao povo brasileiro, é preciso ingressar pelo portal do seu imenso coração; por isso permitam-me que, nesta hora, eu possa bater delicadamente a essa porta. Peço licença para entrar e transcorrer esta semana com vocês. Não tenho ouro nem prata, mas trago comigo o que de mais precioso me foi dado: Jesus Cristo!".

Depois de um dia de repouso e encontros privados, em 24 de julho, o papa se dirige a Aparecida, o mais importante santuário mariano do Brasil, no estado de São Paulo. Ali se venera uma estátua de Nossa Senhora negra, com 40 centímetros de altura, encontrada em três pedaços em outubro de 1717 por três pescadores no rio Paraíba. A tradição diz que ela é negra porque quer ficar do lado dos oprimidos, e o fato de ter sido pescada aos pedaços é uma recordação da vida fraturada da escravidão.

É um lugar caro a Francisco porque bem ali, seis anos antes, como arcebispo de Buenos Aires, fora encarregado de presidir o grupo de trabalho que elaboraria o documento final da conferência da Celam, a assembleia geral do episcopado latino-americano. Um compromisso que havia trazido a lume, em nível continental, a capacidade de liderança do então cardeal Bergoglio.

A reunião da Celam em 2007 fora a primeira assembleia a ocorrer em um santuário mariano e, segundo Bergoglio, o contato diário com os fiéis – todos os anos milhões acorrem ao local – tinha influenciado o trabalho dos bispos, fazendo-os compreender a importância da devoção e da piedade popular. "Celebrar a eucaristia com o povo é diferente de celebrá-la entre nós, bispos, em separado. Isso nos deu a viva sensação de pertencer à nossa gente, da Igreja que caminha como povo de Deus, de que nós, bispos, somos seus servidores."

O documento final de Aparecida continha palavras-chave e mensagens que agora Francisco transmite a toda a Igreja. A começar pelo chamamento à missão: "Para continuarmos a ser fiéis, temos de sair. Permanecendo fiéis se sai". "No Evangelho", resumia o cardeal franciscano Aloísio Lorscheider, hoje falecido, que foi arcebispo de Aparecida, "os encontros mais bonitos de Deus com a humanidade acontecem na rua. Séculos de história do cristianismo vivo não dizem o contrário".

Faz frio e chove quando o papa chega ao imponente santuário mariano. Participam com ele da celebração centenas de bispos. "Jesus nos mostrou que a face de Deus é a de um Pai que nos ama", disse Francisco na homilia. "O pecado e a morte foram derrotados. O cristão não pode ser pessimista! Não pode ter uma cara de quem parece num constante estado de luto. Se estivermos verdadeiramente enamorados de Cristo e sentirmos o quanto Ele nos ama, o nosso coração se 'incendiará' de tal alegria que contagiará quem estiver ao nosso lado."

Uma grande multidão espera do lado de fora pelo papa, que ao final da missa vai em direção à colunata do exterior, levando consigo a estátua de Nossa Senhora. Uma imagem eloquente, que impressiona. Não se limita a levá-la consigo para exibi-la à multidão que passara horas sob a chuva na praça. Antes beija e depois quase nina a estátua, levando-a nos braços como se fosse uma criança.

O papa costuma se levantar um pouco depois das 4h, por isso, depois do almoço, precisa fazer uma breve sesta: aquele repouso que o presidente argentino Juan Domingo Perón definia como uma "obrigação quase litúrgica" e que lhe permitia ter todos os dias "duas manhãs". Mas, naquele 24 de julho, Francisco tem de renunciar a sua sesta. Compromissos de Estado? Não. Uma cúpula improvisada com os cardeais? Tampouco. A impedir seu descanso vespertino há algumas irmãs de clausura, com seu entusiasmo e sua insistência. Um grupo de freiras o espera, de fato, no seminário de Aparecida, ao qual Bergoglio chega após a cerimônia. "Seria de esperar que as religiosas fossem tranquilas e silenciosas", comenta com humor o padre Federico Lombardi. "Ao invés disso, apesar de o pátio do seminário ser aberto e estar chovendo, se precipitaram a festejar o pontífice." Não só isso: cada uma espera uma foto com o pontífice e seu autógrafo. Francisco fica com elas todo o tempo que era destinado a seu repouso.

De volta ao Rio de Janeiro, Francisco se dirige ao hospital São Francisco de Assis na Providência de Deus, especializado no tratamento de dependentes químicos. Chove copiosamente, enquanto o papa cumprimenta alguns pacientes do local e faz um breve discurso sob a marquise da entrada principal. "Abraçar, abraçar", diz. "Precisamos todos aprender a abraçar quem passa necessidade, como fez São Francisco. Há tantas situações no Brasil e no mundo que reclamam atenção, cuidado, amor, como a luta contra a dependência química. Frequentemente, porém, nas nossas sociedades, o que prevalece é o egoísmo. São tantos os 'mercadores de morte' que seguem a lógica do poder e do dinheiro a todo custo! A chaga do tráfico de drogas, que favorece a violência e que semeia a dor e a morte, exige da sociedade inteira um ato de coragem."

O dia 25 de julho é a data do encontro com os pobres e do primeiro abraço aos jovens.

De manhã, Francisco recebe as chaves da cidade do Rio. Depois vai encontrar a comunidade que vive na populosa favela de Varginha. Chega, desce do utilitário e se aventura a pé entre os barracos, sem se importar com a chuva, envolto e quase arrastado pelo irrefreável afeto das pessoas. Nenhum protocolo, nenhuma etiqueta, poucos padres no séquito, tantas pessoas comuns. Abraça seja quem for, escuta todo mundo, se deixa levar para um lado e para o outro. Recebe presentes, camisetas coloridas, fotografias. Enxuga as lágrimas de uma mãe que traz, envolta num cobertorzinho rosa, uma menina com uma deficiência grave. Entra na igrejinha de tijolos nus pela falta de dinheiro para o reboco, incrustada entre os barracos com teto de folha de flandres. Seu rosto se ilumina a cada abraço, a cada beijo, a cada aperto de mão. Ele atravessa com passo rápido a portinha de madeira de uma casa de muro amarelo, um cômodo de 4 por 4 metros onde várias pessoas o esperam. É uma família pobre, a qual Francisco visita longe das câmeras de televisão e dos fotógrafos. Abraça-os como teria desejado abraçar cada família brasileira. "Queria bater em cada porta, dizer 'bom dia', beber um cafezinho... mas não um copo de cachaça!", completa, brincalhão. "Queria falar como se fossem amigos de casa, ouvir o coração de cada um, dos pais, dos filhos, dos avós... Mas o Brasil é tão grande! Não é possível bater em todas as portas. Então escolhi vir aqui...".

Na parede de uma casa próxima se exibe, gigante, um mural com o rosto de Óscar Romero, o bispo mártir de El Salvador. "Ninguém pode permanecer insensível às desigualdades que ainda existem no mundo!", diz Francisco à multidão que o aclama no campo de futebol da favela. A solidariedade "é uma palavra esquecida, parece quase um palavrão". Mas aqui em Varginha o papa – que não se cansa de repetir as palavras de Jesus: "Eu tive fome, e destes-me de comer, tive sede, e destes-me de beber, estava nu, e cobristes-me" – vem agradecer às "pessoas mais simples" pela "preciosa lição de solidariedade". "Sei bem que, quando alguém que precisa comer bate à sua porta, vocês sempre dão um jeito de compartilhar a comida: como diz o ditado, sempre se pode 'colocar mais água no feijão'! E vocês fazem isso com amor, mostrando que a verdadeira riqueza não está nas coisas, mas no coração!"

Entre a multidão que acolhe Francisco na favela, junto de um grupo de jovens, está o padre Renato Chiera, 72 anos, originário de

Villanova Mondovì, fundador da Casa do Menor, uma ONG que gere abrigos para meninos de rua. "Dá para ver que o papa quer o bem dessas pessoas", diz. "Ama esses pobres, os abraça, não tem medo de se sujar. Esses jovens gritam sua necessidade de amor. A ajuda material e a educação são bem-vindas, mas eles precisam sobretudo de alguém que lhes queira bem."

De tarde, antes da festa de acolhida da JMJ na praia de Copacabana, acontece algo que não estava no programa. O papa decide ir ao encontro de milhares de jovens argentinos com seus bispos. Alberto Gasbarri precisa encontrar um lugar apto em poucas horas, e consegue organizar o encontro na catedral do Rio. Ao lado do altar, dominando a cena, está a Virgem de Luján, padroeira da Argentina.

Francisco agradece a seus compatriotas por terem viajado até o Brasil e agradece também a Gasbarri, que em "apenas meio dia" organizou o encontro. "Que frutos espero da JMJ?", diz Francisco aos milhares de compatriotas que foram escutá-lo. "Espero que façam barulho.[2] Mas eu quero que se façam ouvir também nas dioceses, quero que saiam, quero que a Igreja saia pelas estradas, quero que nos defendamos de tudo o que é mundanismo, imobilismo, nos defendamos do que é comodidade, do que é clericalismo, de tudo aquilo que é viver fechados em nós mesmos."

No discurso improvisado de oito minutos, observa ainda que a civilização atual "ultrapassou os limites", porque, como consequência do culto do "deus dinheiro", exclui velhos e jovens. Enfim, recorda que a fé em Cristo não é brincadeira, mas coisa séria: "Há o suco de laranja, o suco de maçã, a vitamina de banana, mas, por favor, não bebam 'suco' de fé. A fé é integral, não se espreme. É a fé em Jesus", diz, colhendo aplausos dos seus jovenzíssimos compatriotas.

Pouco depois, Francisco visita pela primeira vez a orla de Copacabana. Chega ao Forte, a ex-base militar hoje transformada em museu que abriga também a grande sala de imprensa, e então entra no papamóvel aberto e percorre 5 quilômetros até a outra ponta da

---

2. *Lío*, em espanhol.

meia-lua da praia, onde se montou o grande palco. Centenas de milhares de jovens o acompanham ao longo de todo o percurso. O papa saúda, sorri, para o carro várias vezes, abraça e beija crianças que os gendarmes aproximam dele, desce para acariciar doentes. Aceita um gole de chimarrão, bebida de ervas típica da Argentina, de recipientes que fiéis desconhecidos lhe passam. Os jovens atiram de tudo para dentro do carro do pontífice: camisetas, cachecóis, chapeuzinhos, rosários, bandeiras. Ao fim de cada ida e volta, o papamóvel fica parecendo um bazar, com os acompanhantes de Bergoglio se esforçando para dobrar e arrumar tudo o que "chove" lá dentro. Um jovem um pouco exaltado lança um anel de aço que poderia ferir o papa, mas um guarda suíço o intercepta. O entusiasmo dos jovens crescerá noite após noite, ao longo da praia de Copacabana.

A viagem consagra a forma como Francisco entra em contato com as pessoas. "Retornamos um pouco ao estilo de São João Paulo II", explica Gasbarri, "quando era preciso não só deixar aberta a possibilidade de que alguns grupos se aproximassem do papa, mas também a liberdade ao pontífice de se aproximar das pessoas sem aviso prévio. Também Francisco, como o papa Wojtyla, decide fazer mudanças em cima da hora. Pede que se aproximem pessoas que estão detrás das grades de proteção, nos aeroportos, por exemplo. Diz: "O protocolo, vocês já sabem, não é algo que me agrade..." e se aproxima.

Surgem preocupações com a segurança: nas ruas do Rio, por semanas vinham se desenrolando protestos contra o custo de vida, o financiamento público à Copa do Mundo, os custos de organização da própria JMJ. Mas tudo se acalma nos dias em que o papa está presente. Não há nem incidentes, nem atos violentos.

Na saudação inicial da festa de acolhida, Francisco recorda que a JMJ no Rio foi convocada por Bento XVI. "Vocês sabem que, antes de partir para o Brasil, falei com ele e lhe pedi que me acompanhasse na viagem com a oração. Ele me disse: 'Acompanho vocês com a oração e vou assistir a tudo pela televisão'. Então, neste momento, ele nos está vendo." Depois acrescenta: "Olhando para este mar, para a praia e todos vocês, me vem ao pensamento o momento em que Jesus chamou os primeiros discípulos a segui-lo nas margens do mar da Galileia. Hoje, vim para confirmá-los nesta fé, a fé no Cristo Vivo que mora dentro de vocês; mas vim também para ser confirmado pelo entusiasmo da fé de vocês! Vocês sabem que, na vida de um bispo, existem muitos problemas que devem ser resolvidos. E, com esses problemas e dificuldades, a fé do bispo corre o risco de desanimar. Que tristeza é um bispo desanimado! Que tristeza! Para que a minha fé não seja desanimada, vim aqui para ser contagiado pelo entusiasmo de todos vocês!".

No dia 26 de julho, Francisco recebe alguns jovens em confissão no parque da Boa Vista. Depois, no Palácio São Joaquim, sede da Mitra Arquiepiscopal, encontra um grupo de jovens detentos. Daí em diante, como se verá, os encontros com prisioneiros se tornarão uma constante, um dos compromissos mais frequentes nas viagens de Bergoglio. Além disso, a cada duas semanas costuma telefonar para um grupo de jovens detentos argentinos e, na sua primeira Quinta-Feira Santa, quis celebrar a missa *In Coena Domini* na prisão de Casal del Marmo, destinada a menores infratores.

Por mais de meia hora, Bergoglio se entretém com os oito jovens, seis rapazes e duas moças, detentos de quatro diferentes centros de detenção para menores do estado do Rio. Sentados em círculo em torno do papa, os jovens escutam que, em uma semana, lhes será dada uma boa notícia, provavelmente um indulto. O clima é muito sereno e descontraído, e os oito detentos se exprimem livremente. A mais jovem do grupo canta uma canção dedicada ao pontífice, comovida, e lhe lê uma longa carta escrita por companheiras de cárcere. Um após o outro, os jovens se sentam ao lado do papa e lhe pedem que benza objetos. Ao final, lhe apresentam um saco que contém um grande rosário feito com uma cruz e grandes esferas de isopor. Na cruz se lê: "Candelária nunca mais". É uma referência aos acontecimentos trágicos da noite de 23 de julho de 1993 no Rio, quando mais de sessenta jovens e crianças em situação de rua que andavam pelo centro e se reuniam para dormir no entorno da catedral da Candelária foram atacados por um grupo de policiais. Sobre cada uma das grandes contas de isopor do rosário, está o nome de um dos oito jovens assassinados na ocasião que passou para a história com o nome de massacre da Candelária. O papa repete: "Violência nunca mais, só amor".

No almoço, Francisco se senta à mesa com alguns jovens da JMJ e, de tarde, como é tradição nessa ocasião, acontece a *Via Crucis*. Mais de 1 milhão de jovens esperam pelo papa, que volta a percorrer de papamóvel a orla de Copacabana. O espetáculo do dia anterior se repete.

Em um percurso de cerca de 90 metros, são reproduzidas as 14 estações da *Via Crucis*. Participam da encenação, particularmente elaborada, mais de 700 pessoas, entre voluntários e atores profissionais. Peregrinos de diferentes nacionalidades se revezam para levar a cruz. Em cada estação se alternam representantes de minorias e de grupos considerados socialmente frágeis: mulheres, cadeirantes, dependentes de drogas e uma religiosa que luta contra o aborto.

Quando toma a palavra, Francisco indica que a cruz, que viajou por quase trinta anos por ruas do mundo, "ficou quase que impregnada com as situações de vida de tantos jovens que a viram e carregaram. Ninguém pode tocar a Cruz de Jesus sem deixar algo de si mesmo nela e sem trazer algo dela para sua própria vida [...] Com a Cruz, Jesus se une ao silêncio das vítimas da violência, que já não podem gritar, sobretudo os inocentes e os indefesos". Mas o mal não terá a última palavra, porque Jesus "nos dá esperança e vida: Ele transformou a Cruz de instrumento de ódio, de derrota, de morte, em signo de amor, de vitória, de triunfo e de vida".

A umidade e o frio do inverno tropical do Rio se fazem sentir enquanto o papa percorre no sentido oposto à orla, entre acenos e apertos de mão.

O sábado, 27 de julho, se abre com a missa celebrada na catedral do Rio para os bispos e outros membros do clero e religiosos. Na homilia, Francisco cita Madre Teresa de Calcutá: "É nas favelas, nas *villas miserias*, onde há que buscar e servir ao Cristo. Devemos ir até eles como o sacerdote se aproxima do altar: com alegria... Recordo meu sonho juvenil: ser missionário no distante Japão. Deus, porém, me mostrou que a terra de minha missão era muito mais próxima: era minha própria pátria. Não podemos ficar encerrados na paróquia, em nossas comunidades, quando tantas pessoas esperam pelo Evangelho! Não é simplesmente abrir a porta para acolher, mas sair por essa porta para procurar e encontrar!".

Logo depois da missa, no Theatro Municipal do Rio, o papa se encontra com políticos e governantes brasileiros, aos quais explica que "o futuro exige uma visão humanista da economia e uma política que realize cada vez mais e melhor a participação das pessoas, evitando elitismos e erradicando a pobreza", citando o profeta Amós e a advertência de Deus àqueles que "esmagam a cabeça dos fracos no pó da terra".

Ao final, cumprimenta um índio pataxó vindo da Amazônia e usa, por alguns instantes, um cocar feito com plumas de garça e arara.

No almoço, Bergoglio se encontra com os bispos brasileiros, aos quais apresenta um discurso articulado e profundo que fala da Igreja. É quase uma sacudida, que marca um passo adiante no caminho do pontificado e traz à tona, como não sucedera antes de forma tão completa, a mensagem do novo papa. A Igreja, diz, "não pode se afastar da simplicidade" porque, se assim o faz, termina por perder "aqueles que não nos entendem" mais. É preciso recuperar a "gramática da simplicidade". A Igreja mesma talvez "lhes apareça demasiado frágil, talvez demasiado longe das suas necessidades, talvez demasiado pobre para dar resposta às suas inquietações, talvez demasiado fria para com elas, talvez demasiado autorreferenciada, talvez prisioneira da própria linguagem rígida".

O que fazer, então, com aqueles que se afastaram da Igreja? Não se deve ter medo de "entrar na noite deles", de "encontrá-los no seu caminho". Hoje não servem as lamentações, mas uma Igreja que "lhes faça companhia e mostre com a própria vida o caminho verdadeiro". A pergunta do papa é dramática: "Somos ainda uma Igreja capaz de aquecer o coração?". Para ser missionários e chegar aos que estão distantes, diz Francisco, "faz falta uma Igreja capaz de redescobrir as entranhas maternas da misericórdia". "Sem a misericórdia, temos hoje poucas possibilidades de inserir-nos em um mundo de 'feridos', que têm necessidade de compreensão, de perdão, de amor." E não de condenações e de frios chamados doutrinários.

Francisco agrega ainda que é importante "reforçar" a família, os jovens e as mulheres, que têm "um papel fundamental na transmissão da fé". "Não reduzamos o empenho das mulheres na Igreja, antes, pelo contrário, promovamos o seu papel ativo na comunidade", porque, "se a Igreja perde as mulheres, corre o risco da esterilidade".

Mas, na fala ao episcopado, ainda há espaço para um forte apelo ao ambiente e à criação. "Não se vai à Amazônia para ir embora depois de haver desfrutado dela", diz o papa, e completa: "A Criação não pode ser explorada rudemente".

De noite, celebra-se a grande vigília que precede o último dia da JMJ. Tradicionalmente escolhe-se para esse compromisso um lugar diferente dos encontros precedentes, também porque, ao fim da vigília, os jovens acampam e dormem no mesmo local, à espera da missa final no dia seguinte. O planejado era que os jovens se dirigissem ao *Campus Fidei* de Guaratiba, mas o mau tempo e a chuva transformaram o grande terreno preparado em um mar de lama. A decisão, então, foi por continuar a usar a praia de Copacabana.

Desde a primeira tarde confluem ao local, vindos de todas as partes e subúrbios do Rio, milhares de jovens. Formam longos e pacíficos cortejos, cantando e dançando. O palco está repleto de bispos. Os jovens – calcula-se que haja milhões deles – fazem que eles participem de algumas coreografias simples. Um verdadeiro *flash mob*. Depois, uma vez mais, Francisco percorre a avenida Atlântica, a orla de Copacabana.

O tema da fala do papa é a missão: "Acompanho as notícias do mundo e vejo que muitos jovens, em tantas partes do mundo, saíram pelas estradas para expressar o desejo de uma civilização mais justa e fraterna. Resta, porém, uma pergunta: por onde começamos? Quais são os critérios para a construção de uma sociedade mais justa? Uma vez perguntaram a Madre Teresa de Calcutá o que devia mudar na Igreja. 'Eu e você', respondeu ela. Queridos amigos, não se esqueçam: vocês são o campo da fé! Vocês são os atletas de Cristo! Vocês são os construtores de uma Igreja mais bela e de um mundo melhor".

Ao término da vigília, depois da adoração do Santíssimo Sacramento e de alguns minutos de impressionante silêncio, o entusiasmo volta a explodir, acompanhando o retorno do papa, que sente frio por ter se recusado a vestir um casaco.

No domingo, 28 de julho, Francisco volta à orla para reencontrar os jovens e celebrar com eles a missa de encerramento da JMJ. Suas retinas ainda guardam a imagem memorável dos milhões de jovens que rezaram com ele sobre a praia de Copacabana. Na homilia ele faz uma exortação: "Não tenham medo de ir e levar Cristo para todos os ambientes, até as periferias existenciais, incluindo quem parece mais distante, mais indiferente". Deus "procura a todos, quer que todos sintam o calor da Sua misericórdia". Evangelizar é "testemunhar pessoalmente o amor de Deus, significa superar os nossos egoísmos, significa servir, inclinando-nos para lavar os pés dos nossos irmãos, tal como fez Jesus".

Durante o ofertório, trazem ao papa uma menina com anencefalia. Bergoglio havia tido um encontro com seus pais na manhã do dia anterior, depois da missa na catedral, e os havia convidado a participar da liturgia. As crianças nascidas anencéfalas normalmente não sobrevivem, mas os pais decidiram levar adiante a gravidez mesmo após tomarem conhecimento da grave malformação e, contra todas os prognósticos, a menina ainda estava viva.

A primeira viagem internacional se conclui com um novo discurso programático feito pelo papa ao comitê de coordenação do Celam. Também nesse caso, as suas palavras se destinam a ecoar além dos confins do continente latino-americano. Francisco pede, acima de tudo, que se coloquem em chave missionária as atividades habituais das igrejas locais, recorda a necessária "conversão pastoral" proposta no documento final de Aparecida em 2007 e propõe aos bispos algumas questões: "Procuramos que o nosso trabalho e o de nossos presbíteros seja mais pastoral que administrativo? Quem é o principal beneficiário do trabalho eclesial, a Igreja como organização ou o povo de Deus na sua totalidade?". O papa inquire ainda sobre como os fiéis têm sido valorizados: "Na prática, fazemos os fiéis leigos participantes da Missão? Apoiamo-los e acompanhamos, superando qualquer tentação de manipulação ou submissão indevida?".

Por isso, entre as várias tentações que cita, está também aquela encarnada por quem, diante dos males da Igreja, procura "uma solução apenas disciplinar, na restauração de condutas e formas superadas". Outras tentações são representadas pelo "funcionalismo" – isto é, uma concepção "que não tolera o mistério" e reduz "a realidade da Igreja à estrutura de uma ONG" – e pelo clericalismo.

Os bispos, conclui Bergoglio, são "pastores", "próximos das pessoas, pais e irmãos", "pacientes e misericordiosos". Devem amar a pobreza, inclusive a exterior, "como simplicidade e austeridade de vida", sem ter uma "psicologia de príncipes" e sem serem ambiciosos.

COM BARTOLOMEU NA TERRA SANTA

Desde o princípio do pontificado, as relações entre Francisco e Bartolomeu, patriarca ecumênico de Constantinopla, são muito estreitas. O sucessor de Pedro desejava visitar o sucessor do irmão de Pedro, André, desde novembro de 2013. A viagem, como veremos, só poderia realizar-se no ano seguinte. Bartolomeu participa da missa de posse do novo pontífice, fato nunca antes ocorrido, e convida o papa a uma viagem comum a Jerusalém para comemorar o histórico abraço entre Paulo VI e o patriarca Atenágoras, ocorrido em janeiro de 1964 após cinco séculos de divisões, contrastes e excomunhões.

Essa peregrinação comum aos lugares de nascimento da fé cristã, que pela primeira vez vê todos os cristãos reunidos no Santo Sepulcro, finalmente se realiza em maio de 2014. Uma viagem breve, de somente três dias e duas noites, como foi a de Paulo VI. O início é em Amã, na Jordânia, seguindo para Israel e para os territórios da Autoridade Palestina.

Durante a organização da viagem, a segurança é o centro de longas discussões. As autoridades israelenses resistem à decisão do papa de não entrar em um carro blindado, mas, no fim, Bergoglio leva a melhor. Uma das novidades importantes dessa viagem é a presença, no séquito oficial, do rabino Abraham Skorka e do líder islâmico Omar Abboud, ambos amigos que fez na Argentina. Ao contrário do que fizeram papas precedentes, Francisco não visitará a Galileia, região israelense onde vivem as mais densas comunidades cristãs.

Na manhã de 24 de maio de 2014, no voo da Alitalia com destino a Amã, Bergoglio se apresenta aos jornalistas dizendo: "Sou como o cordeiro que vai rumo aos leões, mas sabe que os leões não o mordem". Francisco cumprimenta os jornalistas David Cohen Cymerman, do Channel 2, israelense, e Imad Freij, do Catholic Center for Studies and Media, palestino, sentados lado a lado. O jornalista israelense foi convidado pessoalmente pelo papa a seguir a viagem, depois de um encontro em Santa Marta. Vendo-os juntos, o papa diz a Cymerman, referindo-se a seu colega palestino: "Por favor, proteja-o durante esta viagem".

No aeroporto de Amã, Francisco é acolhido pelo primo do rei hachemita Abdullah, o príncipe Ghazi bin Muhammad, defensor do diálogo entre islâmicos e cristãos. Francisco exprime seu "profundo respeito e estima pela comunidade muçulmana". Mais tarde, durante o encontro no palácio real, Abdullah se volta diretamente ao papa e diz: "O senhor se colocou pessoalmente em favor do diálogo, em especial com o islã. Mais do que sucessor de Pedro, o senhor se tornou a consciência do mundo inteiro".

A guerra que já há três anos dilacera a Síria e a consequente catástrofe humanitária dos refugiados são uma preocupação constante durante essa etapa na Jordânia. O papa a recorda no salão de festas do palácio real de Amã, diante de trezentos dignitários do reino: "Este país oferece generoso acolhimento a um grande número de refugiados palestinos, iraquianos e provenientes de outras áreas de crise, nomeadamente da vizinha Síria, abalada por um conflito que já dura muito tempo". Segundo a Agência da ONU para Refugiados, são quase 600 mil refugiados na Jordânia vindos somente da Síria, que se somam aos que deixaram o Iraque e aos palestinos.

Mas a atenção de Francisco se volta também para os cristãos. Em seu primeiro discurso, recorda a significativa contribuição das comunidades cristãs, que, "embora hoje sejam numericamente minoritárias", conseguem desempenhar uma "qualificada e apreciada" ação no campo da educação e da saúde. E reitera a importância da liberdade religiosa, um "direito humano fundamental", esperando que seja tomada em "grande consideração" em cada parte do Oriente Médio e do mundo. Um direito, explica, que comporta também "a liberdade de escolher a religião que crê ser verdadeira e de manifestar publicamente a própria crença".

No estádio de Amã, há 30 mil católicos que esperam o papa para a missa prevista para as 16h. No curso da liturgia, 1400 crianças recebem a primeira comunhão. Francisco é recebido por uma nênia pop de tons árabes formada pela repetição de seu nome. Na homilia, recorda que "a diferença de pessoas e a divergência de pensamento não devem provocar rejeição nem criar obstáculo", porque a variedade é sempre "enriquecedora". E pede "gestos de humildade, fraternidade, perdão e reconciliação". O caminho da paz se consolida "se reconhecermos que todos temos o mesmo sangue e fazemos parte do gênero humano; se não nos esquecermos de que temos um único Pai no Céu".

Concluída a missa no estádio, o papa se dirige a Wadi al-Kharrar, o "vale melodioso" onde murmuram as águas do Jordão. É o lugar onde, segundo a tradição e as pesquisas do franciscano Michele Piccirillo, São João batizou Jesus. Ali chega a bordo de um veículo, semelhante aos carrinhos de golfe, conduzido pelo rei Abdullah em pessoa. Estão presentes ainda a rainha Rania, usando uma longa saia branca e verde, e o príncipe Ghazi bin Muhammad. Bergoglio, diferentemente de seus predecessores que visitaram o lugar, decide descer até a margem do rio Jordão e tocar a água, com a qual depois molha sua fronte, enquanto o vento lhe acaricia as vestes brancas empoeiradas. Depois deixa uma breve oração pela paz, em espanhol, no "livro de ouro" do santuário local.

O primeiro dia na Terra Santa se conclui a pouca distância dali, em uma igreja católica ainda em construção, onde o papa encontra seiscentas pessoas à sua espera, em grande parte refugiados – muitos dos quais sírios – e deficientes físicos, assistidos pela Cáritas jordaniana e pelo governo.

Francisco os escuta, desce aonde estão, os abraça, mantendo no pescoço um *keffiyeh* de quadrados vermelhos e brancos. Está visivelmente comovido: "Na minha peregrinação, desejei ardentemente encontrar-me convosco que, devido a conflitos sangrentos, tivestes de deixar as vossas casas e a vossa pátria, encontrando refúgio nesta terra hospitaleira da Jordânia, e também convosco, queridos jovens, que sentis o peso de alguma limitação física".

Em seu discurso, o papa cita a "amada Síria, dilacerada por uma luta fratricida". "A raiz do mal está na avidez do dinheiro", diz, improvisando em italiano, "existente naqueles que participam na fabricação e na venda das armas [...] Isto deve nos fazer pensar em quem está por detrás, que fornece, a todos aqueles que estão em disputa, as armas para continuar o conflito! [...] Cessem as violências e seja respeitado o direito humanitário, garantindo a necessária assistência à população que sofre! Deixem todos de lado a pretensão de colocar nas armas a solução dos problemas e voltem ao caminho das negociações". E conclui: "Deus converta aqueles que fabricam e vendem as armas e fortaleça os corações e as mentes dos obreiros da paz e os recompense com todas as bênçãos".

Naquela noite, Francisco dorme em Amã, enquanto um avião da Royal Jordanian Airlines leva os jornalistas e parte do séquito a Jerusalém.

Na manhã de 25 de maio, sem entrar no Estado de Israel, o papa voa de helicóptero até Belém, nos territórios palestinos, onde é recebido pelo presidente Mahmoud Abbas, também conhecido como Abu Mazen. Depois do reconhecimento pelas Nações Unidas em 2012, o programa oficial de viagem se refere sempre ao Estado da Palestina, e é assim que o define o pontífice.

"O Oriente Médio", afirma Bergoglio, falando em italiano, "há decênios vive as consequências dramáticas do prolongamento de um conflito que produziu tantas feridas difíceis de curar [...] Ao manifestar a minha solidariedade a quantos sofrem em medida maior as consequências deste conflito, queria do fundo do coração dizer que é hora de pôr fim a esta situação, que se torna sempre mais inaceitável, e isto para o bem de todos. [...] Para todos, chegou o momento de terem a coragem da generosidade e da criatividade ao serviço do bem, a coragem da paz, que assenta sobre o reconhecimento, por parte de todos, do direito que têm dois Estados de existir e gozar de paz e segurança dentro de fronteiras internacionalmente reconhecidas".

Depois o papa se dirige a Abu Mazen, definindo-o – da mesma forma que havia feito no dia anterior para o rei Abdullah da Jordânia – como "homem de paz e artífice da paz". Justo naquelas semanas, o presidente palestino se empenhava em uma delicada tentativa de reaproximação com o Hamas.

No fim do encontro no palácio presidencial, o papa cumprimenta alguns cristãos da Cisjordânia e da Faixa de Gaza. Então sobe ao papamóvel para ir à Basílica da Natividade, onde está programada uma missa campal na praça da Manjedoura.

No trecho de estrada que margeia o muro construído pelos israelenses, a altíssima barreira de cimento armado que separa o Estado hebreu dos assentamentos dos colonos da Autoridade Palestina, Francisco manda o carro parar. Diante de um pequeno grupo de jovens palestinos, gendarmes e homens da segurança, desce e se aproxima do muro coberto de grafite e pichações. Toca a parede, aproxima sua testa e reza em silêncio. Um silêncio mais eloquente do que mil discursos, diante daquela barreira que – como disse Vera Baboun, a prefeita de Belém – separa também o lugar do nascimento de Cristo daquele de sua ressurreição.

O trajeto completo do muro cobre mais de 700 quilômetros e, em alguns pontos, para integrar assentamentos israelenses, se estende por até 28 quilômetros além da "linha verde", a fronteira de Israel antes da guerra de 1967. Com isso, torna arquitetonicamente irreversível a ocupação de vastas áreas de terra palestina. Em maio de 2004, a construção da barreira ocasionou a extração de mais de 100 mil oliveiras e árvores de frutos cítricos, a destruição de estufas, equipamentos de irrigação e galpões, e o confisco de milhares de quilômetros quadrados de terra pertencentes a famílias árabes. Resoluções da ONU e a Corte Internacional de Justiça de Haia definiram a construção do muro e suas consequências na vida da população local como "contrárias ao direito internacional". Também sofrem as comunidades cristãs da região de Beit Jala, vizinha a Belém, que empreenderam uma batalha legal nos tribunais israelenses para impedir que o traçado estabelecido para o muro cortasse o vale de Cremisan, entre Belém e Jerusalém, um precioso pulmão verde para toda a área. Um projeto que levará 400 crianças que frequentam a escola mantida por irmãs salesianas na região a passar sua infância numa espécie de prisão a céu aberto, cercada de barreiras e postos de controle. Desde outubro de 2011, os padres da paróquia católica de Beit Jala celebram missas e recitam rosários entre olivais da região, rogando por uma revisão do traçado que evite a destruição do vale de Cremisan. Em outubro de 2013, um deles havia conseguido entregar a Francisco uma carta na qual descrevia as consequências daquilo que definia como "muro de anexação".

O gesto de Bergoglio escapa ao programa. Só sabiam da intenção do papa os colaboradores mais próximos e os gendarmes vaticanos. João Paulo II já havia contemplado a questão, dizendo que "a Terra Santa não precisa de muros, mas de pontes". Também Bento XVI, durante sua visita a Belém, havia dedicado palavras fortes a uma barreira "que se introduz em vossos territórios, separando os vizinhos e dividindo as famílias". Palavras, portanto, já haviam sido empregadas. Francisco prefere um gesto silencioso que interrogue as consciências de todos.

De volta ao papamóvel, o papa chega à praça da Manjedoura, ao lado da antiga basílica cristã onde se conserva a memória do nascimento de Jesus. Não é sem dificuldade que se reunirão aqui os cristãos, em vista da escassez de permissões e dos embaraços ao deslocamento. Também está presente uma delegação de católicos vinda de Gaza. O setor a eles destinado na praça está em festa. Desde as primeiras horas da manhã, não deixam de cantar nem por um instante. "É a primeira vez que pude colocar os pés fora da Faixa, quase não acreditei", conta Jamal, nascido em 1948. Viveu em Gaza a vida toda e agora está aqui. Cinco anos antes, quando da visita do Papa Ratzinger em 2009, tinha sonhado com a permissão, que não chegou.

A missa se faz acompanhar de cantos árabes. Na homilia, recordando o Menino Jesus, sinal de Deus àqueles que esperavam a salvação, Francisco observa: "Também hoje as crianças são um sinal. Sinal de esperança, sinal de vida, mas também de 'diagnóstico' para compreender o estado de saúde de uma família, de uma sociedade, do mundo inteiro. Quando as crianças são acolhidas, amadas, protegidas, tuteladas, a família é sadia, a sociedade melhora, o mundo é mais humano [...] Aquele Menino, como qualquer criança, é frágil e precisa ser ajudado e protegido. Também hoje as crianças precisam ser acolhidas e defendidas, desde o ventre materno.

"Infelizmente, neste mundo que desenvolveu as tecnologias mais sofisticadas, ainda há tantas crianças em condições desumanas, que vivem à margem da sociedade, nas periferias das grandes cidades ou nas zonas rurais. Ainda hoje há tantas crianças exploradas, maltratadas, escravizadas, vítimas de violência e de tráficos ilícitos. Demasiadas são hoje as crianças exiladas, refugiadas, por vezes afundadas nos mares, especialmente nas águas do Mediterrâneo. De tudo isso nos envergonhamos hoje diante de Deus, Deus que Se fez Menino".

"Também hoje", continua, "as crianças choram (e choram muito!), e o seu choro interpela-nos. Num mundo que descarta diariamente toneladas de alimentos e remédios, há crianças que choram em vão por causa da fome e de doenças facilmente curáveis".

Ao final da missa, no momento de recitar o *Regina Coeli*, o papa diz que pretende voltar à Terra Santa para visitar Nazaré, "aonde espero poder ir, se Deus quiser, noutra ocasião".

Mas esse é também o momento para uma revelação importante. Bergoglio anuncia seu desejo de que o Vaticano receba um encontro entre Abu Mazen e Shimon Peres: "Neste lugar, onde nasceu o Príncipe da Paz, desejo fazer um convite a Vossa Excelência, senhor presidente Mahmoud Abbas, e ao senhor presidente Shimon Peres para elevarem, juntamente comigo, uma intensa oração, implorando de Deus o dom da paz. Ofereço a minha casa, no Vaticano, para hospedar este encontro de oração".

O convite anunciado pelo papa não tem precedentes e se concretizará nos jardins vaticanos poucos dias depois, no domingo, 8 de junho de 2014, com um tempo, portanto, muito restrito, pois Peres estava com seu mandato por terminar. Um gesto "criativo", religioso e "não político", como sublinhará o porta-voz do Vaticano, padre Federico Lombardi.

Será o próprio Francisco, no mês de agosto seguinte, durante um encontro com jornalistas no voo de volta da Coreia, que rememorará os fatos: "A iniciativa não partiu de mim: a iniciativa de rezar juntos veio dos dois presidentes, do presidente do Estado de Israel e do presidente do Estado da Palestina. Eles tinham-me feito chegar esse desejo. Em seguida, queríamos fazê-lo lá,[3] mas não se encontrava o lugar certo, porque o custo político de cada um, caso fosse feito na outra parte, era muito forte. A nunciatura? Sim; seria um lugar neutro, mas, para chegar à nunciatura, o presidente do Estado da Palestina deveria entrar em Israel, e isso não era fácil. E eles me disseram: 'Fazemos isso no Vaticano; nós vamos lá!'".

Na primeira tarde, depois do almoço com algumas famílias palestinas no convento franciscano de Casanova e de uma visita privada à gruta da Natividade, Francisco chega ao Phoenix Center, no campo de refugiados de Dheisheh, que foi fundado em 1949 e hoje abriga mais de 3,5 mil palestinos provenientes de povoados a oeste de Hebron e Jerusalém. Diante do papa, as crianças de Belém querem "gritar ao mundo as dificuldades" e "os sofrimentos do povo palestino": "Os nossos avós foram expulsos de casa, e nós abrimos os olhos já sob esta ocupação, com um muro em frente de nós". Bergoglio escuta atentamente os jovens dos campos de Dheisheh, Aida e Beit Jibrin.

A festa alegre daquela manhã cede passo, pouco a pouco, a um clima mais recolhido, decididamente incomum para uma cerimônia árabe. A longa intervenção de um dos jovens retraça as dolorosas vicissitudes de seu povo. Na sua fala, é recorrente a palavra *nakba*, "catástrofe": assim os palestinos se referem ao êxodo de 1948, quando foram degredados de suas terras. Um acontecimento trágico que os árabes da Palestina evocam e recordam a cada ano no "dia da *nakba*".

Sua fala não estava prevista, mas Francisco toma a palavra: "Compreendo o que me estais a dizer, a mensagem que me estais

3. Na Terra Santa.

a dar", diz, falando de improviso. "Nunca deixeis que o passado vos determine a vida." Depois, quase rezando, se volta aos pequenos refugiados: "Estai certos de uma coisa! A violência não se vence com a violência. A violência vence-se com a paz". Depois de uma última bênção, Bergoglio pede aos refugiados que rezem por ele. Então deixa o Estado da Palestina e sobe de novo ao helicóptero rumo a Israel.

No aeroporto de Tel Aviv, Francisco é aguardado pelo presidente israelense, Shimon Peres, que, ao cumprimentá-lo, promete: "A nossa mão está estendida para a paz... Procuremos o caminho certo para alcançá-la". Por sua vez, também o papa fala de paz: "Renovo o apelo que fez Bento XVI deste lugar: seja universalmente reconhecido que o Estado de Israel tem o direito de existir e gozar de paz e segurança dentro de fronteiras internacionalmente reconhecidas. Seja igualmente reconhecido que o povo palestino tem o direito a uma pátria soberana, a viver com dignidade e a viajar livremente. Que a 'solução de dois Estados' se torne realidade e não permaneça um sonho!".

Então Francisco recorda os "6 milhões de judeus vítimas do *Shoah*, tragédia que permanece símbolo dos extremos aonde pode chegar a maldade do homem quando, atiçado por falsas ideologias, esquece a dignidade fundamental de cada pessoa, a qual merece respeito absoluto seja qual for o povo a que pertença e a religião que professe. Peço a Deus que jamais se repita semelhante crime". Bergoglio, "com o coração profundamente amargurado", dirige, enfim, um pensamento àqueles que "perderam a vida no atroz atentado sucedido ontem em Bruxelas", renovando a sua "viva deploração por este criminoso ato de ódio antissemita". No dia anterior, um terrorista havia entrado no museu hebraico da capital belga, matando quatro pessoas, duas das quais israelenses.

Pouco depois das 18h, na sede da Delegação Apostólica de Jerusalém, o encontro privado com o patriarca Bartolomeu se conclui com a assinatura de uma declaração conjunta, antes da celebração ecumênica na basílica do Santo Sepulcro.

"Olhamos com ansiedade para o dia em que poderemos finalmente participar juntos no banquete eucarístico. Ao alcançar essa esperada meta, manifestaremos ao mundo o amor de Deus, pelo qual somos reconhecidos como verdadeiros discípulos de Jesus Cristo."

Adentrando a praça defronte à basílica do Santo Sepulcro por duas portas diferentes, o papa e o patriarca se abraçam novamente, enquanto o sol se põe. Com ternura, tomam-se as mãos. O papa diz em italiano ao patriarca: "Cuidado para não escorregar nas pedras", mas é Bartolomeu quem apoia Francisco enquanto descem as escadas. Francisco cede o passo ao sucessor do apóstolo André ao entrar no Santo Sepulcro. Juntos, os dois veneram a Pedra da Unção, inclinando suas cabeças descobertas para beijá-la.

Bartolomeu cumprimenta o papa como "amado irmão em Cristo" e recorda que o túmulo vazio "é uma admoestação a que não tenhamos medo: medo do outro, do diferente, medo de quem professa outra fé, outra religião ou outra confissão". Depois é a vez de Francisco, que foge do programa para beijar a mão do patriarca de Constantinopla.

"Quero renovar o desejo, já expresso pelos meus antecessores, de manter um diálogo com todos os irmãos em Cristo para se encontrar uma forma de exercício do ministério próprio do bispo de Roma, que, em conformidade com a sua missão, se abra a uma nova situação e possa ser, no contexto atual, um serviço de amor e de comunhão reconhecido por todos."

Bergoglio completa: "Quando cristãos de diferentes confissões se encontram a sofrer juntos, uns ao lado dos outros, e a prestar ajuda uns aos outros com caridade fraterna, realiza-se o ecumenismo do sofrimento, realiza-se o ecumenismo do sangue". E acrescenta, de improviso: "Aqueles que matam por ódio à fé, que perseguem os cristãos, não lhes perguntam se são ortodoxos ou se são católicos: são cristãos. O sangue cristão é o mesmo".

Então, dirigindo-se ao patriarca, diz: "Santidade, amado irmão, e vós todos, queridos irmãos, ponhamos de lado as hesitações que herdamos do passado e abramos o nosso coração à ação do Espírito Santo para caminharmos, juntos e leves, rumo ao dia abençoado da nossa reencontrada plena comunhão". Claro, "não podemos negar as divisões que ainda existem entre nós, discípulos de Jesus: este lugar sagrado faz-nos sentir o drama com maior sofrimento". Um aceno ao precário e dificultoso equilíbrio do *status quo* que regula detalhadamente competências e espaços na basílica mais importante da cristandade, em todas as suas confissões. "Mas as divergências", encoraja o papa, "não devem nos assustar e paralisar o nosso caminho".

Enfim, sempre de improviso, conclui: "E, quando a desunião nos fizer pessimistas, pouco corajosos, difidentes, refugiemo-nos todos sob o manto da Santa Mãe de Deus. Quando há turbulências espirituais na alma cristã, só encontraremos a paz sob o manto da Santa Mãe de Deus".

Findos os discursos, os dois chefes religiosos recitam juntos, pela primeira vez em público, o Pai-Nosso.

O dia 26 de maio é o último de uma viagem de agenda muitíssimo intensa. Pouco depois das 8h, o papa chega à Esplanada das Mesquitas, no bairro muçulmano da cidade velha de Jerusalém. Recebido pelo grão-mufti, xeque Mohammad Hussein, Francisco entra – tirando os sapatos, como requer a tradição islâmica – no Domo da Rocha, a estrutura coroada pela célebre cúpula de ouro. Depois, no centro islâmico, encontra-se com o xeque. Que, em árabe, fala da "ocupação" israelense na Palestina, das pessoas presas nos cárceres de Israel e da necessidade de respeitar os "direitos humanitários e religiosos".

Depois é Bergolio quem toma a palavra: "Embora cada qual a seu modo, muçulmanos, cristãos e judeus reconhecem em Abraão um pai na fé e um grande exemplo a imitar [...] Respeitemo-nos e amemo-nos uns aos outros como irmãos e irmãs! Aprendamos a compreender a dor do outro! Que ninguém instrumentalize, para a violência, o nome de Deus! Trabalhemos juntos em prol da justiça e da paz! *Salam!*".

Logo depois, o papa chega ao vizinho Muro Ocidental do antigo templo hebreu destruído, o chamado Muro das Lamentações. Como, antes dele, haviam feito João Paulo II em 2000 e Bento XVI nove anos depois, para em silêncio por alguns minutos diante do muro, apoiando nele a mão direita, depois enfia em uma das fendas do muro uma oração escrita, após havê-la recitado movendo os lábios. Trata-se do Pai-Nosso em espanhol. Enfim, diante do muro do templo, abraça seus dois amigos argentinos, o rabino Abraham Skorka e o líder islâmico Omar Abboud.

A etapa seguinte é o monte Herzl, aonde Francisco chega de automóvel, sendo recebido por Peres e pelo primeiro-ministro, Benjamin Netanyahu. No mausoléu, com a ajuda de uma moça e de um rapaz cristãos, o papa deposita uma coroa de flores sobre a tumba de Theodor Herzl, que fundou o movimento sionista no Congresso de Basileia de 1897. É a primeira vez que um papa realiza essa visita, a qual foi introduzida três anos antes no protocolo de recepção do Estado de Israel. Pouco depois, antes de se dirigir ao Yad Vashem, o papa faz uma visita não programada ao memorial das vítimas do terrorismo, ali perto. As fotos reproduzidas pelos sites israelenses o mostram com uma mão apoiada em uma placa, os olhos fechados, ao lado de Peres e Netanyahu. Essa visita a um outro "muro", erguido para celebrar as vítimas, fora sugerida a Francisco pelas autoridades israelenses após a oração silenciosa diante da barreira de cimento de Belém, no dia anterior.

Às 10h, a visita mais comovente do dia, ao Yad Vashem, o memorial da *Shoah* (Holocausto) de Jerusalém, onde o papa escuta a leitura, em italiano, da última carta de Ida Goldish antes de sua deportação. Depois, cumprimenta seis sobreviventes dos campos nazistas – Avraham Harshalom, Chava Shik, Joseph Gottdenker, Moshe Ha-Elion, Eliezer Grynfeld e Sonia Tunik-Geron – e se inclina para beijar a mão de alguns deles. Outro gesto espontâneo, não programado.

O papa reaviva a chama perene da recordação e pronuncia um discurso centrado em uma pergunta que parece ecoar a obra *É isto um homem?*, de Primo Levi: "Onde estás, ó homem? Onde foste parar? Neste lugar, memorial da *Shoah*, ouvimos ressoar esta pergunta de Deus: 'Adão, onde estás?'. Nessa pergunta há toda a dor do Pai que perdeu o filho. O Pai conhecia o risco da liberdade; sabia que o filho teria podido perder-se... mas talvez nem mesmo o Pai podia imaginar uma tal queda, um tal abismo! Aquele grito, 'onde estás?', ressoa aqui, perante a tragédia incomensurável do Holocausto, como uma voz que se perde num abismo sem fundo... Homem, quem és? [...] De que horrores foste capaz? Que foi que te fez cair tão baixo? [...] Quem te corrompeu? Quem te desfigurou? Quem te contagiou com a presunção de te apoderares do bem e do mal? Quem te convenceu de que eras deus? Não só torturaste e assassinaste os teus irmãos, mas ofereceste-os em sacrifício a ti mesmo, porque te erigiste em deus".

E ainda: "Da terra levanta-se um gemido submisso: tende piedade de nós, Senhor! Para Vós, Senhor nosso Deus, a justiça; para nós, a desonra estampada no rosto, a vergonha. Veio sobre nós um mal como nunca tinha acontecido sob a abóbada do céu. Agora, Senhor, escutai a nossa oração, escutai a nossa súplica, salvai-nos pela Vossa misericórdia. Salvai-nos desta monstruosidade. [...] Dai-nos a graça de nos envergonharmos daquilo que, como homens, fomos capazes de fazer, de nos envergonharmos desta máxima idolatria, de termos desprezado e destruído a nossa carne, aquela que Vós formastes da lama, aquela que vivificastes com o Vosso sopro de vida. Nunca mais, Senhor, nunca mais!".

Os minutos estão contados. Francisco volta a subir no automóvel e chega ao centro Heichal Shlomo, nos arredores da grande sinagoga de Jerusalém, para o encontro com os grão-rabinos de Israel. "Juntos, poderemos dar uma grande contribuição para a causa da paz", ele lhes diz, "juntos, poderemos opor-nos firmemente a todas as formas de antissemitismo e as formas de discriminação restantes". Francisco recorda ainda que "desde o tempo em que era arcebispo de Buenos Aires, pude contar com a amizade de muitos irmãos judeus. Hoje estão aqui dois rabinos amigos. Com eles, organizamos frutuosas iniciativas de encontro e diálogo e, com eles, vivi também significativos momentos de partilha no plano espiritual".

Antes do almoço, outro compromisso: a visita de cortesia ao presidente do Estado de Israel no palácio presidencial, onde Bergoglio é recepcionado por um coro de crianças no grande jardim recoberto de tendas brancas. No encontro com Shimon Peres, o papa diz que ele é "um homem sábio e bom, sabe que rezo por Vossa Excelência, e sei que reza por mim".

Segue-se a audiência privada com o premiê Netanyahu. No colóquio, tratam também dos vistos não concedidos que impedem o acesso de alguns sacerdotes do patriarcado latino, impossibilitados assim de ir a Jerusalém.

No fim da manhã resta ainda tempo para um breve encontro com um grupo de crianças com câncer. Depois do almoço e da visita particular ao patriarca Bartolomeu, no edifício defronte à igreja ortodoxa do Monte das Oliveiras, Francisco se encontra com padres, religiosos e religiosas na igreja do Getsêmani. É um lugar onde, recordando a oração de Cristo na véspera de sua Paixão, "prevalecem a dúvida, o cansaço e o pavor". Portanto "será bom para todos nós – bispos, sacerdotes, pessoas consagradas, seminaristas – perguntarmo-nos neste lugar: quem sou eu perante o meu Senhor que sofre? Sou daqueles que, convidados por Jesus a velar com Ele, adormecem e, em vez de rezar, procuram evadir-se fechando os olhos diante da realidade? Ou reconheço-me naqueles que fugiram por medo, abandonando o Mestre na hora mais trágica da sua vida terrena? Porventura há em mim a hipocrisia, a falsidade daquele que O vendeu por trinta moedas, que fora chamado amigo e, no entanto, traiu Jesus?".

Depois do encontro, Francisco se detém para plantar uma oliveira no Getsêmani, ao lado de árvores milenares e daquela que Paulo VI plantou em 1964.

O último compromisso desse *tour de force* é a missa no Cenáculo, o lugar da última ceia de Jesus, que pertence a Israel e que normalmente é vedado à celebração eucarística. Bergoglio encontra-se visivelmente cansado. Na homilia sublinha uma vez mais a importância desse lugar para toda a cristandade.

"O Cenáculo recorda-nos o *serviço*, o lava-pés que Jesus realizou", que significa acolher, aceitar e amar, ou ainda "servir-se reciprocamente". E, sobretudo, ter no coração "o pobre, o doente, o marginalizado".

COREIA, VIAGEM À IGREJA FUNDADA POR LAICOS

De 13 a 18 de agosto de 2014, Francisco vai à Coreia, no coração do Extremo Oriente. A Igreja coreana não nasceu com padres ou missionários, mas graças aos laicos. De fato, foram alguns filósofos e diplomatas coreanos, convertidos ao cristianismo em Pequim, os responsáveis pela difusão da fé e pelos batismos. Antes de alcançar a prosperidade atual, a Igreja coreana conheceu o martírio: os católicos são uma minoria, mas consistente. E no país se celebram 100 mil batismos por ano.

São dois os motivos principais pelos quais o papa enfrenta essa viagem: a beatificação de 124 mártires coreanos da primeira geração e a participação na sexta Jornada da Juventude Asiática, que acontece em Daejeon entre 13 e 17 de agosto – nada a ver com as grandes multidões da Jornada Mundial da Juventude, mas ainda assim um evento significativo para a Ásia, com a participação de 2 mil jovens provenientes de 23 nações, aos quais se somam outros 4 mil jovens que participam da contemporânea Jornada Coreana da Juventude. Nos meses anteriores à viagem, a Santa Sé havia acionado seus canais diplomáticos para pedir que o governo norte-coreano em Pyongyang concedesse a alguns jovens a possibilidade de participar dos encontros papais, mas a resposta foi negativa.

Na realidade, entre os objetivos da viagem está ainda uma oração pela reconciliação das duas Coreias. Francisco teria gostado de ir até a divisa, tocá-la fisicamente como fizera três meses antes em Belém, ao parar para um instante de oração silenciosa diante da barreira de cimento que separa os territórios palestinos de Israel. Mas lhe explicaram que não era possível.

Bergoglio é o terceiro papa a voar até a Coreia, depois de Paulo VI (1968) e João Paulo II (1984 e 1989). "Havia muito que um papa não ia à Ásia Oriental", assinala o padre Federico Lombardi. "Desde 1999, ano em que João Paulo II foi a Delhi... Por isso Francisco considerou a Ásia uma prioridade entre suas viagens."

O Airbus 330 da Alitalia parte de Roma na tarde de quarta, 13 de agosto, e chega a Seul na manhã de 14 de agosto. Durante o voo, o papa vai cumprimentar os pilotos. Um deles mostra ao pontífice um registro, explicando-lhe que faltam dez minutos para que entrem no espaço aéreo chinês.

A circunstância é particular: é, na verdade, a primeira vez que um papa sobrevoa a China. Francisco escuta os pilotos pedirem permissão para o sobrevoo e também as respostas das autoridades chinesas que controlam o tráfego aéreo. O comandante diz a Bergoglio: "Agora seu telegrama vai diretamente para o presidente chinês". No texto, se exprimem "os melhores votos de paz e bem-estar" ao presidente Xi Jinping, à nação e a seus habitantes, com a "invocação da bênção divina".

"Depois me despedi deles", conta o papa, "voltei ao meu lugar e rezei muito por aquele belo e nobre povo chinês: um povo sábio. Penso nos grandes sábios chineses, penso na história da ciência, na sabedoria... Também nós, jesuítas, temos uma história ali, com Matteo Ricci... Se gostaria de ir à China? Mas claro, amanhã mesmo! Nós respeitamos o povo chinês. A Igreja pede somente liberdade para seu ministério, para seu trabalho. Nenhuma outra condição".

À espera de Bergoglio no aeroporto de Seul está também a presidente da Coreia, Park Geun-hye, cuja presença não estava prevista no programa oficial. Mas não só as salvas de canhão saúdam o papa: pouco antes da aterrissagem, a Coreia do Norte disparou três mísseis de 30 milímetros de curto alcance da costa oriental diretamente no mar do Japão. Uma operação feita sem qualquer anúncio prévio suspendendo a navegação na região afetada.

De tarde, tem lugar o primeiro compromisso público de Francisco: a acolhida e o encontro com as autoridades civis no salão Chungmu da Casa Azul, o palácio presidencial. Park Geun-hye, na calorosa saudação prestada ao convidado, manifesta sem reticências a aspiração à reunificação, mas evoca mais de uma vez a ameaça nuclear norte-coreana. O papa fala em inglês por quase quinze minutos. Utiliza palavras simples e diretas, que vão ao cerne dos problemas por resolver de uma nação cuja identidade é marcada pela divisão.

O caminho sugerido por Francisco vai no sentido contrário ao daqueles que cultuam os conflitos permanentes. De fato, no discurso, encoraja "os esforços feitos a favor da reconciliação e da estabilidade na península Coreana", que, a seu ver, "são o único caminho seguro para uma paz duradoura". Depois, ampliando o horizonte, reitera que no mundo globalizado nenhum conflito pode ser considerado marginal: "A busca da paz por parte da Coreia é uma causa que está particularmente em nossos corações, pois influencia a estabilidade de toda a região e do mundo inteiro, cansado da guerra".

No seu primeiro discurso em terras coreanas, a diplomacia é definida pelo papa como "arte do possível", fundamentada "numa convicção firme e perseverante de que a paz pode ser alcançada pelo diálogo e o ouvir atento e discreto, mais do que com recriminações recíprocas, críticas inúteis e demonstrações de força". "A paz", pontua Francisco, citando o profeta Isaías, "não é simplesmente ausência de guerra, mas obra da justiça". "E a justiça, como virtude que é, faz apelo à tenacidade da paciência; não nos pede para esquecermos as injustiças do passado, mas que as superemos através do perdão, da tolerância e da cooperação." Observações cujo valor supera as fronteiras dos países da Ásia Oriental.

Aos dirigentes políticos sul-coreanos, o Papa Francisco pede que "se dedique especial atenção aos pobres, àqueles que são vulneráveis e a quantos não têm voz, não somente indo ao encontro das suas necessidades imediatas, mas também promovendo seu crescimento humano e espiritual".

Da Casa Azul, Francisco se dirige à sede da Conferência Episcopal Coreana, para encontrar-se com os bispos. E aqui faz uma advertência a uma Igreja em grande expansão que, no entanto, pode arriscar-se a cair no triunfalismo ou a adequar-se aos modelos do mundo dos negócios. Convidando os bispos a serem "guardiões da memória" e "guardiões da esperança", o papa recorda que a "tradição extraordinária" da Igreja coreana "teve início e cresceu amplamente graças à fidelidade, perseverança e trabalho de gerações de leigos". E, falando de improviso, adiciona que, de tal forma, não "tinham a tentação do clericalismo".

Francisco os chama a agir não somente "através de iniciativas concretas de caridade, que são necessárias", mas também "no trabalho constante de promoção em nível social, ocupacional e educativo".

Enfim, mencionando os desafios que a Igreja deve enfrentar em uma sociedade cada vez mais secularizada e materialista, Francisco fala da tentação, por parte dos agentes de pastoral, de adotar um "estilo de vida e uma mentalidade guiados mais por critérios mundanos de sucesso e até mesmo de poder do que pelos critérios enunciados por Jesus no Evangelho". E completa, sempre de improviso, dizendo que, "em momentos de prosperidade, a Igreja sofre a tentação de esquecer os pobres e sua vocação de ser pobre para os pobres, fiando-se dos bens materiais e da organização".

O dia 15 de agosto de 2014 é feriado nacional na Coreia, em comemoração à libertação do país. Naquela manhã, Francisco deveria ir de helicóptero ao Estádio da Copa do Mundo de Daejeon. Mas, por causa do tempo incerto e da neblina, a viagem é feita de trem. No grande estádio ressaltam grandes faixas coloridas, com escritos também em italiano e em espanhol: "*Ti vogliamo bene*" ["Gostamos de você"], "*El pueblo está contigo!*" ["O povo está contigo!"]. Bergoglio é recebido com uma grande "ola". Quando inicia a missa, a maior parte das mulheres presentes cobre a cabeça com um véu.

Na homilia, Francisco volta a palavras que retratam a realidade coreana, na qual o cristianismo conhece grande florescimento, mas onde não faltam riscos de mundanização e onde a sociedade, tão desenvolvida e tecnologicamente avançada, convive com o fenômeno do desespero e dos suicídios: "Possam os cristãos desta nação ser uma força generosa de renovação espiritual em todas as esferas da sociedade; combatam o fascínio do materialismo que sufoca os autênticos valores espirituais e culturais e também o espírito de desenfreada competição que gera egoísmo e conflitos; rejeitem modelos econômicos desumanos que criam novas formas de pobreza e marginalizam os trabalhadores, bem como a cultura da morte que desvaloriza a imagem de Deus, o Deus da vida, e viola a dignidade de cada homem, mulher e criança".

O papa recorda aos católicos da Coreia, enfim, que "a esperança oferecida pelo Evangelho é o antídoto contra o espírito de desespero" que se insinua "como um câncer em meio à sociedade, que exteriormente é rica e, todavia, muitas vezes experimenta amargura interior e vazio". "A quantos dos nossos jovens não fez pagar o seu preço um tal desespero!"

Ao fim da missa, na solenidade da Assunção, Francisco recita o *Angelus*, recordando o trágico naufrágio de uma balsa poucos meses antes, em abril, que deixou 294 mortos e 10 desaparecidos. Uma ferida ainda aberta na sociedade coreana: no centro de Seul, ainda continua um protesto pacífico no qual familiares de vítimas pedem justiça.

Vários familiares de vítimas do naufrágio participam da cerimônia em Daejeon, e alguns deles têm a possibilidade de ir cumprimentar o papa. Lee Ho Jing, pai de um dos jovens mortos na ocasião, pede para ser batizado por ele. Francisco aceita prontamente. O rito ocorrerá na manhã seguinte, na capela da nunciatura.

Depois do almoço com os jovens no seminário-mor de Daejeon, o papa se dirige ao santuário de Solmoe. Santo André Kim tinha 16 anos quando escolheu ser batizado e tinha 25 quando foi preso e enforcado em Seul, em 1846. A casa de sua família em Solmoe, a "colinazinha da floresta de pinheiros", tornou-se santuário dos mártires coreanos. Francisco se detém ali para alguns momentos de oração. Depois, um pouco mais distante, sob uma megatenda branca e climatizada, encontra 6 mil jovens vindos de toda a Ásia para participar da VI Jornada da Juventude Asiática: pequenas e grandes comitivas oriundas da Mongólia e das Filipinas, do Japão e da Indonésia, que esperam pelo papa cantando, dançando e contagiando bispos e monsenhores com suas coreografias.

Antes do discurso papal, três jovens intervêm brevemente, contando suas expectativas e esperanças, suas incertezas. Leap, cambojana, solicita ajuda para escolher entre sua vocação inicial para a vida religiosa e o desejo recente de ser médica, pedindo ainda ao pontífice a beatificação dos mártires de seu país. John, de Hong Kong, pergunta qual seria a "missão particular" dos católicos chineses no mundo. Marina, coreana, fala das ânsias dos jovens sufocados pelo moedor de carne do "turbocapitalismo" asiático, pede que se fale da "verdadeira felicidade" e menciona ainda a divisão entre as duas Coreias.

No fim de sua fala, Francisco decide acrescentar algumas palavras de improviso, respondendo mais diretamente às questões. À cambojana Leap, o papa diz que o conflito entre a vocação religiosa e o estudo para fazer o bem é "um conflito aparente, porque, quando o Senhor chama, chama sempre para fazer o bem aos outros [...]. Tu não deves escolher caminho algum: é o Senhor que o deve escolher! Jesus escolheu-o, tu deves ouvi-Lo".

Partindo das perguntas sobre a felicidade feitas por Marina, a moça coreana, Francisco repete o dito por ela: "Felicidade não se compra. E, quando tu compras uma felicidade, depois dás-te conta de que aquela felicidade desapareceu... Não dura a felicidade que se compra. Apenas a felicidade do amor, apenas esta dura! E o caminho do amor é simples: ama a Deus e ama o próximo. [...] Mas como sei se amo a Deus? É muito simples! Se amas o próximo, se não odeias, se não tens ódio no teu coração, tu amas a Deus. Esta é a prova segura!".

Explodem aplausos e gritos de entusiasmo quando o papa se refere à breve peça teatral que alguns dos jovens apresentaram a ele, inspirada na parábola do filho pródigo: "O Evangelho diz-nos que o pai o viu ao longe. E porque é que o viu? Porque diariamente subia ao terraço, para ver se o filho voltava. No céu faz-se mais festa por um pecador que volta do que por cem justos que permanecem em casa". "Nenhum de nós", diz Bergoglio, "sabe o que nos espera. Podemos fazer coisas ruins, muito ruins, mas, por favor, não desesperemos! Temos sempre o Pai, que nos espera!".

Mas Francisco responde também à pergunta sobre a divisão das duas Coreias, aconselhando, em primeiro lugar, a orar: "Rezar; rezar pelos nossos irmãos do Norte: 'Senhor, nós somos uma família; ajudai-nos, ajudai-nos para chegar à unidade [...] Que não haja vencedores nem vencidos, apenas uma família; que haja apenas os irmãos! Quando os irmãos de José foram ao Egito comprar comida [...] encontraram um irmão! Por quê? Porque José notou que falavam a mesma língua. Pois bem! Pensai nos vossos irmãos do Norte: eles falam a mesma língua e, quando em família se fala a mesma língua, há também uma esperança humana".

No fim do dia, depois de voltar a Seul, Bergoglio tem um encontro fora da agenda oficial com jesuítas da Universidade Sogang. Ele lhes pede que não cedam à tentação do clericalismo, tornando-se "clérigos de Estado". "Eu vejo a Igreja como um hospital de campanha neste momento. O povo de Deus nos pede consolo. São tantas, tantas feridas que precisam de alívio [...] Há muitas feridas na Igreja. Feridas que muitas vezes nós mesmos, católicos praticantes e ministros da Igreja, infligimos."

Na manhã de 16 de agosto, sob um sol escaldante, na grande praça Gwanghwamun, celebra-se a beatificação de 124 mártires coreanos. Participam da missa 800 mil pessoas. Na longa espera pelo papa, os fiéis, em meio ao calor do mormaço, recitam o rosário e cantam. Assim que chega, Francisco percorre toda a praça cumprimentando a multidão. Durante o trajeto, para diante de um grupo de familiares das vítimas do naufrágio da balsa e fala com um dos sobreviventes.

A missa, para a qual trajou paramentos vermelhos, cor que simboliza o martírio, se abre com o rito da beatificação. Paul Yun Ji-Chung e 123 companheiros mártires constituem a primeiríssima geração de católicos coreanos. Paul foi martirizado com seu primo por ter violado o rito confuciano ao organizar um funeral católico para sua mãe. No grupo de seus companheiros, todos laicos, havia um só sacerdote, James Ju Mun-mo, chinês, primeiro padre a entrar na Coreia e o primeiro a ali celebrar uma missa. Era conhecido pelo seu empenho missionário: seis anos após sua chegada ao país, os católicos eram 10 mil. Depois da decapitação, sua cabeça foi exposta à execração pública. Um grande e prolongado aplauso saúda a projeção das imagens dos 124 beatos nos dois telões que ladeiam o altar.

Na homilia, Bergoglio sublinha a importância de sua vocação laica em virtude do batismo. "Na providência misteriosa de Deus, a fé cristã não chegou às costas da Coreia por intermédio de missionários; mas entrou através dos corações e das mentes do próprio povo coreano. Este foi estimulado à fé pela curiosidade intelectual, pela busca da verdade religiosa. Foi através de um encontro inicial com o Evangelho que os primeiros cristãos coreanos abriram as suas mentes a Jesus. [...] Essa história é muito elucidativa sobre a importância, a dignidade e a beleza da vocação dos leigos."

De tarde, o papa vai de helicóptero até Kkottongnae, a "colina das flores", para visitar o centro de recuperação para pessoas deficientes House of Hope, um complexo que reúne estruturas para reabilitação, além de sanitárias, religiosas e espirituais, fundado pelo franciscano John Oh Woong-Jin. É o momento mais comovente do terceiro dia na Coreia. Não há discursos a fazer, mas crianças, jovens, adultos e idosos com graves deficiências a abraçar. São os compromissos preferidos do Papa Bergoglio, a ocasião para "tocar a carne de Cristo" nos marginalizados da sociedade, a ocasião para testemunhar a "ternura de Deus".

Esperam por Francisco cerca de 150 pacientes adultos, 50 crianças deficientes vindas de outro centro vizinho e um grupo de agentes sanitários e professores do centro. Antes de mais nada, ele visita a capela, onde foram acomodados alguns doentes. Depois se dirige à sala principal. Os responsáveis pelo centro e a jovem irmã que lhe serve de tradutora do coreano ao italiano gostariam que ele se sentasse, ocupando a grande poltrona branca preparada para ele. Mas Bergoglio quer ficar de pé. Assiste a um balé dançado por crianças portadoras de deficiências, cumprimenta a todos, um por um, recebe presentes, um rapaz de cadeira de rodas coloca em seu pescoço uma coroa de flores violeta, decorada com uma fita larga.

Francisco começa a passar ao lado dos internos do complexo. Há crianças abandonadas duas vezes: pelos pais por causa de suas deficiências, e pela sociedade porque ninguém as quer adotar. O papa pousa suas mãos sobre a cabeça de cada um, acarinha, abraça, beija. Depois chega até Myan, uma jovem mulher acometida de uma grave patologia cerebral, imobilizada numa cama, que não pode falar, apenas sorrir. E, a cada vez que lhe pedem, ela o faz. Sorri também para o papa, que acaricia seu rosto.

Depois, vem John, um dos primeiros internos, que muitos anos antes disse ao padre Woong-Jin que queria estudar, não obstante suas graves deficiências. Assim tiveram início os programas de estudos dirigidos, e agora o papa recebe os cumprimentos de jovens que conseguiram obter seus diplomas. John, em sua cadeira de rodas, se agita e sorri. Sua mãe o abandonou e nunca voltou para visitá-lo, mas o papa o abraça. Há também crianças muito pequenas. E idosos abandonados.

Uma vez que sai da House of Hope, Francisco se dirige em automóvel até o centro de formação School of Love, ainda em Kkottongnae. Durante o trajeto, desce do carro e faz uma pausa para orar diante do "jardim das crianças abortadas", um prado onde se estendem pequenas cruzes brancas e onde se encontram uma delegação de ativistas pró-vida coreanos e o frei Lee Gu-won, jovem missionário nascido sem braços nem pernas.

No School of Love o papa encontra religiosos e religiosas, e adverte contra "a tentação de adotar uma mentalidade puramente funcional e mundana, que induz a colocar a nossa esperança apenas nos recursos humanos e destrói o testemunho de pobreza que Nosso Senhor Jesus Cristo viveu e nos ensinou".

Assim que toma a palavra, o papa avisa que não poderá rezar com eles as vésperas conforme estava previsto. Já está atrasado para o intenso programa que o aguarda e precisa voltar de helicóptero até Seul. Caso a escuridão os surpreenda "há o perigo de batermos contra a montanha". "Somente se o nosso testemunho for alegre é que poderemos atrair homens e mulheres para Cristo." E conclui: "Mesmo se estamos cansados, podemos oferecer-Lhe os nossos corações carregados de pecados e fraquezas; nos momentos em que nos sentimos mais fracos, podemos encontrar Cristo, que Se fez pobre para que nos tornássemos ricos. Essa necessidade fundamental que temos de ser perdoados e curados é, em si mesma, uma forma de pobreza que nunca deveríamos esquecer".

No dia 17 de agosto, às 7h, o papa celebra, na capela da nunciatura, o batismo de Lee Ho Jing, o pai de um dos jovens mortos no naufrágio da balsa Sewol, ao qual é dado o nome de Francisco.

Então Bergoglio deixa Seul com destino ao santuário nacional de Haemi, lugar simbólico para os católicos do país, onde está previsto um encontro com setenta bispos asiáticos. É aqui que pronuncia o discurso mais importante de sua viagem à Coreia, sobretudo graças a improvisos que agrega ao texto.

Francisco não quer tomar assento no trono elevado que prepararam para ele, mas se aproxima de um microfone e de um púlpito que se encontram no mesmo nível dos bispos. A certo ponto, o púlpito desce, e o papa comenta, brincando: "O discurso caiu".

O cerne de seu raciocínio é dedicado ao "diálogo autêntico" e à "empatia", verdadeira palavra-chave para a Igreja que prega a vizinhança e a proximidade.

"O diálogo autêntico requer também capacidade de empatia", a qual "deve ser fruto do nosso olhar espiritual e da experiência pessoal, que nos leva a ver os outros como irmãos e irmãs, a 'escutar', através e para além das suas palavras e ações, aquilo que os seus corações desejam comunicar". "Eu não posso dialogar se estou fechado ao outro. Abertura? Mais: receptividade! Tu, vem a minha casa, ao meu coração. [...] Qual foi o primeiro mandamento dado por Deus Pai ao nosso pai Abraão? 'Caminha na minha presença e sê irrepreensível'. E deste modo, com a minha identidade e a minha empatia e abertura, caminho com o outro. Não procuro trazê-lo para a minha parte, não faço proselitismo. O Papa Bento disse-nos claramente: 'A Igreja não cresce por proselitismo, mas por atração'".

A essa altura, o papa diz o que previa o discurso e adiciona um improviso significativo, que faz referência sobretudo à China, mas também a outros países, a começar pela Coreia do Norte: "Espero firmemente que os países do vosso continente com os quais a Santa Sé ainda não tem plenas relações não hesitem em promover um diálogo para benefício de todos. Não me refiro apenas ao diálogo político, mas ao diálogo fraterno... 'Mas estes cristãos não vêm como conquistadores, não vêm para nos tirar a nossa identidade: trazem-nos a sua, mas querem caminhar conosco.' E a graça do Senhor fará o resto: algumas vezes moverá os corações, alguém pedirá o batismo, outras vezes não. Mas sempre caminhamos juntos. Esse é o cerne do diálogo".

De tarde, Francisco celebra a missa de encerramento da VI Jornada da Juventude Asiática. Entre os séculos XVIII e XIX, no antigo castelo de Haemi, os cristãos eram encarcerados e torturados, pendurados pelos cabelos em árvores e mortos de formas terríveis. Hoje, a única coisa que atormenta os jovens vindos de todos os cantos da Ásia é a chuva que, desde o começo da tarde, cai copiosamente sobre a fortificação, transformando o gramado em uma planície de lama, mas sem conseguir abater o entusiasmo geral.

Ao chegar, o papa é recebido com júbilo. Acaba de parar de chover, bem a tempo para não estragar a festa. Participam da missa 30 mil pessoas, não somente jovens.

"O continente asiático, permeado de ricas tradições filosóficas e religiosas", diz Francisco na homilia, "continua a ser uma grande delimitação que espera o vosso testemunho de Cristo". "Como jovens asiáticos, vedes e amais, a partir de dentro, tudo o que é belo, nobre e verdadeiro nas vossas culturas e tradições. Ao mesmo tempo, como cristãos, sabeis também que o Evangelho tem a força de purificar, elevar e aperfeiçoar este patrimônio."

Depois, uma vez mais, exorta a olhar para os pobres, para os estrangeiros, para aqueles que passam necessidade, para os que têm o coração destroçado: "São sobretudo pessoas como essas que repetem o grito da mulher do Evangelho: 'Senhor, ajuda-me!'". É a mesma invocação, o mesmo gemido repetido por tantos "nas nossas cidades anônimas, a súplica de muitos dos vossos contemporâneos, e a oração de todos os mártires que ainda hoje sofrem perseguição e morte pelo nome de Jesus".

Na manhã do dia 18 de agosto, enquanto sobre Seul se abate uma chuva insistente e incômoda, na catedral se desenrola a última etapa da viagem.

Antes do início da missa, em uma sala contígua à sacristia, o papa encontra e cumprimenta pessoalmente 14 líderes de diversas religiões, os quais vestem seus trajes tradicionais. Não há um discurso previsto, mas Francisco quer, de todo modo, dirigir-lhes algumas palavras: "A vida é um caminho que não se pode percorrer sozinho; é preciso caminhar com os irmãos, na presença de Deus. Foi isto mesmo o que Deus pediu a Abraão: somos irmãos, reconhecemo-nos como irmãos. Que o Senhor nos abençoe! E peço-vos, por favor, para rezardes por mim".

Ao entrar na igreja, o papa encontra, sentadas à primeira fileira, sete anciãs nonagenárias, "mulheres de conforto" que foram obrigadas a manter relações sexuais com soldados japoneses durante a guerra. Cada uma é abraçada e abençoada. E entre os fiéis presentes há também uma dezena de refugiados vindos da Coreia do Norte.

Na última missa que celebra na Coreia, Bergoglio reza para que os coreanos se reconheçam cada vez mais como membros de uma mesma família: "A minha visita culmina agora nesta celebração da Santa Missa, em que imploramos de Deus a graça da paz e da reconciliação. Esta oração reveste-se de particular ressonância na península Coreana", onde o povo vive uma "experiência de divisão e conflito que já dura mais de sessenta anos".

E completa: "Aquilo que, visto de uma perspectiva humana, parece ser impossível, impraticável e às vezes até repugnante, Jesus torna-o possível e frutuoso com a força infinita da sua cruz. A cruz de Cristo revela o poder que Deus tem de superar toda divisão, curar toda ferida e restaurar os vínculos originais de amor fraterno".

TIRANA, NA TERRA DE MADRE TERESA

A primeira viagem europeia de Francisco tem como destino a Albânia, terra natal de Madre Teresa de Calcutá e a qual o papa quer visitar por dois motivos: os terríveis sofrimentos e perseguições de que padeceu sob o regime comunista e o exemplo de boa convivência entre cristãos de várias confissões e muçulmanos unidos para o desenvolvimento do país. É pela periferia, portanto, que Bergoglio entra na Europa, na ponta dos pés, para uma viagem de só dez horas. "Vou à Albânia", explicou o próprio Francisco no voo de regresso da Coreia, "por dois motivos importantes. Primeiro, porque eles conseguiram fazer um governo de unidade nacional entre muçulmanos, ortodoxos e católicos, com um conselho inter-religioso que ajuda muito e é equilibrado. A presença do papa é para dizer a todos os povos: 'Pode-se trabalhar em conjunto!'". E também porque "quando pensamos na história da Albânia, religiosamente, foi o único dos países comunistas que tinha na sua Constituição o ateísmo prático. Se tu fosses à missa, era inconstitucional. Dizia-me um dos ministros que foram destruídas 1.820 igrejas. Destruídas! Ortodoxas, católicas... Além disso, outras igrejas foram transformadas em cinemas, teatros, salões de dança... Eu senti que devia ir".

Assim, a visita ao outro lado do Adriático, à terra que antigamente fazia parte da Ilíria e que foi tocada pela primeiríssima evangelização, é a ocasião de Francisco demonstrar como a convivência entre as diferentes religiões e a colaboração entre cristãos e muçulmanos são possíveis e contribuem para que um país cresça. Em 1912, ano da independência, o primeiro-ministro era muçulmano, o vice, católico, e os secretários, ortodoxos. E essa capacidade de diálogo ficou no DNA da Albânia. Foi em Tirana que João Paulo II disse que "a liberdade religiosa é um baluarte contra todos os totalitarismos".

Na manhã de domingo, 21 de setembro de 2014, pouco antes da aterrissagem do voo papal, a comunidade islâmica se reúne para orar em uma mesquita de Tirana pedindo que a visita corra bem.

Assim que desembarca no aeroporto da capital, o papa sobe no papamóvel descoberto, demonstrando não dar muita atenção aos alarmes quanto à sua segurança feitos nos dias anteriores. Ao longo do percurso principal do papa, foram afixados *outdoors* com imagens de 40 sacerdotes mortos pela ditadura comunista. A acolhida durante sua entrada na cidade é calorosíssima: 300 mil pessoas se acotovelam para saudar o papa.

O primeiro compromisso é com o presidente da República, Bujar Nishani, e outras autoridades políticas. No seu discurso, Bergoglio define a terra das águias como "terra de heróis, que sacrificaram a vida pela independência do país, e terra de mártires, que testemunharam a sua fé nos tempos difíceis de perseguição". Depois acrescenta: "Alegro-me de modo particular por uma característica feliz da Albânia, que deve ser preservada com todo o cuidado e atenção: refiro-me à convivência pacífica e à colaboração entre seguidores de diferentes religiões. O clima de respeito e mútua confiança entre católicos, ortodoxos e muçulmanos é um bem precioso para o país". Um bem, sublinha o pontífice, que "adquire uma relevância especial neste nosso tempo em que é deturpado, por parte de grupos extremistas, o autêntico sentido religioso e são distorcidas e manipuladas as diferenças entre as várias confissões, fazendo daquelas um perigoso fator de conflito e violência [...] Ninguém pense em poder tomar a Deus por escudo, enquanto projeta e comete atos de violência e vexação! Ninguém tome a religião como pretexto para as suas ações contrárias à dignidade do homem e aos seus direitos humanos fundamentais!".

Enfim, recordando os novos desafios aos quais a Albânia precisa fazer frente, convida a "fazer todo o esforço possível para que o crescimento e o progresso sejam postos à disposição de todos, e não apenas de uma parte da população". À globalização dos mercados "é preciso que corresponda a globalização da solidariedade; o crescimento econômico deve ser acompanhado por maior respeito pela criação; e, juntamente com os direitos individuais, hão de ser tutelados também os direitos das realidades intermédias entre o indivíduo e o Estado, sendo a primeira delas a família".

Depois do encontro com as autoridades, justo ali ao lado, na praça dedicada a Madre Teresa de Calcutá, o papa celebra a missa entre pancadas de chuva e raios de sol, recordando o sacrifício dos tantos mártires do país.

"Muitos bispos, sacerdotes, religiosos, e fiéis leigos, ministros de culto de outras religiões pagaram com a vida a sua fidelidade. [...] Muitos cristãos não cederam perante as ameaças, mas continuaram sem hesitação pelo caminho abraçado." O papa diz dirigir-se "em espírito" àquele "muro do cemitério de Escodra, lugar símbolo do martírio dos católicos onde se efetuavam os fuzilamentos".

"O Senhor esteve junto de vós", continua Bergoglio, "e, por fim, ergueu-vos sobre asas de águia", acrescenta, em alusão ao símbolo que ocupa o centro da bandeira albanesa. "Vim hoje aqui para vos agradecer pelo vosso testemunho [...] A águia não esquece o ninho, mas voa alto. Voai alto! Subi às alturas!".

Comentando o Evangelho que fala dos 12 apóstolos e dos outros 72 discípulos enviados por Jesus às aldeias e cidades, Francisco explica: "Ao longo dos séculos, nem sempre o anúncio da paz trazido pelos mensageiros de Jesus era acolhido; às vezes, as portas fechavam-se. Num passado recente, também a porta do vosso país se fechou, cerrada com o cadeado das proibições e prescrições de um sistema que negava Deus e impedia a liberdade religiosa". Aqueles que "tinham medo da liberdade" faziam de tudo "para banir Deus do coração do homem e excluir Cristo e a Igreja da história do vosso país, embora este tenha sido um dos primeiros a receber a luz do Evangelho". Enfim, pede aos cristãos da Albânia um novo "protagonismo missionário": "Que sua fé seja alegre e radiante".

Na praça há muitos jovens, e não só católicos – dos 3,2 milhões de habitantes da Albânia, os católicos são pouco mais de meio milhão. "Havia muitos jovens na estrada desde o aeroporto até aqui", diz ainda Francisco, abandonando o texto preparado. "Este é um povo jovem! [...] Ouvi Deus, adorai a Deus e amai-vos entre vós [...] não esqueçais as chagas, mas não vos vingueis."

"Temos muita fé e esperança nesta visita do papa", diz o muçulmano Olsi, de 17 anos, enquanto escuta as palavras do bispo de Roma, "porque acreditamos que possa ajudar nosso país e trazer sorte".

No fim da missa, o arcebispo de Tirana, Rrok Mirdita, saúda o papa com um breve discurso. Cita o comunismo, mas também "a experiência dolorosa da emigração" e o crescimento da desigualdade entre "os poucos ricos e os muitos pobres", falando das "mil faces enganadoras do materialismo prático e do consumismo".

No *Angelus*, o papa volta a tomar a palavra e se dirige aos jovens: "Vós sois a nova geração da Albânia. Com a força do Evangelho e os exemplos dos vossos antepassados e dos vossos mártires, sabei dizer não à idolatria do dinheiro, não à falsa liberdade individualista, não às dependências e à violência; e, pelo contrário, sabei dizer sim à cultura do encontro e da solidariedade, sim à beleza inseparável do bem e da verdade".

Antes de voltar a subir no papamóvel para deixar a praça, Francisco se aproxima a pé dos dois representantes muçulmanos e do arcebispo ortodoxo, sentados na primeira fila, e os cumprimenta.

De tarde o papa se encontra com lideranças religiosas na universidade católica Nossa Senhora do Bom Conselho de Tirana. Diante dos chefes das cinco maiores comunidades religiosas do país – muçulmana, bektashi (uma fraternidade islâmica de derivação sufi), católica, ortodoxa, evangélica –, Francisco lembra quanto a Albânia foi "testemunha das inúmeras violências e dramas que pode causar a exclusão forçada de Deus da vida pessoal e comunitária".

"Quando se pretende, em nome de uma ideologia, expulsar Deus da sociedade, acaba-se adorando ídolos, e bem depressa o próprio homem se sente perdido, a sua dignidade é espezinhada, os seus direitos violados. Conheceis bem a brutalidade a que pode conduzir a privação da liberdade de consciência e da liberdade religiosa [...] Não podemos deixar de reconhecer", diz Bergoglio, "como a intolerância com quem tenha convicções religiosas diferentes das próprias é um inimigo particularmente insidioso, que hoje infelizmente está se manifestando em várias regiões do mundo. Como crentes, devemos estar particularmente vigilantes. Mas a liberdade religiosa é um espaço comum, um ambiente de respeito e colaboração que deve ser construído com a participação de todos, incluindo aqueles que não têm nenhuma convicção religiosa".

Francisco indica dois comportamentos-chave. O primeiro é "ver em cada homem e mulher – mesmo naqueles que não pertencem à tradição religiosa própria – não rivais, e menos ainda inimigos, mas irmãos e irmãs". O segundo é o compromisso a favor do bem comum, o colocar-se a serviço dos outros, em especial dos pobres. E então conclui de improviso seu discurso: "Não se pode dialogar se não se parte da própria identidade. Seria um diálogo-fantasma! Cada um de nós tem a própria identidade, comecemos cada um da própria identidade, não fingindo que temos outra, isso seria relativismo, seria hipocrisia".

Enfim, olhando o grupo de religiosos reunido em torno dele, Francisco brinca: "Lembra um jogo de futebol: os católicos contra todos os outros".

O encontro mais comovente ocorre um pouco depois, na Catedral de São Paulo em Tirana, durante as vésperas com sacerdotes, religiosas, religiosos, seminaristas e movimentos laicos. Francisco escuta em silêncio o testemunho de um velho sacerdote, dom Ernest Simoni, que cumpriu 27 anos de trabalhos forçados. Depois, quando Simoni se ajoelha diante dele, o levanta de volta, toca a fronte dele com a sua e o puxa para si num abraço demorado. O Papa Bergoglio chora, mesmo que não queira que isso seja notado, e, antes de se voltar outra vez para os padres e irmãs reunidos em torno dele na catedral, remove os óculos para enxugar os olhos. Comove-se pelo relato que acaba de escutar e pela humildade com a qual aquele velho sacerdote descreveu sua história de vítima do comunismo.

Padre Simoni, preso pela polícia comunista em 1963, só voltou a sentir o sabor da liberdade em 1990, depois de toda uma vida de trabalho forçado.

"Disseram-me: 'Você vai ser enforcado como inimigo porque disse ao povo que morreremos todos por Cristo, se necessário for'". Foi torturado, acusado de ter rezado uma missa pela alma do presidente John Fitzgerald Kennedy, morto um mês antes, que "eu havia celebrado seguindo as indicações dadas por Paulo VI a todos os sacerdotes do mundo". Levaram até a cela onde estava isolado um amigo seu, com a missão de espioná-lo, e, como dom Ernest continuava a dizer que "Jesus ensinou a amar aos inimigos e perdoá-los, e devemos nos dedicar ao bem do povo", a pena de morte foi comutada pela de trabalhos forçados.

"Durante o período de encarceramento, celebrei de memória a missa em latim, assim como confessei e dei comunhão às escondidas... Com a chegada da liberdade de culto, o Senhor me ajudou a servir em muitas aldeias e a reconciliar muitas pessoas com a cruz do Cristo, afastando o ódio e o demônio do coração dos homens."

Francisco escuta e sua primeira reação é deixar de lado o discurso preparado de antemão. Quer falar de improviso, comunicar aquilo que lhe suscitaram os depoimentos de dom Simoni e de uma freira que contou como havia batizado em segredo até filhos de comunistas: "Nestes dois meses, preparei-me para esta visita lendo a história da perseguição na Albânia. E, para mim, foi uma surpresa: não sabia que o vosso povo tivesse sofrido tanto! [...] Um povo de mártires... E hoje, no início desta celebração, toquei dois. Aquilo que vos posso dizer é o que eles disseram com a sua vida, com as suas palavras simples [...] Podemos perguntar-lhes: 'Mas como conseguistes sobreviver a tamanha tribulação?'. Responder-nos-ão o que acabamos de ouvir nesta passagem da Segunda Carta aos Coríntios: 'Deus é o Pai das misericórdias e o Deus de toda consolação. Foi

Ele que nos consolou!' [...] E isto é o mistério da Igreja: quando a Igreja pede ao Senhor para consolar o seu povo; e o Senhor consola humildemente, mesmo às escondidas. [...] Ai de nós, se procuramos outra consolação!".

Pouco depois, no voo de volta a Roma, conversando com os jornalistas, o papa dirá: "Ouvir um mártir falar do seu próprio martírio é forte! Creio que todos nós, que lá estávamos, nos comovemos: todos. Aquelas testemunhas falavam como se estivessem a falar de outrem, com uma naturalidade, uma humildade". No domingo, 9 de outubro de 2016, na lista dos novos cardeais anunciada por Bergoglio, haveria um lugar também para dom Simoni.

O último compromisso da viagem à Albânia, já no caminho para o aeroporto, é a visita ao centro de assistência Betânia. Na sede da associação fundada por Antonietta Vitale, que há quinze anos acolhe crianças e jovens que requerem atenção especial e os faz crescerem em ambiente sereno, Francisco encontra os operadores e jovens internos também de outras instituições de caridade presentes na Albânia. "Em lugares como este", diz Bergoglio, "todos somos confirmados na fé, todos nos sentimos ajudados a crer, porque vemos a fé fazer-se caridade concreta. Vemo-la levar luz e esperança a situações de grave contrariedade; vemo-la reacender-se no coração de pessoas tocadas pelo Espírito de Jesus, que disse: 'Quem receber um destes meninos em Meu nome é a Mim que recebe'".

TOCATA E FUGA NO CORAÇÃO DAS INSTITUIÇÕES EUROPEIAS

A viagem de 25 de novembro de 2014 a Estrasburgo é a mais curta das viagens papais ao estrangeiro em toda a história. Nenhum papa viajante – nem Paulo VI, nem João Paulo II, nem Bento XVI – jamais havia cumprido uma visita assim tão breve: quatro horas de voo e apenas três de permanência. Das viagens de Francisco, terá sido a única feita a uma instituição, e não a um país.

Antes dele, somente um pontífice havia visitado as instituições europeias, que hoje representam 28 países e mais de 500 milhões de cidadãos: João Paulo II, em 11 de outubro de 1988. Mas em cinco lustros tudo mudou. Caiu o Muro de Berlim, Maastricht não é mais somente uma cidade às margens do Mosa, a Europa é cada vez menos o centro do mundo e mesmo o papa, pela primeira vez em doze séculos, não é oriundo do Velho Continente. Nos confins da Europa, o mundo está cada vez mais tumultuado, despedaçado entre conflitos que instrumentalizam a religião. O continente experimenta, em suma, uma sensação de desaparecimento. Isso não é determinado somente pela crise de identidade, pelo enfraquecimento do espírito dos pais fundadores, ou o crescimento de um forte ressentimento contra burocratas que medem o estado de saúde de um país em termos de *spread*, e não de emprego, bem-estar e serviços para seus cidadãos: é também a crise econômica que atinge vastas camadas da população europeia.

Bergoglio havia informado seus colaboradores alguns meses antes a respeito de sua intenção de ir ao Parlamento Europeu e ao Conselho da Europa. As duas instituições ficam em Estrasburgo, cidade e diocese francesa próxima da fronteira alemã. Alguém havia advertido o papa de que a catedral local completaria 100 anos e que as comemorações teriam início.

Assim, foi-lhe proposto um plano de viagem que previa um discurso no Parlamento e uma rápida visita à diocese. Francisco, no entanto, não quer que essa seja uma visita à França, como seria se, à ida para as instituições europeias, se somasse uma parada, ainda que breve, na catedral. E, para frisar sua decisão, ao elaborar a agenda da jornada, decide não ficar nem para o almoço, preferindo comer alguma coisa no voo de volta a Roma. Uma tentativa ulterior de convencê-lo ainda é feita, com o argumento de que essa seria a única viagem a não prever nem mesmo um momento de oração. Mas a resposta vem de bate-pronto: "Rezarei em silêncio no Parlamento sem que qualquer pessoa possa impedir".

O *tour de force* papal tem início às 7h50 da manhã, quando o voo decola de Fiumicino. No avião, Francisco brinca com os jornalistas da comitiva: "Espero que não seja cansativo demais: pouco tempo, muitas coisas. Desejo-lhes um bom dia, um superdia".

Assim que aterrissa em Estrasburgo, dirige-se de imediato ao Parlamento Europeu, onde é recebido pelo presidente da casa, Martin Schulz. Os hinos do Vaticano e da UE são executados, e então Francisco firma o livro de honra: "Desejo que o Parlamento Europeu seja sempre a sede onde cada membro saiba e faça com que a Europa, consciente do seu passado, olhe com confiança para o futuro, para viver com esperança o presente". Schulz, que era livreiro de profissão, o presenteia com um exemplar único, um precioso volume em língua espanhola que reúne as memórias de Jean Monnet, um dos fundadores da Europa.

Quando finalmente entra no hemiciclo, Bergoglio é recebido por um grande e prolongado aplauso. Ao saudá-lo, o presidente do Parlamento sublinha como a UE e a Igreja se encontram diante de "desafios comuns" e compartilham "valores como a tolerância, o respeito, a igualdade, a solidariedade e a paz". Depois recorda que se passaram "26 anos desde a visita de João Paulo II", cujo discurso "foi um marco pela queda do Muro". A fala de Francisco, ampla e articulada, representa uma mensagem clara para a Europa: "Os grandes ideais que inspiraram a Europa parecem ter perdido sua força de atração, em favor do tecnicismo burocrático das suas instituições. De vários lados se colhe uma impressão geral de cansaço, de envelhecimento, de uma Europa avó que já não é fecunda nem vivaz. [...] No decurso dos últimos anos, a par do processo de alargamento da União Europeia, tem vindo a crescer a desconfiança dos cidadãos relativamente às instituições consideradas distantes, ocupadas em estabelecer regras vistas como distantes da sensibilidade dos diversos povos, se não mesmo prejudiciais". Difícil não reconhecer que se trata de uma descrição realista.

Então Francisco, voltando-se aos parlamentares, acrescenta: "Na vossa vocação de parlamentares, sois chamados também a uma grande missão, ainda que possa parecer não lucrativa: cuidar da fragilidade, da fragilidade dos povos e das pessoas". Mas também "manter viva a democracia dos povos da Europa. Não escapa a ninguém que uma concepção homologante da globalidade afeta a vitalidade do sistema democrático".

Passa então a discorrer sobre a "ligação estreita" entre as palavras "dignidade e transcendente". "Que dignidade existe quando falta a possibilidade de exprimir livremente o pensamento próprio ou professar sem coerção a própria fé religiosa? Que dignidade poderá ter um homem ou uma mulher tornado objeto de todo género de discriminação? Que dignidade poderá encontrar uma pessoa que não tem o alimento ou o mínimo essencial para viver e, pior ainda, que não tem o trabalho que o unge de dignidade?". Suas palavras são recebidas com um aplauso significativo.

Depois o Papa Bergoglio convida a recuperar as raízes religiosas do Velho Continente. Uma Europa "capaz de conservar as suas raízes religiosas, sabendo apreender a sua riqueza e potencialidades, pode mais facilmente também permanecer imune a tantos extremismos que campeiam no mundo actual – que se devem também ao grande vazio de ideais a que assistimos no chamado Ocidente". E um outro aplauso sublinha seu aceno ao "silêncio vergonhoso" que circunda as "discriminações" e as "bárbaras violências" contra comunidades cristãs no mundo, onde pessoas são "mortas, decapitadas, queimadas vivas".

Não faltam passagens dedicadas ao individualismo desenfreado e à mercantilização da vida: "Há hoje a tendência para uma reivindicação crescente de direitos individuais – sinto-me tentado a dizer individualistas –, que esconde uma concepção de pessoa humana separada de todo contexto social e antropológico". "A família unida, fecunda e indissolúvel traz consigo os elementos fundamentais para dar esperança ao futuro." No mundo de hoje, "o ser humano corre o risco de ser reduzido a mera engrenagem de um mecanismo que o trata como se fosse um bem de consumo a ser utilizado". E se a vida "deixa de ser funcional para esse mecanismo, é descartada sem muitas delongas, como no caso dos doentes, dos doentes terminais, dos idosos abandonados e sem cuidados, ou das crianças mortas antes de nascer".

Francisco fala também dos pobres e do zelo pela criação, ressaltando o estreito elo entre justiça social e cuidado do ambiente: "Não se pode tolerar que milhões de pessoas no mundo morram de fome, enquanto toneladas de produtos alimentícios são descartadas diariamente das nossas mesas". "Além disso, respeitar a natureza lembra-nos que o próprio homem é parte fundamental dela. Por isso, a par de uma ecologia ambiental, é preciso a ecologia humana, feita de respeito pelas pessoas."

E então chega a vez do trabalho: "É necessário devolver dignidade ao trabalho, garantindo também condições adequadas para a sua realização. Isso implica, por um lado, encontrar novas maneiras para combinar a flexibilidade do mercado com as necessidades de estabilidade e certeza das perspectivas de emprego, indispensáveis para o desenvolvimento humano dos trabalhadores; por outro, significa fomentar um contexto social adequado, que não vise a explorar as pessoas, mas garantir, através do trabalho, a possibilidade de construir uma família e educar os filhos".

Uma passagem forte é aquela dedicada aos migrantes: "É necessário enfrentar juntos a questão migratória". "Não se pode tolerar que o mar Mediterrâneo se torne um grande cemitério! Nos barcos que chegam diariamente às costas europeias, há homens e mulheres que precisam de acolhimento e ajuda. A falta de um apoio mútuo no seio da União Europeia arrisca-se a incentivar soluções particularistas para o problema, que não têm em conta a dignidade humana dos migrantes, promovendo o trabalho servil e contínuas tensões sociais." A Europa "será capaz de enfrentar as problemáticas relacionadas com a imigração se souber propor com clareza a sua identidade cultural e implementar legislações adequadas capazes de tutelar os direitos dos cidadãos europeus e, ao mesmo tempo, garantir o acolhimento dos imigrantes; se souber adotar políticas justas, corajosas e concretas que ajudem os seus países de origem no desenvolvimento sociopolítico e na superação dos conflitos internos – a principal causa deste fenômeno – em vez das políticas interesseiras que aumentam e nutrem tais conflitos. É necessário agir sobre as causas, e não apenas sobre os efeitos".

A mensagem com que o papa conclui sua fala é um encorajamento e um convite à esperança, "assente na confiança de que as dificuldades podem revelar-se, fortemente, promotoras de unidade, para vencer todos os medos que a Europa – juntamente com o mundo inteiro – está atravessando. Esperança no Senhor que transforma o mal em bem e a morte em vida. E encorajamento a voltar à firme convicção dos pais fundadores da União Europeia, que desejavam um futuro assente na capacidade de trabalhar juntos para superar as divisões e promover a paz e a comunhão entre todos os povos do continente".

Ao fim de sua fala ao Parlamento, Francisco se dirige ao Conselho da Europa, onde volta a propor, sob uma nova formulação, alguns dos conteúdos do primeiro discurso: "Os meus votos à Europa são de que, redescobrindo o seu património histórico e a profundidade das suas raízes, assumindo a sua viva *multipolaridade* e o fenómeno da *transversalidade* dialogante, encontre novamente aquela juventude de espírito que a tornou fecunda e grande". Também aqui dedica um pensamento aos "numerosos pobres que vivem na Europa" e reitera-que o fundamentalismo religioso "é inimigo sobretudo de Deus" e que "o terrorismo religioso e internacional é [...] alimentado por um tráfico de armas, muitas vezes sem qualquer entrave". Depois, volta a falar do ambiente: "Entre os temas que requerem a nossa reflexão e a nossa colaboração, temos a defesa do meio ambiente, desta nossa amada Terra, o grande recurso que Deus nos deu e está à nossa disposição não para ser deturpada, explorada e vilipendiada, mas para que, gozando da sua beleza imensa, possamos viver com dignidade".

No voo de volta a Roma, uma resposta do pontífice a propósito do Estado Islâmico e da possibilidade de diálogo chegará às chamadas de jornais: "Nunca dou por perdida uma coisa, nunca. Talvez não se possa estabelecer um diálogo, mas nunca devemos fechar uma porta".

PEDRO VISITA ANDRÉ, SEU IRMÃO (NOS CONFINS DO CALIFADO)

No dia 28 de novembro de 2014 se inicia na Turquia, tendo como destinos Ancara e Istambul, uma viagem de duplo significado. No coração desta que é a sexta viagem internacional de Francisco, está o abraço com o patriarca ecumênico de Constantinopla, sucessor do apóstolo André, irmão de Pedro. Mas é também uma viagem ao maior país islâmico às portas da Europa, ao menos em parte geograficamente europeu. É a quarta vez que um papa visita a Turquia, depois das viagens de Paulo VI (1967), João Paulo II (1979) e Bento XVI (2006). Oito anos antes, quando o Papa Ratzinger chegou a esse país, os ecos das polêmicas derivadas do discurso de Regensburg ainda não estavam totalmente absorvidos: Bento havia pronunciado palavras de grande amizade quanto ao islã, mas sobretudo efetuou, em transmissão para o mundo, um gesto significativo, ao parar para rezar ao lado do mufti, no interior da Mesquita Azul de Istambul. Um gesto que seu sucessor repetirá.

Ao dirigir-se à Turquia, o Papa Bergoglio se aproxima dos confins do autoproclamado califado islâmico, que impele ao exílio, persegue e muitas vezes mata aqueles que pertencem a minorias religiosas: em primeiro lugar cristãos e yazidis, mas também muçulmanos xiitas e sunitas moderados. É um fruto trágico da guerra civil síria, que vê crescer sempre mais e mais as forças fundamentalistas e terroristas.

A Turquia encara a emergência dos refugiados, e através de suas fronteiras passam muitos dos mercenários que chegam à Síria vindos da Europa para combater nas frontes do Estado Islâmico.

O dia 28 de novembro é límpido e frio. Às 13h, o papa aterrissa em Ancara, sendo recebido pelo presidente turco, Recep Tayyip Erdogan. Para garantir a segurança do bispo de Roma, Erdogan blindou a capital.

A primeira etapa a cumprir é Anitkabir, mausoléu de Mustafa Kemal Atatürk, onde se encontram os restos mortais do fundador da Turquia laica e moderna: é uma parada obrigatória em qualquer visita de chefe de Estado. Francisco deposita ali uma coroa de flores e se recolhe em oração antes de assinar o livro de ouro. Ali escreve: "Formulo os votos mais sinceros de que a Turquia, ponte natural entre dois continentes, não seja somente uma encruzilhada de caminhos mas também um local de encontro, de diálogo e de convivência serena entre os homens e mulheres de boa vontade de todas as culturas, etnias e religiões".

Dali, Bergoglio segue para o faraônico complexo presidencial de Ancara, que Erdogan acaba de finalizar entre mil polêmicas, seja pelo custo – mais de 600 mil dólares –, seja porque a área para sua construção surgiu da derrubada de árvores de uma colina que domina a cidade.

Na grande sala revestida de madeira e embandeirada com os pavilhões da Turquia e do Vaticano, o papa peregrino, que se mantém o tempo todo de pé diante do pódio com os microfones, escuta as palavras de Erdogan. O presidente turco diz que está de acordo com o papa "quanto ao terrorismo, a violência do mundo e contra a supremacia do capital". Afirma que no Ocidente aumenta a islamofobia e que há quem queira fazer que o islã seja visto como sinônimo de violência. Denuncia grupos fundamentalistas como Boko Haram e EI, mas também o "terrorismo de Estado" por parte da Síria, que provocou até o momento 300 mil mortes de civis; e, diante do papa, que o escuta com a cabeça baixa, ataca diretamente "o tirano" Assad, criticando o silêncio da comunidade internacional a esse propósito.

Quando toma a palavra, Bergoglio define a Turquia como "ponte natural entre dois continentes e entre diferentes expressões culturais", lembra que é a terra natal de São Paulo e que recebeu sete concílios da Igreja. Mas é para o hoje que devemos olhar. Para o hoje de um país que tem terroristas dentro de suas próprias fronteiras e que está em busca de um equilíbrio interno, em vista dos enrijecimentos no campo da liberdade de expressão. "É preciso levar adiante, com paciência, o compromisso de construir uma paz sólida, assente no respeito aos direitos fundamentais e aos deveres ligados à dignidade do homem", diz Francisco. "Para isso, é fundamental que os cidadãos muçulmanos, judeus e cristãos – tanto nas disposições legais, como na sua efetiva atuação – gozem dos mesmos direitos e respeitem os mesmos deveres."

"O Oriente Médio, de modo particular, é há demasiado tempo teatro de guerras fratricidas, que parecem nascer uma da outra, como se a única resposta possível à guerra e à violência tivesse de ser sempre uma nova guerra e outra violência."

Uma contribuição importante, explica Bergoglio, pode vir do diálogo inter-religioso e intercultural: "Ao fanatismo e ao fundamentalismo, às fobias irracionais que incentivam incompreensões e discriminações, é preciso contrapor a solidariedade de todos os crentes – que tenha como pilares o respeito pela vida humana, pela liberdade religiosa, que é liberdade do culto e liberdade de viver segundo a ética religiosa –, o esforço por garantir a todos o necessário para uma vida digna, e o cuidado do meio ambiente".

O papa reconhece que a Turquia "é diretamente afetada pelos efeitos desta situação dramática nas suas fronteiras, e a comunidade internacional tem a obrigação moral de a ajudar a cuidar dos refugiados". Mas insiste também no fato de que não é possível permanecer indiferente diante das causas dessas tragédias, evitando enfrentá-las em suas raízes: "Enquanto reitero que é lícito deter o injusto agressor – sempre, porém, respeitando o direito internacional –, quero lembrar também que não se pode confiar a resolução do problema somente à resposta militar".

O sol já se pôs na capital turca quando Francisco chega a Presidência de Assuntos Religiosos da Turquia, o Diyanet, para o segundo compromisso importante desse dia. A mais alta autoridade islâmica do país tem sua sede numa grande mesquita recentemente construída na periferia de Ancara. Bergoglio é recebido pelo presidente do Diyanet, Mehmet Görmez. Em sua saudação, o líder islâmico diz: "Aqueles que se comportam de modo contrário à mensagem de paz do islã, aqueles que difundem a violência e a brutalidade seguindo um caminho errado, não importa com que nome se identifiquem, são rebeldes contra Deus". Görmez critica Israel pelo tratamento dado ao povo palestino e a mídia por "espalhar mensagens sobre cenários de violência", fomentando "o ódio contra muçulmanos".

Em sua fala, Francisco leva o olhar mais além das fronteiras do país: "Há guerras que semeiam vítimas e destruições, tensões e conflitos interétnicos e inter-religiosos, fome e pobreza que afligem centenas de milhões de pessoas, danos ao meio ambiente".

Desperta preocupação particular o fato de que "sobretudo por causa de um grupo extremista e fundamentalista, comunidades inteiras – especialmente de cristãos e yazidis, mas não só elas – sofreram, e ainda sofrem, violências desumanas por causa da sua identidade étnica e religiosa. Foram expulsas à força das suas casas, tiveram de abandonar tudo para salvar a sua vida e não renegar a fé. A violência abateu-se também sobre edifícios sagrados, monumentos, símbolos religiosos e o património cultural, como se quisessem apagar todos os vestígios, qualquer memória do outro".

"Como chefes religiosos", frisa Francisco diante dos dignitários islâmicos, "temos a obrigação de denunciar todas as violações da dignidade e dos direitos humanos. A vida humana, dom de Deus Criador, possui um caráter sagrado. Por isso, a violência que busca uma justificação religiosa merece a mais forte condenação, porque o Onipotente é Deus da vida e da paz. [...] Nós, muçulmanos e cristãos, somos depositários de tesouros espirituais inestimáveis, entre os quais reconhecemos elementos de convergência, embora vividos segundo as tradições próprias: a adoração de Deus misericordioso, a referência ao patriarca Abraão, a oração, a esmola, o jejum... elementos que, vividos sinceramente, podem transformar a vida e dar uma base segura para a dignidade e a fraternidade dos homens".

No segundo dia de viagem, sábado, 29 de novembro, Francisco decola cedo de Ancara rumo a Istambul. No aeroporto, é aguardado pelo patriarca ecumênico Bartolomeu. Ao chegar ao centro da cidade velha, depois de percorrer vários quilômetros de vias dominadas por um considerável destacamento de homens armados, o papa se dirige à grande mesquita Sultão Ahmet, conhecida também como Mesquita Azul por causa das pecinhas de cerâmica turquesa que recobrem a superfície de sua grande cúpula.

Quando o grão-mufti Rahmi Yaran e Bergoglio se encontram diante do *mihrab*, a escadaria com um nicho que indica a direção da Meca, o dignitário islâmico primeiro ilustra o significado do local, para logo convidar o pontífice a um instante de recolhimento. É "uma adoração silenciosa", como explicará depois o padre Federico Lombardi, um "belo momento de diálogo inter-religioso". O papa fica em silêncio, sem sapatos, com a cabeça inclinada e as mãos unidas, enquanto o mufti recita em voz baixa uma oração.

O mesmo já havia ocorrido em 30 de novembro de 2006, com Bento XVI. Aqueles dois minutos de então estavam destinados a entrar para a história e encerrar em definitivo as polêmicas e as instrumentalizações que se seguiram ao discurso de Regensburg. O Papa Ratzinger ficara imóvel, sem sapatos, a ponta das babuches brancas despontando por sob o hábito e as mãos estreitadas, apoiadas na cruz de ouro em seu peito. Tinha os olhos semicerrados e rezava em silêncio, com a face distendida, movendo os lábios quase imperceptivelmente de tanto em tanto. O mufti de então havia dito ao papa: "Aqui costumamos parar para rezar por meio minuto, para recobrar a serenidade". Depois dera início a uma oração em voz alta, em árabe. Então Bento havia baixado os olhos, recolhendo-se em oração por mais do que os trinta segundos requeridos e obrigando assim o dignitário muçulmano e todos os outros a esperar em um silêncio irreal. Finalmente, como sinal de respeito, inclinara ligeiramente a cabeça na direção do nicho, dizendo ao mufti: "Obrigado por este momento de oração".

A mesma imagem, oito anos depois, recupera inclusive de forma visual essa amizade entre fiéis de crenças diversas e o respeito recíproco, anos-luz distantes das guerras religiosas e dos conflitos civis. Em nenhum dos dois casos se tratou de uma "primeira vez" absoluta: João Paulo II, em maio de 2001, poucos meses antes dos atentados do 11 de Setembro, tinha rezado na mesquita de Umayyad, em Damasco. Mas então o fizera apoiando uma mão trêmula sobre o sarcófago de mármore que encerrava uma relíquia atribuída a São João Batista, em um lugar que, antes de ser sagrado para o islã, fora cristão. E seus sucessores Bento XVI e Francisco se recolheram em silêncio em um local de culto muçulmano nato.

Dialogando com os jornalistas no voo de retorno, Bergoglio explicaria: "Eu fui à Turquia como peregrino, não como turista. O que me levou lá, o motivo principal, foi a festa de hoje: fui precisamente para a partilhar com o patriarca Bartolomeu; foi um motivo religioso. Quando fui à mesquita, não podia dizer: 'Agora sou turista!'. Vi aquela maravilha! O mufti explicava-me bem as coisas, com tanta serenidade, e citou o Alcorão, onde se falava de Maria e de João Batista, explicava-me tudo... Naquele momento, senti necessidade de rezar. E disse: 'Rezamos um pouco?'. Ele disse: 'Sim, sim!'. E rezei... pela Turquia, pela paz, pelo mufti... por todos... por mim... E disse: 'Senhor, acabemos com a guerra!'. Foi um momento de oração sincera".

Depois da visita à Mesquita Azul, o Papa Bergoglio vai de carro até Santa Sofia. Desde 1935, por desejo de Atatürk, a antiga basílica bizantina, depois transformada em mesquita por Maomé II, tornou-se um museu. O uso do complexo como local de culto é severamente proibido. Em 1967, durante sua visita, Paulo VI se ajoelhou no interior de Santa Sofia por alguns instantes: um gesto que provocou protestos de grupos universitários e de expoentes muçulmanos. Nem Bento nem Francisco se ajoelharam ali.

No livro de honra, ao fim de sua visita, Francisco escreverá "Santa Sofia" em grego, seguido destas palavras: "*Quam dilecta tabernacula tua Domine* (*Psalmus 83*). Contemplando a beleza e a harmonia deste lugar sagrado, minha alma se eleva até o Onipotente, fonte e origem de toda beleza, e peço ao Altíssimo que guie sempre os corações da humanidade no caminho da verdade, da bondade e da paz".

A etapa seguinte é a catedral católica do Espírito Santo em Istambul, onde o papa celebra a primeira e única missa pública de sua viagem ao país anatólio. Assistem ao rito representantes das outras confissões cristãs, que Francisco cumprimenta pessoalmente: o patriarca ecumênico Bartolomeu I, o patriarca siríaco católico Inácio José III Younan, o vigário patriarcal armênio apostólico de Istambul Aram Ateshian, o metropolita siríaco ortodoxo de Istambul Filiksinos Yusuf Çetin, e expoentes de algumas confissões evangélicas, além do presidente da Conferência Episcopal Turca, Ruggero Franceschini, e do vigário apostólico de Istambul, Louis Pelâtre.

O Espírito Santo, explica Francisco na homilia, "suscita os diversos carismas na Igreja" e, "à primeira vista, isso parece criar desordem", mas "na realidade constitui uma imensa riqueza, porque o Espírito Santo é o Espírito de unidade, que não significa uniformidade. [...] A Igreja e as Igrejas são chamadas a deixarem-se guiar pelo Espírito Santo, colocando-se numa atitude de abertura, docilidade e obediência" e rechaçando "a tentação de opor resistência ao Espírito Santo, porque perturba, porque revolve, faz caminhar, impele a Igreja a avançar. E é sempre mais fácil e confortável acomodar-se nas próprias posições estáticas e inalteradas". "Nós, cristãos", acrescenta, "tornamo-nos autênticos discípulos missionários, capazes de interpelar as consciências, se abandonarmos um estilo defensivo para nos deixamos conduzir pelo Espírito. Ele é frescor, criatividade, novidade. As nossas defesas podem manifestar-se com a excessiva fixação nas nossas ideias, nas nossas forças – mas assim resvalamos no pelagianismo –, ou então com uma atitude de ambição e vaidade. Esses mecanismos defensivos impedem-nos de compreender verdadeiramente os outros e abrir-nos a um diálogo sincero com eles".

A homilia, pronunciada em italiano, é depois lida em turco por um intérprete. A liturgia é pontuada por cantos e orações dos diversos ritos, começando com o salmo 102, entoado por um coro de crianças do rito caldeu, e terminando com um coro africano à hora da comunhão, marcado pelo ritmo de tambores. Uma das orações de fiéis é dedicada aos refugiados na Turquia.

Havia muitas solicitações de fiéis turcos para participar da missa papal, mas só 1.300 pessoas, entre fiéis e eclesiásticos, obtiveram o ingresso para entrar na catedral e no pátio diante dela.

O ápice desse dia é a visita do papa à sede do patriarcado ecumênico de Constantinopla, para as primeiras vésperas da festa de Santo André, patrono do patriarcado ortodoxo. A noite já caiu sobre Istambul quando Francisco cruza a soleira da igreja ao lado de Bartolomeu. A oração é um encontro breve, uma antecipação do que sucederá no dia seguinte, quando o pontífice assistirá à divina liturgia ortodoxa celebrada pelo patriarca ecumênico.

Na sua saudação de boas-vindas, Bartolomeu fala da "vontade" do Papa Bergoglio e da "santíssima Igreja de Roma de prosseguir no fraterno e constante caminho ao lado de nossa Igreja Ortodoxa, para o restabelecimento da completa comunhão". A vinda do papa, para Bartolomeu, é "um fato histórico e rico em bons auspícios para o futuro".

"Ao mesmo tempo que lhe exprimo o meu sincero 'obrigado' pelo seu acolhimento fraterno", responde-lhe Francisco, "sinto que a nossa alegria é maior porque a fonte está mais além, não está em nós, não está no nosso compromisso e nos nossos esforços – que também existem, como um dever –, mas na comum entrega à fidelidade de Deus. [...] André e Pedro ouviram essa promessa, receberam esse dom. Eram irmãos de sangue, mas o encontro com Cristo transformou-os em irmãos na fé e na caridade. E nesta noite jubilosa, nesta oração de vigília, quero sobretudo dizer: irmãos na esperança".

Ao final de seu discurso, Francisco pede a bênção ao patriarca Bartolomeu e se inclina diante dele para recebê-la. O patriarca lhe beija a cabeça. É, portanto, um gesto de forte valor simbólico que encerra o segundo dia da viagem.

No domingo, 30 de novembro, antes de participar da divina liturgia com o patriarca ecumênico, o papa se encontra por quinze minutos com o grão-rabino da Turquia, Ishak Haleva. Então volta para sob as abóbadas da catedral de São Jorge para a liturgia da festa do patrono Santo André. Um rito que exprime a beleza dos mistérios da fé cristã com orações e litanias, luzes e velas, incenso e sinais da cruz. Palavras e silêncios. Pedro e André trocam palavras afetuosas, mostrando a seus fiéis a rota a seguir, passo a passo.

"O amor que esfriara se reacendeu", diz Bartolomeu "e se robusteceu nossa vontade de fazer tudo que nos for possível, até que desponte de novo nossa comunhão, na mesma fé e no cálice comum". O patriarca ecumênico reserva ao "Irmão em Cristo, bispo da Primeira Roma", expressões não protocolares e imprevistas: sobretudo, reconhece que ele reacendeu entre "os irmãos ortodoxos a esperança de que, durante o vosso tempo, a aproximação entre nossas duas grandes antigas Igrejas continuará a se edificar sobre os sólidos fundamentos da nossa tradição comum".

Antes da consagração eucarística, Francisco e Bartolomeu trocam o beijo da paz.

Francisco responde logo e de forma clara à esperança expressada pelo patriarca ecumênico em nome de "todos os irmãos ortodoxos". Na sua fala, lida diante de metropolitas do sínodo do patriarcado ecumênico e da assembleia de fiéis presentes, o papa afirma que o "riquíssimo patrimônio das Igrejas do Oriente" deve ser reconhecido e protegido: "Não só no que diz respeito às tradições litúrgicas e espirituais, mas também as disciplinas canônicas", e declara que "para se chegar à suspirada meta da plena unidade, a Igreja Católica não tem intenção de impor qualquer exigência, exceto a da profissão da fé comum". Palavras claras e inéditas, para falar da disposição em colocar de lado exigências e reivindicações de supremacia. "A única coisa que a Igreja Católica deseja e que eu procuro como Bispo de Roma é a comunhão com as Igrejas Ortodoxas." Uma comunhão que "não significa submissão de um ao outro nem absorção, e sim acolhimento de todos os dons que Deus deu a cada um".

Em suas falas, tanto o papa como o patriarca voltam a propor a unidade entre as Igrejas do Ocidente e do Oriente durante o primeiro milênio como experiência a ter em vista para restabelecer a comunhão plena entre católicos e ortodoxos. Um olhar dirigido ao passado, mas não para fomentar arqueologias teológicas e doutrinárias: "De que serve nossa fidelidade ao passado", inquire Bartolomeu, "se ele nada significa para o futuro?".

O ecumenismo não é um fim em si: a unidade dos cristãos do Oriente e do Ocidente se restabelece para permitir à Igreja cumprir melhor sua missão. As tragédias do tempo presente fazem ressaltar como ainda mais escandalosa e intolerável a divisão entre aqueles que levam o nome de Cristo. "Durante todo o tempo em que nos ocupamos de nossas disputas", diz Bartolomeu, "o mundo teme por sua sobrevivência e se angustia pelo amanhã".

Francisco faz eco a suas palavras, citando os pobres, as vítimas dos conflitos e os jovens entre aqueles que com mais força pedem "às nossas Igrejas que vivam plenamente como discípulos do Senhor Jesus Cristo". E acrescenta: "Penso com profunda amargura nas muitas vítimas do desumano e insensato atentado que nestes dias atingiu os fiéis muçulmanos que rezavam na mesquita de Kano, na Nigéria".

Na rota para a união, Bartolomeu assinala os novos mártires cristãos como a vanguarda que precede todos os outros batizados praticando aquilo que também Bergoglio define como "ecumenismo do sangue": "Os perseguidores hodiernos dos cristãos não perguntam a qual Igreja pertencem suas vítimas. A unidade, pela qual muito trabalhamos, se dá já em algumas regiões, infelizmente, porém, por via do martírio".

Ao final do longo e sugestivo rito, Francisco e Bartolomeu saem até o palácio patriarcal, onde assinam uma declaração conjunta que exprime toda a preocupação comum "pela situação no Iraque, na Síria e em todo o Oriente Médio [...] A partilha dos sofrimentos diários pode ser um instrumento eficaz de unidade". É a segunda declaração conjunta feita pelo papa e pelo patriarca em um intervalo de poucos meses – também em Jerusalém, em maio de 2014, subscreveram um texto comum.

O texto reconhece a importância do "diálogo construtivo com o islã, assente no respeito mútuo e na amizade", reitera a vontade de seguir o caminho da unidade entre católicos e ortodoxos e fala de forma ampla da situação dos cristãos perseguidos no Oriente Médio: "Apelamos a quantos têm a responsabilidade dos destinos dos povos que intensifiquem o seu empenho a favor das comunidades que sofrem, consentindo que todas, inclusive as cristãs, permaneçam na sua terra natal. Não podemos resignar-nos com um Médio Oriente sem os cristãos, que ali professaram o nome de Jesus durante 2 mil anos. Muitos dos nossos irmãos e irmãs são perseguidos e, com a violência, foram forçados a deixar as suas casas. Até parece que se perdeu o valor da vida humana e que a pessoa humana já não tem importância alguma".

Depois de horas de encontros intensos, diálogos e celebrações, o cansaço se faz notar no rosto dos sucessores de Pedro e André, mesmo se prevalece a alegria por uma amizade e um entendimento ainda mais sólidos.

Antes de regressar a Roma, Francisco tem um encontro na catedral do Espírito Santo com uma centena de jovens, na maior parte crianças. São cristãos e muçulmanos que recebem a assistência de salesianos e da Caritas de Istambul, filhos de famílias refugiadas na Turquia. É o último compromisso oficial da viagem, que é um pouco antecipado de maneira a permitir que Francisco ainda visite, antes de seguir para o aeroporto, Mesrob Mutafyan, o patriarca armênio ortodoxo de Constantinopla que há anos se encontra internado em estado vegetativo no hospital armênio São Salvador.

"Desejei intensamente encontrar-me convosco, que vindes da Turquia, da Síria, do Iraque, de vários países do Médio Oriente e da África", diz o papa, que parece cansado e comovido. "Os refugiados, como vós, frequentemente encontram-se privados, às vezes por longo tempo, de bens primários: uma habitação digna, a assistência sanitária, a educação, o trabalho. Tiveram de abandonar não apenas coisas materiais, mas sobretudo a liberdade, a proximidade dos familiares, o seu ambiente de vida e as tradições culturais. As condições degradantes em que muitos refugiados têm de viver são intoleráveis! Por isso, é preciso fazer todo o esforço para remover as causas dessa realidade."

Francisco lança então um apelo por "uma convergência internacional maior que tenha em vista resolver os conflitos que ensanguentam as vossas terras de origem [...] Encorajo quantos estão a trabalhar generosa e lealmente pela justiça e a paz a não desanimarem. Faço um apelo aos líderes políticos para terem em conta que a grande maioria das suas populações aspira pela paz, embora às vezes não tenha mais força nem voz para a pedir!". Enfim, agradece às organizações católicas que se dedicam aos refugiados e expressa seu "vivo reconhecimento" às autoridades turcas pelo trabalho com os turcos e sírios, desejando "que não falte o necessário apoio também da comunidade internacional".

SRI LANKA E FILIPINAS: UM PAPA NO CORAÇÃO DA ÁSIA

Menos de cinco meses depois da viagem à Coreia, Francisco volta ao Extremo Oriente. O ano de 2015 se abre com uma viagem de uma semana ao Sri Lanka e às Filipinas, sinalizando a grande atenção de Bergoglio ao continente asiático, onde vivem apenas 3% dos católicos no mundo, mas onde, em 2014, foram celebrados mais batismos do que em toda a Europa.

O papa volta para partilhar, mais do que para ensinar, testemunhando como a fé cristã pode se encarnar nas culturas mais diversas e ser uma ponte, um elemento de paz. Diante de milhões de pobres, vira do avesso o esquema habitual, lembrando que até ali se chega para receber, para ser evangelizado, antes que para dar e evangelizar. É uma das viagens que mais impactam e comovem Francisco.

Não faltam, no entanto, dificuldades de ordem política. A visita se desenrola meros cinco dias depois de uma eleição presidencial que esteve a ponto de desembocar em um golpe. No Sri Lanka, o papa é recebido pelo novo presidente, Maithripala Sirisena, de 63 anos, que em 8 de janeiro venceu o presidente anterior, Mahinda Rajapaksa. Este havia modificado a Constituição de modo a tentar obter um terceiro mandato consecutivo e antecipara as eleições.

O conflito étnico-político que opunha o governo central e os tâmeis do norte da ilha teve fim em 2009, mas naqueles últimos anos verificaram-se episódios de intolerância religiosa, em especial por parte de grupos extremistas que identificam a nação com o budismo, discriminando e usando de violência contra seguidores de outras fés, como muçulmanos e cristãos, considerados "inimigos". No Sri Lanka, os budistas representam 70% da população, enquanto hinduístas são 12,6%, muçulmanos, 9,7%, e cristãos (na maioria católicos), 7,4%.

Na segunda-feira, 12 de janeiro, o voo papal operado pela Alitalia deixa Roma às 19h. A aterrissagem em Colombo acontece no dia seguinte. Além do presidente, grupos de dança trajando roupas tradicionais, um coral e 40 elefantes adornados com pesados tecidos multicoloridos esperam pelo papa no aeroporto.

Em seu primeiro discurso no Sri Lanka, Francisco recorda que os direitos de todos devem ser respeitados: para curar as feridas, "todos devem ter voz [...] devem ser livres de expressar as suas preocupações, as suas necessidades, as suas aspirações e os seus temores [...] A incapacidade de conciliar as diferenças e divergências, sejam elas antigas ou recentes, fez surgir tensões étnicas e religiosas, muitas vezes acompanhadas por surtos de violência". Para superá-los, requer-se "a busca da verdade [...] como meio necessário para promover a justiça, a cura e a unidade".

O papa deixa o aeroporto no papamóvel, desfilando lentamente sob um sol escaldante, entre alas de elefantes que lhe abrem a rota. Há 300 mil pessoas ao longo dos quase 30 quilômetros do caminho que leva até o centro de Colombo. O mormaço é opressivo, e a multidão faz com que o veículo com teto de plástico avance lentamente. O cortejo acumula uma hora de atraso com relação ao programa estabelecido.

"Não esperávamos aquele calor sufocante. Francisco nunca se senta no papamóvel", conta o organizador da viagem, Alberto Gasbarri, "em sinal de respeito, apesar de haver no carro um assento que se ergue, permitindo-lhe estar sentado e, ao mesmo tempo, ser visto e acenar. Nem naquele dia quis se sentar. Dizia: 'Eles estão de pé, vou eu me sentar?'. Mas o sol e a temperatura elevadíssima o cansaram, e foi preciso que ele fosse à nunciatura refrescar-se e repousar, sem participar do almoço previsto com os bispos. Em 1984, no Canadá, João Paulo II fez um percurso de 50 quilômetros no papamóvel, com uma multidão enorme", lembra ainda Gasbarri. "Tentamos dizer aos organizadores que era longo demais, e nos responderam que o papa estava sentado. Lembro que tivemos de parar sob um túnel para que ele pudesse descansar."

A notícia da ausência do papa no almoço chega de súbito ao arcebispado de Colombo, onde tudo estava pronto para receber Bergoglio. Como sempre, difundem-se rumores descontrolados sobre possíveis indisposições. Mas, de tarde, o papa aparece, restabelecido, na hora da visita ao presidente do Sri Lanka. Na viagem de Colombo a Manila, dirá aos jornalistas: "Quando cheguei, tive de suspender o encontro com os bispos porque não estava bem, estava cansado", depois daqueles quilômetros "eu estava um farrapo".

O encontro com o chefe de Estado não acontece no suntuoso palácio presidencial de Colombo, mas no do secretário do presidente, mais modesto, para o qual Sirisena decidiu transferir seu escritório. É notável o comportamento suave e desprovido de manias de grandeza desse presidente, que obteve também da minoria tâmil apoio para seu programa de reconciliação e que, entre outras coisas, declarou: "O meu dever é favorecer a paz e a coexistência no país".

O encontro mais importante do dia tem lugar um pouco mais tarde, no centro de congressos Bandaranaike Memorial de Colombo. Nessa enorme sala, o papa é aguardado por lideranças de todas as religiões do país. A plateia e as arquibancadas são um espetáculo de cores, com grandes manchas vermelho-escuras, laranja e amarelas (monges budistas e fiéis do hinduísmo) ou brancas e negras (cristãos e muçulmanos). Não há um assento especial reservado ao bispo de Roma. Tão logo chega, Francisco aceita uma vestimenta cor de laranja do líder hinduísta, que mantém sobre os ombros durante o encontro. Não pretende receber atenções particulares e dispensa o auxiliar que vem lhe abrir a garrafinha de água mineral, coisa que faz por si próprio. Escuta atentamente o representante muçulmano que condena os atentados de origem islâmica ocorridos em 7 de janeiro em Paris. Quanto toma a palavra, se serve do inglês, falando lentamente. Mas a mensagem é clara: "A bem da paz, não se deve permitir que se abuse das crenças para a causa da violência ou da guerra. Devemos ser claros e inequívocos ao desafiar as nossas comunidades a viverem plenamente os princípios da paz e da coexistência, que se encontram em cada religião, e denunciar atos de violência sempre que são cometidos". E a chave é o diálogo, que, para ser eficaz, deve "fundar-se numa apresentação completa e franca das nossas respectivas convicções", fazendo ressaltar "como são diferentes" e trabalhando em união para ajudar os pobres e os sofredores.

A quarta-feira, 14, é marcada por uma missa e uma oração mariana. De manhã, Francisco celebra a liturgia no Galle Face Green, o grande parque diante do oceano Índico, em Colombo, e canoniza José Vaz, o sacerdote oratoriano conhecido como "o apóstolo do Sri Lanka". Há ao menos meio milhão de pessoas presentes.

Na homilia, Francisco apresenta a figura do novo santo como modelo de um missionarismo não "agressivo", capaz de fazer florescer a fé mesmo em circunstâncias hostis. Na segunda metade do século XVII, esse padre nativo de Benaulim entrara vestido de escravo na ilha do Ceilão (atual Sri Lanka) com o objetivo de levar conforto à comunidade católica dispersada pela perseguição por parte dos calvinistas holandeses. Discreto, paciente no sofrimento e apoiando-se somente na força do Evangelho – que ele traduziu ao tâmil e ao cingalês –, favorecera o renascimento da Igreja, conquistando também a simpatia do rei budista de Kandy graças aos serviços que prestou aos doentes durante uma epidemia de varíola. Sua jornada, observa o papa, fazendo claras referências ao presente, "mostrou-nos a importância de transcender as divisões religiosas no serviço da paz. O seu amor indiviso a Deus abriu-o ao amor do próximo; gastou o seu ministério em favor dos necessitados, sem olhar quem fosse e onde estivesse". No contexto multirreligioso que marca a sociedade cingalesa, "a liberdade religiosa é um direito humano fundamental". "Cada indivíduo deve ser livre para procurar, sozinho ou associado com outros, a verdade, livre para expressar abertamente as suas convicções religiosas, livre de intimidações e constrições externas. Como nos ensina a vida de José Vaz", acrescenta Francisco, "a autêntica adoração de Deus leva não à discriminação, ao ódio e à violência, mas ao respeito pela sacralidade da vida, ao respeito pela dignidade e a liberdade dos outros e a um solícito compromisso em prol do bem-estar de todos".

A missa termina e, lentamente, a multidão deixa a área, dissolvendo-se pelas principais vias arteriais da cidade. Basta parar e observar os que participaram para constatar que havia também fiéis de outras crenças.

No começo da tarde, Bergoglio parte de helicóptero rumo ao norte do país, na zona tâmil, e alcança o santuário de Madhu, local de oração na floresta onde, em 1544, se reuniram os sobreviventes de um massacre ordenado pelo rei de Jaffna em que pereceram 600 cristãos. Hoje é um centro missionário onde se guarda uma antiga estátua de Nossa Senhora, a qual, diz-se, protege das serpentes. Desde 1990, os 160 hectares do terreno receberam milhares de refugiados da guerra civil, e o santuário foi reconhecido tanto pelos rebeldes quanto pelo governo como zona franca. Após o fim do conflito, em 2008, foi devolvido à diocese de Mannar e, em dezembro de 2010, foi reaberto como local de culto.

Daquele lugar simbólico, ao qual acorrem também peregrinos de outras religiões, Francisco reza pela reconciliação do país, recordando que ali tâmeis e cingaleses chegam "como membros de uma única família". Ele é recebido por centenas de milhares de pessoas, não só cristãos, mas também budistas e hinduístas. O papamóvel circula lentamente, com paradas frequentes para cumprimentos e bênçãos a crianças e doentes. O papa usa, durante todo o percurso, a guirlanda colorida que lhe puseram no pescoço assim que desceu do helicóptero.

Havia muito o santuário não era palco de um evento público importante sem a presença ostensiva do exército. A zona é, de fato, ainda fortemente militarizada, com postos de bloqueio, e os observadores das Nações Unidas não têm acesso à área.

"Hoje estão aqui famílias que sofreram imensamente no longo conflito que dilacerou o coração do Sri Lanka", diz Bergoglio na breve homilia em inglês. "Muitas pessoas – tanto do norte como do sul – foram mortas na violência terrível e sangrenta destes anos. Nenhum cingalês consegue esquecer os trágicos acontecimentos relacionados com este mesmo lugar." O papa reza, então, a Nossa Senhora, para que obtenha a "graça da misericórdia de Deus" e a reparação "de todo o mal que esta terra conheceu", convidando "a compreender o mal de que somos capazes e do qual porventura fomos cúmplices", a fim de que se possa experimentar "um verdadeiro arrependimento".

De volta a Colombo, na nunciatura onde se hospeda, o pontífice recebe o ex-presidente do Sri Lanka Mahinda Rajapaksa, derrotado nas eleições da semana anterior. Certo de sua recondução ao cargo, ele havia feito o convite ao papa. Francisco quer, depois, recuperar o encontro com os bispos do país, cancelado no dia anterior. Mas os bispos ainda não chegaram. Desta vez foram eles que se atrasaram em relação ao programa, na volta de Madhu. De imediato, em vista do "buraco" na agenda, decide ir visitar o templo budista de Mahabodhi, onde vive um monge ancião que ele cumprimentou ao chegar, no aeroporto, e também mais tarde, na terça-feira, durante o encontro inter-religioso.

Não é a primeira vez que um pontífice visita um templo budista. João Paulo II o havia feito durante sua visita à Tailândia em 1984. Para a ocasião da chegada de Francisco, é descerrada a grande *chiattiya*, o imponente relicário de metal precioso que, por tradição, só se abre uma vez ao ano. O monge recita uma breve oração, enquanto Francisco escuta em silêncio. Ao sair do templo budista, o papa é informado de que, naquele ínterim, os bispos haviam finalmente conseguido chegar ao arcebispado e, assim, o cortejo papal refaz o caminho de ida para o encontro perdido.

Mais tarde, no voo de Colombo a Manila, Bergoglio retornará a sua visita não planejada ao templo budista e à impressão que lhe causou a ida a Madhu: "Vi uma coisa que nunca teria imaginado: não eram todos católicos, nem sequer a maioria. Havia budistas, muçulmanos, hindus; e todos vão lá rezar. Vão e dizem que recebem graças. Há no povo – e o povo nunca se engana – o sentido do povo, há algo que os une. E, se eles se sentem assim tão naturalmente unidos que vão rezar juntos em um templo – que é cristão, mas não é só cristão –, por que motivo não deveria eu ir ao templo budista? Este testemunho de ontem em Madhu é muito importante. Faz-nos compreender o sentido da inter-religiosidade que se vive no Sri Lanka: há respeito entre eles. Há grupinhos fundamentalistas, mas não estão com o povo: são elites ideológicas".

Na manhã de 15 de janeiro, Francisco deixa o país rumo às Filipinas. Quando, de tarde, o voo da Alitalia pousa em Manila, a recepção é festiva, com um ensurdecedor *flash mob* preparado pelos jovens. A presença do povo filipino é impressionante. Quase 1 milhão de pessoas encheu as ruas para cumprimentar o pontífice. Durante toda a visita, cada deslocamento será sempre acompanhado de uma maré de homens e mulheres, velhos e crianças, esperando ao longo de horas.

Na sexta, 16 de janeiro, o primeiro compromisso do papa é a tradicional visita de cortesia ao presidente filipino. No Malancañan, o palácio presidencial construído em estilo colonial espanhol, no interior de um vasto parque na margem setentrional do rio Pasig, Francisco encontra Benigno Cojuangco Aquino III, filho da ex-presidente Corazón Aquino. Saudado com 21 tiros de canhão, recebe um lenço refrescante assim que chega, como sinal de hospitalidade. Depois se dirige até a Sala de Cerimônias Rizal para cumprimentar as autoridades. O presidente, em seu discurso de boas-vindas, lamenta a atitude da Igreja Católica, segundo ele crítica demais quanto aos políticos.

Bergoglio toma a palavra em inglês, lembra que sua visita às Filipinas "quer exprimir a minha solidariedade aos nossos irmãos e irmãs que sofreram a tribulação, as perdas e a devastação causadas pelo tufão Yolanda", em 2013.

"Juntamente com as pessoas de todo o mundo, admirei a força heroica, a fé e a resistência demonstradas por tantos filipinos diante desse desastre natural." Um exemplo de solidariedade que oferece "uma lição importante". Indispensável, sublinha Francisco, é "o imperativo moral de assegurar a justiça social e o respeito pela dignidade humana". "A reforma das estruturas sociais que perpetuam a pobreza e a exclusão dos pobres exige, antes de mais nada, uma conversão da mente e do coração. Os bispos das Filipinas pediram que este ano fosse proclamado o 'Ano dos Pobres'. Espero que essa instância profética determine em cada um, em todos os níveis da sociedade, a firme rejeição de toda forma de corrupção que desvie recursos dos pobres."

Francisco conclui recordando a importância da família, dos jovens, dos direitos à liberdade de consciência e religiosa, "o respeito pelo direito inalienável à vida, a começar pela vida dos nascituros até a dos idosos e dos doentes". Enfim, aludindo à situação de Mindanao, diz confiar em que "o progresso conseguido levando a paz ao sul do país há de gerar soluções justas de acordo com os princípios basilares da nação e no respeito pelos direitos inalienáveis de todos, incluindo as populações indígenas e as minorias religiosas".

Ao deixar o palácio presidencial, Francisco se dirige à catedral de Manila, dedicada à Imaculada Conceição e considerada "a mãe de todas as igrejas das Filipinas". A atual é a oitava versão dessa igreja, construída pela primeira vez com bambu e folhas de palmeira, em 1581. Ao longa de sua história, foi várias vezes devastada por tufões, incêndios, terremotos, bombardeios. A construção mais recente, que remonta aos anos 1950, foi fechada ao culto em 2012 para restauro, após o terremoto, e acaba de ser reaberta. Ao chegar, Bergoglio é recebido por um grupo de crianças vestidas como guardas suíços.

Na homilia da missa, celebrada somente para o clero e religiosos, refletindo sobre o Evangelho do dia, que fala das perguntas feitas por Jesus a Pedro, o papa inicia citando esta frase: "Tu amas-me?". Ao que os presentes gritam de imediato, em alto e bom som: "*Yes!*". "*Thank you very much...*", responde sorrindo Francisco, antes de prosseguir. "A Igreja nas Filipinas é chamada a individuar e combater as causas da desigualdade e injustiça profundamente enraizadas, que enfeiam o rosto da sociedade filipina, contradizendo claramente o ensinamento de Cristo. O Evangelho chama os indivíduos cristãos a conduzir vidas honestas, íntegras e solícitas pelo bem comum. Mas chama também as comunidades cristãs a criar 'círculos de integridade', redes de solidariedade que possam impelir a abraçar e transformar a sociedade com o seu testemunho profético."

"Os pobres estão no centro do Evangelho", acrescenta em seguida, de improviso, escandindo lentamente as palavras em inglês: "São o coração do Evangelho; se tirarmos os pobres do Evangelho, não podemos compreender plenamente a mensagem de Jesus Cristo".

Enfim, Bergoglio convida em particular os jovens padres e seminaristas a proclamarem "a beleza e a verdade do matrimônio cristão a uma sociedade que é tentada por apresentações confusas da sexualidade, do matrimônio e da família. Como sabeis, estas realidades estão cada vez mais sob ataque de forças poderosas que ameaçam desfigurar o plano criador de Deus e trair os verdadeiros valores que inspiraram e moldaram quanto de belo existe na vossa cultura".

Ao fim da missa, acontece um encontro programado, mas fora da agenda oficial. O papa atravessa a rua e entra no centro da Fundação Anak-Tnk, um refúgio para crianças e jovens resgatados das drogas, da prostituição, do abandono. Na porta o espera um jovem sacerdote de origem francesa, Matthieu Dauchez, designado para a diocese de Manila. No pátio, Francisco encontra centenas de crianças de rua recolhidas pelo padre Dauchez e seus voluntários. Os pequenos hóspedes do centro o cercam e abraçam. É um dos momentos mais belos da viagem. O papa, divertido, se deixa fotografar sentado ao lado deles, segurando alguns no colo.

De tarde, acontece um encontro com famílias. Francisco chega ao Mall of Asia Arena, um estádio inaugurado há pouco, de propriedade da cadeia de centros comerciais SM, que transmite o encontro ao vivo em todas as salas de seu circuito cinematográfico. Esperam pelo papa 20 mil pessoas. Aqui, Francisco fala da beleza da família e convida a opor-se a uma nova forma de "colonialismo ideológico" que tenta impor novos modelos.

O encontro se abre com alguns testemunhos significativos e tocantes. Há os Dizon, da cidade de Quezon, uma família pobre que contribuiu para o nascimento de uma comunidade paroquial. A mulher que conta o drama da emigração de seu marido, que foi buscar trabalho em Cingapura depois de apenas dois anos de casamento. Ou Renato e Anastacia Cruz, ambos surdos, que tiveram cinco filhos, todos com capacidade auditiva, e contam ao papa sua difícil história usando a linguagem de sinais. Ao concluírem seu relato, dizem a Francisco que gostam dele, e o papa responde com o mesmo gesto.

Depois da leitura do Evangelho, que conta a fuga para o Egito e os dois sonhos de José, o papa toma a palavra chamando para perto de si o intérprete – sinal de que tem a intenção de improvisar, para que não soe engessado o discurso preparado. "Tenho em muito apreço o sonhar numa família. Toda mãe e todo pai sonharam com seu filho durante nove meses. É verdade ou não?". Todos respondem: "Siiiiim!".

"Sonharam como seria aquele filho... Não é possível uma família sem o sonho. Numa família, quando se perde a capacidade de sonhar, os filhos não crescem, o amor não cresce; a vida debilita-se e apaga-se. Por isso, recomendo-vos que à noite, ao fazer o exame de consciência, vos ponhais também esta pergunta: hoje sonhei com o futuro dos meus filhos? Hoje sonhei com o amor do meu esposo, da minha esposa? [...] Não percais esta capacidade de sonhar.

"E, na vida dos cônjuges, quantas dificuldades se resolvem, se conservarmos um espaço para o sonho, se nos detivermos a pensar no cônjuge e sonharmos com a bondade, com as coisas boas que há [...] Nunca deixeis de ser namorados!".

Então Francisco fala da importância dos sonhos de São José. "Amo muito São José, porque é um homem forte e silencioso. Na minha escrivaninha, tenho uma imagem de São José que dorme e, enquanto dorme, cuida da Igreja. Sim! Pode fazê-lo, como sabemos. E, quando tenho um problema, uma dificuldade, escrevo um bilhetinho e meto-o debaixo de São José, para que o sonhe. Esse gesto significa: reza por este problema."

E chega à passagem-chave do discurso, sempre de improviso. "Estamos atentos às colonizações ideológicas. Existem colonizações ideológicas que procuram destruir a família."

Retomando o texto escrito, Francisco acrescenta: "A família está ameaçada também pelos crescentes esforços de alguns em redefinir a própria instituição do matrimônio mediante o relativismo, a cultura do efêmero, a falta de abertura à vida". Mas logo em seguida deixa de novo o discurso preparado: "Penso no beato Paulo VI. Num período em que se propunha o problema do crescimento demográfico, teve a coragem de defender a abertura à vida na família". Antes de terminar, Bergoglio acena a sua visita ao centro Anak-Tnk, poucas horas antes. "Hoje, depois da missa, senti-me profundamente comovido ao visitar aquela casa de crianças sozinhas, sem família. E, na Igreja, quantas pessoas trabalham para que aquela casa seja uma família!".

O sábado, 17 de janeiro, é o ápice da viagem. Depois se saberá, também, que foi o momento de maior risco, o mais perigoso, não só dessa excursão asiática, mas de todas as viagens realizadas por Francisco nos primeiros três anos e meio de pontificado. É o dia do comovido abraço do papa às vítimas do tufão Yolanda (o ciclone tropical Haiyan), que, em novembro de 2013, devastou cidades e aldeias, fazendo cerca de 10 mil vítimas, entre mortos e desaparecidos, deixando sem casa centenas de milhares de pessoas. Bergoglio havia acompanhado as notícias do desastre, sofrido seu impacto, e havia decidido que iria confortar os sobreviventes.

A partida do voo papal para Tacloban – capital da província de Leyte, na região de Visayas Oriental – tem sua chegada prevista para as 8h15, mas tudo se acelera. As péssimas condições climáticas desaconselham a decolagem, mas o papa, pensando naqueles que o esperam, não tem intenção de cancelar a visita. "Foi um dos momentos mais difíceis", conta ainda Alberto Gasbarri, "porque eram condições meteorológicas realmente adversas. Isso já era sabido desde o dia anterior. As autoridades filipinas demonstraram plena disposição. Na véspera da viagem tivemos a confirmação da chegada do mau tempo, um pequeno tufão. Mas havíamos visto que o risco maior era pela tarde. Então saímos mais cedo pela manhã, para ganhar algumas horas e assim poder encurtar o programa vespertino".

O avião, conduzido pelos dois melhores pilotos instrutores de aviação militar, muito experientes em voos sob condições meteorológicas difíceis, decola uma hora adiantado. Tacloban os recebe sacudida pelo vento e por uma tempestade. Centenas de milhares de pessoas esperam pelo papa, vestindo impermeáveis amarelos. Desafiaram o mau tempo para acolhê-lo e escutá-lo. No meio da multidão está também Imelda Marcos, a viúva do presidente Marcos, que por mais de vinte anos ocupou o poder nas Filipinas.

Ao desembarcar do avião, Francisco recusa o guarda-chuva, fazendo que em poucos minutos sua veste talar branca esteja ensopada. Ao subir no papamóvel, também ele veste um impermeável de náilon amarelo, que usará durante todo o dia. "Não quer o guarda-chuva", conta Gasbarri, "porque não quer nunca que o cubram, e toda vez que tentávamos respondia, referindo-se às pessoas: 'Eles estão descobertos e estão aqui há horas'".

A velocidade do vento ultrapassa os 70 quilômetros por hora e faz com que a chuva golpeie em todas as direções, quando Francisco, desajeitado em seu impermeável amarelo sobre os paramentos brancos, se apresenta sobre o pequeno palco de onde celebrará a missa para a grande multidão de fiéis reunida na esplanada do aeroporto de Tacloban.

No momento da homilia, o papa nem começa a ler o texto em inglês que havia sido preparado. Quer falar de improviso, e o faz em espanhol, tendo ao lado o intérprete. Diante dos sobreviventes em lágrimas, diante dos que perderam seus entes queridos e sua própria casa, dos pobres feitos ainda mais pobres, cada exortação, cada palavra que não venha do coração, que não seja capaz de pranto ou compaixão, que não saiba reter-se em silêncio diante do mistério daquela tragédia, soaria falsa. Ou cairia como a água que empapa a roupa dos fiéis. Que, no entanto, choram comovidos com o bispo de Roma, vindo não para lhes explicar o sentido do sofrimento, mas simplesmente para abraçá-los e confortá-los. Mirando com eles, em silêncio, o Crucificado e sua Mãe, diz: "Se hoje nos encontramos todos nós reunidos aqui, catorze meses depois de ter passado o tufão Yolanda, é porque temos a certeza de que não seremos desiludidos na fé, porque Jesus passou antes. Na Sua paixão, tomou sobre Si todos os nossos sofrimentos. E, quando de Roma vi esta catástrofe, senti que devia vir aqui. Naqueles dias, decidi viajar até aqui. Quis vir estar convosco".

As palavras de Bergoglio soam como um grande, caloroso abraço: "Jesus é o Senhor! E é o Senhor a partir da Cruz; lá reinou! Por isso, Ele é capaz de compreender-nos [...] Fez-Se em tudo igual a nós. Por isso, temos um Senhor que é capaz de chorar conosco, é capaz de nos acompanhar nos momentos mais difíceis da vida. Muitos de vós perderam tudo. Eu não sei o que dizer-vos. Mas Ele sim; Ele sabe o que dizer-vos! Muitos de vós perderam parte da família. Eu sei apenas permanecer em silêncio [...]. Muitos de vós se puseram esta pergunta olhando para Cristo: 'Por quê, Senhor?'. E o Senhor responde a cada um a partir do seu coração. Eu não tenho outras palavras para vos dizer. Olhemos para Cristo: Ele é o Senhor e Ele compreende-nos, porque passou por todas as provas que nos atingiram".

Depois Francisco recorda a presença de Maria ao pé da cruz e aponta a estátua que se destaca ao lado do altar, mostrando Nossa Senhora que segura Jesus ainda menino: "Nós somos como a criança que está no chão: nos momentos de aflição, de pena, nos momentos em que não compreendemos nada, nos momentos em que temos vontade de nos rebelar, só nos apetece estender a mão e agarrar-nos ao seu avental e dizer-lhe: 'Mamãe!'. Como uma criança que, quando tem medo, diz: 'Mamãe!'. É talvez a única palavra que pode exprimir o que sentimos nos momentos escuros: 'Mãe! Mamãe!'".

Depois de alguns instantes silenciosos de oração, Bergoglio assim conclui: "Não estamos sozinhos, temos uma Mãe. Temos Jesus, nosso irmão mais velho. Não estamos sozinhos. Temos também tantos irmãos que, no momento da catástrofe, vieram ajudar-nos. E também nós nos sentimos mais irmãos, ajudando-nos, porque nos ajudamos uns aos outros. Isto é tudo o que me ocorre dizer-vos. Perdoai-me se não tenho outras palavras".

Muitos dos que assistem têm o rosto regado de lágrimas, que se somam à chuva torrencial. O momento mais comovente se dá quando alguns familiares das vítimas trazem as oferendas ao altar. O papa segura longamente suas mãos, enquanto choram sem conseguir dizer palavra.

Ao fim da missa, tudo sofre uma última aceleração. O programa previsto sofre cortes e se comprime. A decolagem para voltar a Manila seria às 17h. "Mas, conforme avançava o dia, as previsões iam mudando", explica Gasbarri. "O tufão estava chegando antes do que se previa. Eu estava em contato com os pilotos, e eles me disseram: 'Previsão péssima, se não decolarmos até as 13h, corremos o risco de ficar aqui'. Falei com o Santo Padre e expliquei a situação."

O papa percorreu quase 30 quilômetros no papamóvel descoberto, ficando exposto ao vento e à chuva, que cai de todos os lados. Não quer desapontar quem o espera há horas à beira do caminho. O cortejo para diante da morada pobre de uma família de pescadores, devastada pelo tufão. Francisco os cumprimenta, abençoa as crianças, mas não pode se deter como estava previsto. Também o tempo destinado ao almoço no arcebispado de Palo, do qual participam ao menos trinta familiares de vítimas, é mais breve do que se previu. Depois de dar sua bênção, de dentro do papamóvel, ao Pope Francis Center for the Poor, Bergoglio entra por poucos minutos na catedral, onde deveria ter ocorrido um discurso. Limita-se a uma bênção, desculpando-se: "O tempo não está bom, vou precisar voltar mais cedo".

Às 13h, o voo papal decola, oscilando à mercê das rajadas de vento. O avião que transporta uma delegação do governo filipino, que partiria menos de uma hora depois, sai da pista com um golpe de vento.

A bordo, Francisco parece cansado, com as vestes ensopadas, mas feliz de ter compartilhado com os fiéis, ainda que por poucas horas, também da tormenta tropical. Quando o cardeal arcebispo de Manila, Luis Tagle, lhe pergunta durante o voo: "Como foi a experiência? Este é um tufão normal", Francisco lhe confia sua comoção por ter se encontrado com os sobreviventes: "Esta visita me é muito útil, estou aprendendo muito".

Uma notícia dolorosa chega, porém, para obscurecer o dia: uma jovem voluntária morrera em Tacloban pouco antes da chegada do papa, vítima do desabamento de uma estrutura na área da missa papal.

Domingo, 18 de janeiro é o último dia de Francisco nas Filipinas. Antes da missa com o maior número de pessoas da história, o papa visita a Universidade de Santo Tomás, onde é esperado por 3 mil jovens. O céu está encoberto e pouco depois da chegada de Bergoglio começa a chover.

Francisco sobe ao palco e a primeira coisa que pede é uma oração pela voluntária morta em Tacloban. "Ontem, quando estava prestes a principiar a missa, uma das torres [indica uma torre similar ao lado do palco] caiu e atingiu uma jovem, que morreu. O seu nome é Krystel. Ela trabalhou na organização daquela missa. Tinha 27 anos, era jovem como vós e trabalhava para uma associação, Catholic Relief Service. Era uma voluntária."

Depois escuta testemunhos tocantes, como o de Glyzelle Palomar, 12 anos, que lhe pergunta: "Há tantas crianças abandonadas por seus próprios pais, tantas que se tornam vítimas, coisas muito terríveis acontecem com elas, como a droga e a prostituição. Por que Deus permite que aconteçam essas coisas com as crianças, que não têm culpa? E por que tão pouca gente nos ajuda?". A menina cai em prantos. Francisco se comove, como se havia comovido um pouco antes, ouvindo as palavras de Jun Chura, ex-menino de rua de 14 anos, que hoje trabalha para a fundação Tulay ng Kabataan, onde vive também Glyzelle. O papa abraça longamente os dois jovens e mantém a mão pousada sobre a cabeça da menina.

"Ela fez hoje a única pergunta que não tem resposta", diz o papa, improvisando em espanhol. "E não lhe vinham as palavras, teve de as dizer com lágrimas. [...] A grande pergunta que se põe a todos: por que sofrem as crianças? É precisamente quando o coração consegue pôr a si mesmo a pergunta e chorar que podemos compreender qualquer coisa. Há uma compaixão mundana que para nada serve! Uma compaixão que, no máximo, nos leva a meter a mão na carteira e dar uma moeda. Se esta tivesse sido a compaixão de Cristo, teria passado, teria curado três ou quatro pessoas e teria regressado ao Pai. Somente quando Cristo chorou e foi capaz de chorar é que compreendeu os nossos dramas. Queridos moços e moças, no mundo de hoje falta o pranto! Choram os marginalizados, choram aqueles que são postos de lado, choram os desprezados [...] Certas realidades da vida só se veem com os olhos limpos pelas lágrimas. Convido cada um de vós a perguntar-se: Aprendi eu a chorar? Quando vejo uma criança drogada na rua, uma criança sem casa, uma criança que sofre abuso, uma criança usada como escrava pela sociedade?".

"Aprendamos a chorar, como ela nos ensinou hoje", continua Francisco, olhando para Glyzelle. "Não esqueçamos esta grande pergunta – por que sofrem as crianças? – foi feita por ela a chorar e a grande resposta que lhe podemos dar todos nós é aprender a chorar. No Evangelho, Jesus chorou, chorou pelo amigo morto. Chorou no seu coração por aquela família que perdeu a filha. Chorou quando viu aquela pobre mãe viúva que levava o seu filho ao cemitério [...]. Se vós não aprenderdes a chorar, não sois bons cristãos."

Sempre de improviso, Bergoglio responde, então, a outras perguntas que lhe fazem os jovens. "Hoje estamos superinformados: será mau isso? Não. Isso é bom e ajuda, mas corremos o perigo de viver acumulando informações. E temos tantas informações, mas talvez não saibamos o que fazer com elas. Corremos o risco de nos tornarmos 'jovens-museus' e não jovens sapientes. [...] Não tenhamos a psicologia do computador: crer que se sabe tudo. O que isso quer dizer? Um átimo e o computador dá-te todas as respostas, nenhuma surpresa."

De volta à nunciatura, logo depois do almoço, Bergoglio recebe o pai de Krystel, a voluntária morta no incidente de Tacloban. "O encontro foi intenso", conta o cardeal Tagle. "O pai estava acompanhado do tio materno da moça. O papa não procurava as palavras... Havia me dito: 'Como se pode consolar um pai que perdeu sua única filha?'".

Francisco fica impactado pela reação do homem. "Primeiro disse ter ficado desolado assim que recebeu a notícia da morte da filha, e ter se perguntado como podia Deus haver permitido que perdesse a sua única filha. Depois acrescentou: 'Aceitei o que me aconteceu, aceitei que Krystel não esteja mais comigo. Fico contente que estivesse servindo como voluntária para ajudar na visita do papa. Eu havia decidido não ir, ficar em casa. Mas ela, minha filha, combinou esse encontro meu com o papa'".

"Que fé! Que fé!", exclama Francisco, dirigindo-se ao cardeal Tagle, profundamente comovido por essas palavras.

Às 15h30 tem início a grande missa. Chove a cântaros. Segundo fontes da Igreja local, 6 milhões de pessoas se reúnem no entorno do parque Rizal, em Manila. Os filipinos abraçam o papa e, como explica o cardeal arcebispo Tagle, estão prontos a segui-lo. Não até Roma, mas na periferia, nas favelas, nos hospitais, ao lado de quem sofre. Bergoglio, com seu impermeável amarelo, chega a bordo do papamóvel local, que tem a forma dos típicos *jeepney* filipinos, os micro-ônibus feitos a partir de jipes deixados ali pelo Exército norte-americano depois da Segunda Guerra. Toma uma hora somente para atravessar a área e cumprimentar os peregrinos.

É o dia do *Santo Niño*, festejado no terceiro domingo de janeiro. Milhares de estátuas do Menino Jesus, com suas vestes espanholadas, são levantadas diante da passagem de Francisco. A liturgia prevê invocações em várias línguas locais: ilocano, kapampangan, tagalo, bicolano, cebuano, waráy, hiligaynon. Uma deficiente visual faz a primeira leitura a partir de um texto em braile.

Na homilia, em inglês, o papa diz: "Ao longo da minha visita, ouvi-vos cantar: 'Somos todos filhos de Deus'. Isso é o que o *Santo Niño* nos vem dizer. Recorda-nos a nossa identidade mais profunda. Todos nós somos filhos de Deus, membros da família de Deus. [...] Deus criou o mundo como um jardim esplêndido e pediu-nos para cuidar dele. Todavia, com o pecado, o homem desfigurou aquela beleza natural; pelo pecado, o homem destruiu também a unidade e a beleza da nossa família humana, criando estruturas sociais que perpetuam a pobreza, a ignorância e a corrupção".

"O diabo", continua Francisco, "é o pai da mentira. Muitas vezes, ele esconde as suas insídias por detrás da aparência da sofisticação, do fascínio de ser 'moderno', de ser 'como todos os outros'. Distrai-nos com a vista de prazeres efêmeros e passatempos superficiais. Dessa forma, desperdiçamos os dons recebidos de Deus, entretendo-nos com apetrechos fúteis; gastamos o nosso dinheiro em jogos de azar e na bebida; fechamo-nos em nós mesmos".

Depois de uma última noite transcorrida em Manila, o voo papal retorna a Roma na manhã de segunda, 19 de janeiro.

SARAJEVO, VIAGEM-RELÂMPAGO À "JERUSALÉM DA EUROPA"

No dia 1º de fevereiro de 2015, durante o *Angelus*, o Papa Francisco anuncia que fará uma "visita-relâmpago" a Sarajevo: "Jerusalém da Europa", onde, um século antes, acendeu-se a faísca que fez explodir a Grande Guerra, mas também cidade símbolo da guerra na ex-Iugoslávia, já visitada em 1997 por João Paulo II, após a assinatura do acordo de paz de Dayton que colocou fim ao sangrento conflito balcânico.

A viagem de um só dia à Bósnia-Herzegovina se assemelha à de setembro de 2014 à Albânia: Francisco continua a visitar a Europa a partir de sua periferia, particularmente a zonas do Velho Continente onde convivem cristãos de diferentes confissões, muçulmanos e hebreus.

Desde sempre uma cidade multiétnica e multirreligiosa, nos anos 1990 Sarajevo sofreu um prolongadíssimo assédio por parte das forças servo-bósnias. E as relações entre as diferentes comunidades étnicas e religiosas se enfraqueceram. Apesar do retorno da convivência e das tentativas de reconciliação, as feridas são difíceis de fechar, e o papa quer ajudar nesse processo.

No dia 6 de junho de 2015, Francisco aterrissa às 9h no aeroporto da capital bósnia, que, durante os anos de guerra civil, foi a única porta de acesso para a ajuda humanitária. Encontra à sua espera o membro croata da presidência colegiada, Dragan Čović. O primeiro compromisso da viagem é a visita de cortesia ao então presidente em exercício da Bósnia-Herzegovina, o sérvio Mladen Ivanić. O papa chega depois de percorrer a avenida que se tornou tristemente famosa por ter sido tomada pelos franco-atiradores durante o estado de sítio: muitos edifícios ainda trazem impressos em suas paredes os sinais de seus tiros.

No salão do palácio presidencial, Francisco pronuncia seu primeiro discurso diante das autoridades políticas do país, às quais pede, em sintonia com a mensagem emitida pelos bispos bósnios, que trabalhem por uma liberdade religiosa efetiva.

O papa recorda os conflitos sangrentos do mundo no século passado e o significado de que se reveste a Bósnia-Herzegovina na história da Europa, com a presença de diversas etnias "sem que isso tenha impedido, por um longo tempo, que se instaurassem relações recíprocas amistosas e cordiais". Cita a presença, no tecido urbano da cidade, de sinagogas, igrejas e mesquitas que se encontram a curta distância uma da outra. Sarajevo, portanto, "constitui uma encruzilhada de culturas, nações e religiões; e semelhante função exige que se construam sem cessar novas pontes e se cuidem e restaurem as existentes".

Bergoglio reconhece os "progressos", mas convida a "não se contentar com o que foi realizado até agora". É preciso curar "as feridas mais profundas" por meio de um "percurso que purifique a memória e dê esperança para o futuro". Uma esperança que Francisco diz, acrescentando de improviso, ter visto ao longo do trajeto que o trazia do aeroporto, quando foi saudado por crianças de diferentes etnias: "Esta é a esperança! Apostemos nisso!".

A conclusão é um apelo a recuperar um espírito de verdadeira fraternidade: "Todos precisamos nos opor, com êxito, à barbárie de quem quereria fazer de cada diferença ocasião e pretexto de violências cada vez mais brutais; precisamos reconhecer os valores fundamentais da nossa humanidade comum, valores em nome dos quais se pode e se deve colaborar, construir e dialogar, perdoar e crescer, permitindo que o conjunto das diferentes vozes forme um canto nobre e harmonioso, e não gritos fanáticos de ódio. Chamados à nobre tarefa de ser os primeiros servidores das suas comunidades, os responsáveis políticos devem salvaguardar em primeiro lugar os direitos fundamentais da pessoa humana". Francisco pede "a efetiva igualdade de todos os cidadãos perante a lei".

O papa se desloca, então, até o estádio de Koševo, que recebeu as cerimônias de abertura e encerramento dos XIV Jogos Olímpicos de Inverno em Sarajevo, no ano de 1984. É o mesmo lugar que acolheu João Paulo II em abril de 1997, mas naquela ocasião nevava e fazia frio, enquanto hoje um sol escaldante brilha sobre os mais de 60 mil fiéis presentes. É, portanto, sob um céu limpo e luminoso que se celebrará a missa.

Um setor das arquibancadas foi reservado para receber mutilados e feridos da guerra civil, cuja lembrança, quase vinte anos depois, é ainda fresca e indelével; de resto, quem chega ao estádio não pode deixar de ver, ao longo do percurso, os cemitérios improvisados durante o último conflito, com centenas de túmulos cristãos e muçulmanos.

Pouco antes do início, na sacristia instalada em uma tenda, a férula, o bastão pastoral do pontífice encimado por um crucifixo, se quebra e recebe um remendo feito da melhor forma possível no momento, com fita adesiva clara. Assim, pela primeira vez na história, o papa adentra uma celebração litúrgica com um curativo no bastão.

"Também no nosso tempo", diz o papa na homilia, "a aspiração pela paz e o compromisso de a construir colidem com a existência de numerosos conflitos armados no mundo. É uma espécie de terceira guerra mundial travada 'aos pedaços'; e, no contexto da comunicação global, sente-se um clima de guerra. Há quem queira deliberadamente criar e fomentar esse clima, de modo particular aqueles que procuram o conflito entre culturas e civilizações diferentes e também quantos, para vender armas, especulam sobre as guerras. Mas a guerra significa crianças, mulheres e idosos nos campos de refugiados; significa deslocamentos forçados; significa casas, estradas, fábricas destruídas; significa sobretudo tantas vidas destroçadas. Bem o sabeis vós, que experimentastes isto mesmo precisamente aqui: quanto sofrimento, quanta destruição, quanta tribulação! Hoje, amados irmãos e irmãs, desta cidade ergue-se mais uma vez o grito do povo de Deus e de todos os homens e mulheres de boa vontade: nunca mais a guerra!". O grito de "nunca mais a guerra!", que também Wojtyła havia repetido, é acolhido por um aplauso fragoroso.

O papa, então, ressalta que Jesus diz: "Felizes os pacificadores", e não "felizes os pregadores da paz". "Todos são capazes de a proclamar, até de maneira hipócrita ou mesmo enganadora", mas as palavras do Nazareno nos falam daqueles "que a fazem". "Fazer a paz é um trabalho artesanal: requer paixão, paciência, experiência, tenacidade. Felizes são aqueles que semeiam paz com as suas ações diárias, com atitudes e gestos de serviço, de fraternidade, de diálogo, de misericórdia...".

Depois, se pergunta: como se constrói a paz? A resposta ele a encontra no profeta Isaías: "A paz será obra da justiça".

"E o Novo Testamento ensina-nos que o pleno cumprimento da justiça é amar o próximo como a nós mesmos... Quando, ajudados pela graça de Deus, seguimos este mandamento, como mudam as coisas! Porque mudamos nós! Aquela pessoa, aquele povo que eu via como inimigo, na realidade tem o meu próprio rosto, o meu próprio coração, a minha própria alma."

De tarde, no encontro com clero e religiosos na catedral de Sarajevo, Francisco escuta as histórias comoventes de três mártires que, durante a guerra civil, sofreram perseguição, aprisionamento, violência. São eles o padre Zvonimir Matijević, o frade franciscano Jozo Puškarić, que chora e, com a voz alquebrada pela emoção, pena para terminar seu próprio relato, e sóror Ljubica Šekerija. Todos três padeceram a violência e conheceram os campos de concentração. Frei Jozo apanhava e era torturado por milicianos sérvios e, para sobreviver, teve ajuda de uma muçulmana de nome Fátima, que lhe levava alimento. Sóror Ljubica se comoveu com o gesto amistoso de um de seus perseguidores muçulmanos, que lhe havia oferecido uma fruta. Francisco acompanha com atenção as palavras deles e, ao fim de cada intervenção, abraça comovido aquele que acabou de falar, inclinando-se para beijar a mão dos dois sacerdotes em sinal de respeito.

Diante de seus relatos, Bergoglio decide deixar de lado o discurso preparado. "Sinto necessidade de vos falar espontaneamente... Os testemunhos falavam por si. E esta é a memória do vosso povo! Um povo que esquece a sua memória não tem futuro. Aqui falaram apenas três pessoas, mas por detrás delas existem muitos e muitas que sofreram as mesmas coisas. Queridas irmãs, queridos irmãos, não tendes direito de esquecer a vossa história. Não para vos vingardes, mas para fazerdes a paz, para amar como eles amaram."

"Algumas palavras", continua Francisco, "ficaram-me no coração. Uma, repetida: 'Perdoo!'. Um homem, uma mulher que se consagra ao serviço do Senhor e não sabe perdoar não serve. Perdoar a um amigo com o qual tinhas litigado e te disse um palavrão, ou a uma religiosa que tem ciúme de ti não é muito difícil. Mas perdoar a quem te bate, a quem te tortura, a quem te espezinha, a quem ameaça matar-te com a carabina, isso é difícil. E eles fizeram-no, e eles pregam para que se faça! Outra palavra que me ficou é a dos 120 dias no campo de concentração. Viver todos amontoados, sujos, sem comida, nem água, faça calor ou faça frio, e isso por tanto tempo... E nós, que nos queixamos quando temos um dente que nos dói, ou que queremos ter a televisão no nosso quarto com tantas comodidades... Outra coisa que me vem à mente é aquele miliciano que deu a pera à irmã; e aquela mulher muçulmana que lhe trouxe de comer... Todos somos irmãos. Mesmo aquele homem cruel sentiu o Espírito Santo no seu coração e talvez tenha pensado na sua mãe e disse: 'Toma esta pera e não digas nada'. E aquela mulher muçulmana passava por cima das diferenças religiosas: amava. Acreditava em Deus e fazia o bem".

"Quereria dizer-vos", conclui Bergoglio, "que esta foi uma história de crueldade. Também hoje, nesta guerra mundial, vemos muitas, muitas, muitas crueldades. Fazei sempre o oposto da crueldade: tende atitudes de ternura, de fraternidade, de perdão. E levai a Cruz de Jesus Cristo".

Logo após o encontro na catedral está prevista uma reunião inter-religiosa no centro internacional de estudos franciscanos de

Sarajevo. Ali estão representantes da Igreja Ortodoxa, do islamismo e do judaísmo. Nenhum deles, ao fazer uso da palavra, esconde as dificuldades que culminaram na guerra que cobriu de sangue o país entre 1992 e 1995. O líder muçulmano, Husein Kavazović, observa: "Pareceria que, para as pessoas de fé, tornou-se importante sustentar seus respectivos blocos políticos, militares e econômicos, em lugar de dar testemunho da verdade e ajudar o povo, não com o poder, mas com o amor e o conforto". O bispo ortodoxo Vladika Grigorije diz: "Nós, filhos da Igreja de Deus, em particular, deveríamos preocupar-nos e envergonharmo-nos pelo fato de que, no nosso país, cristãos mataram cristãos e não cristãos; por isso este país, desde o fim da Segunda Guerra Mundial, está repleto de tumbas, grutas, igrejas e mosteiros destroçados". O presidente da comunidade hebraica, Jakob Finci, admite: "Os problemas existem, mas estamos procurando resolvê-los juntos, conscientes de que é possível sobreviver nesta esplêndida parte da Terra, que Deus nos deu para que a usássemos, mas só se trabalharmos juntos".

O papa recorda a todos eles que a cidade, "que no passado recente se tornara tristemente um símbolo da guerra e das suas destruições", hoje, "com a sua variedade de povos, culturas e religiões, pode ser novamente sinal de unidade, lugar onde a diversidade não constitua uma ameaça, mas uma riqueza e uma oportunidade para crescer juntos".

O diálogo inter-religioso, "antes mesmo de se tornar um debate sobre os grandes temas da fé", é uma "conversa sobre a vida humana" e "deveria estender-se o mais possível a todos os crentes, envolvendo os diferentes setores da sociedade civil. Neste sentido, merecem uma atenção especial os jovens, chamados a construir o futuro deste país. No entanto, é sempre bom lembrar-se de que o diálogo, para ser autêntico e eficaz, pressupõe uma identidade formada".

E conclui o encontro pedindo aos cerca de 300 presentes que se levantem e se unam numa oração pedindo ao "Eterno, ao Único e Verdadeiro Deus Vivo, ao Misericordioso", "Deus de Abraão, Deus de Isaac, Deus de Jacó, Rei e Senhor do passado, do presente e do futuro; único juiz de todos os homens".

O último compromisso do dia, antes de subir ao avião que o transportará de volta a Roma, é com os jovens no centro diocesano dedicado a João Paulo II. Depois de assistir a danças e escutar dois depoimentos, o papa deixa mais uma vez de lado o discurso preparado e responde a três perguntas que lhe fazem os jovens.

A primeira: "É verdade que há vinte anos não vê televisão?".

"É verdade! Uma noite, em meados dos anos 1990, senti que [a televisão] não me fazia bem, alienava-me, condicionava-me... e decidi deixar de a ver. Quando queria ver um filme bom, ia ao centro televisivo do arcebispado e via-o lá. Mas só aquele filme... A televisão, ao contrário, alienava-me e impelia-me para fora de mim; não me ajudava. Sem dúvida, sou da Idade da Pedra, sou antigo! Compreendo que o tempo mudou! Agora vivemos no tempo da imagem. E isso é muito importante. Mas, no tempo da imagem, deve-se fazer como no tempo dos livros: escolher as coisas que me fazem bem! Daqui seguem-se duas coisas. Primeira: a responsabilidade que têm os centros televisivos de produzir programas que façam bem, que promovam os valores, que construam a sociedade, que nos façam crescer, e não nos degradem; e ainda produzam programas capazes de nos ajudar para que os valores, os verdadeiros valores, se tornem mais fortes e nos preparem para a vida. Essa é a responsabilidade dos centros televisivos. Segunda coisa: saber escolher os programas, e essa é uma responsabilidade nossa. Se vejo que um programa não me faz bem, destrói-me os valores, torna-me vulgar, resvalando mesmo na obscenidade, devo mudar de canal. Como se fazia na minha Idade da Pedra: quando um livro era bom, tu lia-lo; quando um livro te fazia mal, jogava-lo fora. Mas há ainda um terceiro ponto: a fantasia nociva, aquela fantasia que mata a alma. Se tu, que és jovem, vives preso ao computador e te tornas escravo do computador, perdes a liberdade! E, se procuras no computador programas porcos, perdes a dignidade! Ver a televisão, usar o computador, mas para as coisas belas, as coisas grandes, as coisas que nos fazem crescer. Isso é bom!".

A segunda: "Conseguiu sentir a alegria e o amor que todos estes jovens da Bósnia-Herzegovina têm pela sua pessoa?".

"Para dizer a verdade, quando encontro os jovens sinto a alegria e o amor que têm... não só por mim, mas também pelos ideais, pela vida. Querem crescer! Mas, em vós, há uma coisa singular: sois – creio eu – a primeira geração depois da guerra. Sois flores duma primavera que querem seguir para diante, não voltar à destruição, às coisas que nos fazem inimigos uns dos outros. Eu encontro em vós esse desejo e esse entusiasmo. E isso é novo para mim. Vejo que vós não quereis a destruição; não quereis ser inimigos uns dos outros. Quereis caminhar juntos... E isso é estupendo! Podes ser muçulmano, podes ser judeu, podes ser ortodoxo, podes ser católico... mas somos 'nós'. Isso é fazer a paz! Isso é próprio da vossa geração, e é a vossa alegria!".

A terceira pergunta é: "Qual é a sua mensagem de paz para todos nós, jovens?".

"Todos falam da paz: alguns poderosos da Terra falam e dizem coisas lindas sobre a paz, mas por detrás vendem as armas! De vós, eu espero honestidade; honestidade naquilo que pensais, no que sentis e no que fazeis: as três coisas juntas. O contrário chama-se hipocrisia! Por isso, de vós, desta primeira geração do pós-guerra, espero honestidade e não hipocrisia. União, fazer pontes, mas deixar que se possa atravessar de um lado para o outro. Essa é a fraternidade."

Enfim, o papa conclui com uma exortação: "Vós, as flores da primavera do pós-guerra, fazei a paz; trabalhai pela paz. Todos juntos. Todos juntos! Que este seja um país de paz! '*Mir Vama!*'", que significa, em bósnio, "a paz esteja convosco!". "Esta é a tarefa que vos deixo. Fazer a paz, todos juntos, muçulmanos, judeus, ortodoxos, católicos e outras religiões. Todos somos irmãos! Todos adoramos um Único Deus!".

NAS PERIFERIAS DA AMÉRICA

Equador, Bolívia e Paraguai: de 5 a 13 de julho de 2015, o Papa Francisco realiza uma viagem às periferias da América Latina. É a primeira na qual pode, em todas as ocasiões, se exprimir na sua língua materna. Uma viagem longa, o primeiro retorno de Bergoglio àquela América do Sul hispanófona que havia deixado em fevereiro de 2013 para participar do conclave que o elegeria pontífice. Aqui, como na Europa, o papa mostra o desejo de entrar não pela porta principal, ou seja, pelas nações maiores e mais fortes, mas pelas periferias ainda carentes de atenção, ainda que emergentes: países nos quais a presença do sucessor de Pedro pode ajudar a consolidar percursos de mudança.

Um dado, de fato, une o Equador, a Bolívia e o Paraguai: todos conseguiram encaminhar processos de modernização e de desenvolvimento que envolvem os cidadãos indígenas e em geral incorporam as camadas mais baixas da sociedade. Um exemplo, apesar dos muitos limites e entre tensões sociais ainda por resolver, de como seria possível produzir melhorias na situação econômica geral empreendendo rotas novas e comunicadas, sem basear-se sempre e somente no "sempre se fez assim".

Em Quito, Francisco depara com problemas parecidos aos que ele bem conhecia como arcebispo de Buenos Aires: a capital equatoriana também é uma metrópole, meta de homens e mulheres que para lá migram em busca de trabalho – sobretudo indígenas, vindos das áreas rurais para fugir da miséria. Desde 2006, o Equador tem um presidente de esquerda, que, à altura da viagem, está no terceiro mandato – Rafael Correa, fundador do partido Aliança País (Pátria Altiva e Soberana). Correa confronta o Fundo Monetário Internacional e o Banco Mundial e trabalha para uma união mais estreita entre os países latino-americanos. Justo nos dias que antecedem a chegada de Francisco, Correa havia proposto a criação de uma Corte Internacional de Justiça Ambiental, com base em um tratado que vinculasse nações dispostas a se empenharem pela preservação do ambiente.

Não é esquecido, no entanto, o significado sobretudo religioso que tem o périplo latino-americano: o bispo de Roma vem encontrar seus irmãos na fé em países onde o catolicismo ofereceu uma contribuição decisiva para a formação da identidade dos povos e onde ainda são muito vivos e enraizados o culto mariano e a devoção popular.

O voo Roma-Quito é muito longo. Depois de treze horas, Francisco desembarca no Equador sob um céu nublado e um vento que leva embora seu solidéu enquanto desce a escada do Airbus da Alitalia. O presidente Rafael Correa o recebe com um discurso rico em citações da exortação apostólica *Evangelii Gaudium* e da encíclica *Laudato sí'*, falando do "grande pecado social da América Latina, que é a injustiça". Diz, escandindo bem as palavras, que "se deve exigir a distribuição justa da riqueza". Depois, sorrindo, se permite uma piada: "O papa é argentino, e a presidente do Brasil, Dilma Rousseff, diz que Deus é brasileiro. Sim, mas o paraíso é equatoriano...".

Francisco o felicita pelo "cumprimento" de uma missão certamente nada fácil para um chefe de Estado que pretende introduzir duas leis sobre mais-valia e herança – uma espécie de lei patrimonial – contestadas tanto pelos proprietários mais ricos como pela classe média, que teme perder as casas adquiridas como propriedade para os filhos. Justo naqueles mesmos dias, os opositores de Correa organizam manifestações por todo o país, ainda que declarem não ter intenção de perturbar a visita papal. O descontentamento, no entanto, se fará visível tão logo o papa deixe o aeroporto.

Na sua primeira saudação, Francisco fala dos grandes débitos da América Latina, recorda a contribuição da fé cristã para plasmar a identidade do povo e exprime sua aprovação pela luta contra a pobreza e a desigualdade: neste terreno, diz, Correa "poderá contar sempre com o empenho e a colaboração da Igreja". Palavras significativas também para o episcopado equatoriano. Apoio e colaboração, portanto, às políticas inclusivas em um país onde 2% das famílias controlam mais de 90% das empresas. Mas também um país que, apesar de tudo, caminha rumo a maior justiça social: entre 1999 e 2010 a taxa de pobreza absoluta passou de 40% para 20%, e hoje o Equador é a oitava maior economia da América Latina.

O papa conclui seu discurso relembrando que o Equador se encontra justamente "no ponto mais próximo do espaço exterior": é o Chimborazo, o monte mais alto dos Andes equatorianos, que, estando no Equador, constitui o pico mais distante do centro da Terra. "Nós, cristãos, vemos Jesus Cristo como se fosse o Sol, e a Igreja como a Lua; a Lua não tem luz própria. Possa nestes dias tornar-se mais evidente para todos a proximidade 'do Sol que nasce do alto', sendo nós reflexo da Sua luz, do Seu amor."

Depois se dá a partida rumo ao centro da cidade. Bergoglio sobe em um Fiat Idea cinza, idêntico ao usado em 2013 no Rio de Janeiro. Como sempre, é o menor carro do cortejo. Ao longo do caminho, em meio à multidão, há também muitos grupos contrários ao presidente, que gritam: "*Correa fuera!*".

Depois de uma noite fria em Quito, a pitoresca capital equatoriana encarapitada na montanha a quase 3 mil metros de altitude – o que causa alguns incômodos ao séquito, mas parece não ter efeito algum sobre o pontífice –, no dia 6 de julho a comitiva papal toma outro avião para Guayaquil, a "pérola do Pacífico", a "Miami do Equador". Daqui partem os voos para o paraíso natural das ilhas Galápagos. Devido à umidade elevadíssima, o calor é sufocante. Desde as 2h os fiéis esperam pelo papa no Parque Samanes, o maior centro comercial do Equador.

Assim que chega a Guayaquil, Francisco visita o novo santuário da Divina Misericórdia, onde é recebido por um grupo de entusiasmados argentinos e de moças usando trajes tradicionais, que lançam pétalas de flores à sua passagem. No santuário, deposita aos pés da Virgem um maço de rosas brancas que trouxe consigo no voo de Quito. Com os presentes, recita a Ave-Maria e, antes de dar a bênção, diz, em tom de brincadeira: "Peço a cada um por sua misericórdia... Não vou lhes cobrar nada, mas peço-lhes que rezem por mim. Farão isso?".

Ele chega logo à área da missa. No terceiro maior parque da América Latina, que cobre uma área de 379 hectares e faz parte do projeto estatal "Guayaquil Ecológica", reúne-se mais de meio milhão de fiéis, provenientes do Equador mas também de outros países latino-americanos. Na homilia, comentando o trecho dos Evangelhos que conta as Bodas de Caná, Bergoglio lembra: "Jesus sente-Se inclinado a desperdiçar o melhor dos vinhos com aqueles que, por uma razão ou outra, sentem que já se lhes romperam todas as talhas". Palavras que parecem como um bote de salvação lançado a todos aqueles que vivem os dramas cotidianos da vida.

Sempre referindo-se ao milagre da transformação da água em vinho, o Papa Bergoglio recorda que, "na família, os milagres fazem-se com o que há, com o que somos, com aquilo que a pessoa tem à mão". "Muitas vezes não é o ideal, não é o que sonhamos, nem o que 'deveria ser'... o vinho novo, o vinho melhor, nasce das talhas de purificação, isto é, do lugar onde todos tinham deixado o seu pecado... Nasce do 'piorzinho'." "Deus pode milagrosamente transformar o que nos escandalize ou nos espante" e "sempre Se aproxima das periferias de quantos ficaram sem vinho, daqueles que só têm desânimos para beber".

Significativa é também a passagem dedicada ao lugar central da família, que, com uma sugestiva sequência de imagens, é definida como "o hospital mais próximo", "a primeira escola das crianças", "o grupo de referência imprescindível para os jovens", "o melhor asilo para os idosos". "A família constitui a grande riqueza social que outras instituições não podem substituir, devendo ser ajudada e reforçada para não perder jamais o justo sentido dos serviços que a sociedade presta aos seus cidadãos. Com efeito, esses serviços que a sociedade presta aos cidadãos não são uma espécie de esmola, mas uma verdadeira 'dívida social' para com a instituição familiar, que é a base e que tanto contribui para o bem comum de todos."

Na hora do almoço, Francisco faz uma parada no colégio Javier, dos jesuítas de Guayaquil. Aqui pediu explicitamente para se encontrar com um velho amigo. O bonito é que Francisco Cortés, chamado de "padre Paquito", 91 anos, espanhol de nascimento, mas equatoriano de coração, nem sequer imaginava isso. Padre Paquito não via Bergoglio havia trinta anos. Tinham se conhecido nos anos 1980, quando o papa não era ainda bispo, mas provincial dos jesuítas argentinos, e se haviam encontrado apenas três vezes. E ainda assim a figura do padre Cortés deixou uma marca na memória de Francisco, que o vê em particular antes do almoço. "Não sei por que o papa desejou esse encontro", conta-nos o velho jesuíta, que usa uma camisa branca de mangas curtas, uma bengala e tem um fraco por charutos. "Nunca nos correspondemos e sou realmente um 'senhor ninguém'." Eis que era "amigo" do pontífice sem sabê-lo!

De tarde se dá o voo de regresso a Quito. Francisco parte sob um sol escaldante e, menos de meia hora depois, aterrissa entre chuva e neblina. Os últimos dois compromissos do dia são a tradicional visita de protocolo ao presidente e uma passagem pela catedral.

Bergoglio e Correa saem juntos ao terraço do palácio presidencial, ao pé do qual se reuniu uma grande multidão, confirmando a sintonia existente entre eles. Mas muitíssima gente espera por Francisco também na catedral de Quito, do século XVII. Ali, depois de ter rezado. o papa saúda os fiéis com algumas palavras de improviso: "Concedo a minha bênção a cada um de vós, às vossas famílias, a todas as pessoas queridas e a este grande e nobre povo equatoriano, para que não haja diferenças, não haja exclusão, não haja pessoas descartadas, todos sejam irmãos, todos sejam incluídos, e ninguém fique fora desta grande nação".

O dia 7 de julho começa com uma missa celebrada no parque Bicentenário, o velho aeroporto desativado da capital e apelidado "o pulmão de Quito". Os duzentos anos celebrados em seu nome são os da independência dos povos latino-americanos. Diante de uma multidão imensa em meio à qual despontam os clássicos chapéus panamá cor de marfim, Francisco fala da fé cristã, que é sempre revolucionária, e da evangelização que passa pelo cuidar dos outros, dos mais pobres, dos excluídos. O papa associa o "sussurro de Jesus na Última Ceia" pela unidade dos cristãos a um signo "para que o mundo creia" no grito "nascido da consciência da falta de liberdade" dos povos americanos, cansados de serem "espremidos, saqueados e sujeitos às conveniências dos poderosos de turno". Um grito que originou a independência quando aqueles povos souberam superar os personalismos e as divisões. E aqui a evangelização e a libertação, o anúncio do Evangelho e a construção de uma sociedade mais justa se encontram, porque a evangelização pode "ser veículo de unidade de aspirações, sensibilidades, esperanças e até de certas utopias".

Mas o papa adverte que é "impensável" dar esse testemunho "se a mundanidade espiritual nos faz estar em guerra entre nós, numa busca estéril de poder, prestígio, prazer ou segurança econômica. E isso à custa dos mais pobres, dos mais excluídos, dos mais indefesos, daqueles que não perdem a sua dignidade, mesmo tendo-a golpeada a cada dia". Uma mensagem também para a Igreja equatoriana e de toda a América Latina.

De tarde Francisco se encontra no mundo da escola e da academia na Pontifícia Universidade Católica do Equador, instituição privada fundada em 1946, de propriedade da diocese de Quito e gerida pelos jesuítas, que conta com cerca de 30 mil estudantes. O encontro acontece em um campo aberto que recebe 5 mil pessoas, sob um clima que varia do sol quente à chuva e ao vento frio.

No discurso preparado, o papa cunha um neologismo. Jesus não tentava "*doctorear*", mas chegava ao coração dos homens de modo que todos o pudessem entender. Hoje é preciso que a escola e a universidade eduquem os jovens para "desenvolver um espírito crítico, um espírito livre, capaz de cuidar do mundo atual", ajudando-os a não ignorar a realidade que os circunda. O neologismo "doutorar" serve, portanto, para explicar aquilo que as instituições devem evitar, a fim de, ao contrário, prepararem as novas gerações para que tenham "maior responsabilidade perante os problemas de hoje, perante o cuidado do mais pobre, perante o cuidado do meio ambiente".

Conta Francisco: "Eu vivo em Roma. No inverno, faz frio. Pode acontecer que, bem pertinho do Vaticano, apareça um idoso, pela manhã, que morreu por causa do frio. Não é notícia em nenhum dos jornais, em nenhuma das crônicas. Não é notícia. Mas se as bolsas das principais capitais do mundo caem dois ou três pontos, arma-se um grande escândalo mundial. 'Onde está o teu irmão'?", pergunta Deus a Caim. E pergunto a ti, Universidade Católica, onde está o teu irmão?".

Depois do compromisso universitário, Francisco se dirige à sociedade civil na igreja de São Francisco, o edifício católico mais antigo de toda a América Latina. Aqui o papa explica que a sociedade civil deve se comportar como uma família, onde "ninguém fica excluído". "Se alguém tem uma dificuldade, mesmo grave, ainda que seja por culpa dele, os outros correm em sua ajuda, apoiam-no; a sua dor é de todos. Na sociedade não deveria acontecer a mesma coisa?". Portanto "os bens estão destinados a todos e, embora uma pessoa ostente o seu título de propriedade, sobre eles pesa uma hipoteca social".

No dia 8 de julho, antes de partir para a Bolívia, Francisco visita a casa de repouso das Missionárias da Caridade e depois encontra membros do clero, seminaristas, frades e freiras no santuário nacional mariano El Quinche, que fica na rota para o aeroporto. Aqui se venera uma estátua da Virgem Menina esculpida em 1585 por dom Diego de Robles, artista da escola de Quito, por encomenda dos índios de Lumbisí. Como eles não conseguiram pagar o escultor, ele cedeu a imagem aos índios de Oyacachi, que a quiseram porque era totalmente idêntica à Madona que diziam ter aparecido entre eles.

Mais uma vez Begoglio deixa de lado o discurso preparado: "Não quero lê-lo", diz, sorrindo. E explica, improvisando, que a gratuidade e a memória – a gratuidade com que Deus nos escolheu e nos dá cada coisa, a memória do "nada" do qual Ele nos extraiu – são os dois pilares da vida religiosa. "O que de graça recebestes, de graça deveis dar", recomenda Jesus a seus discípulos, recorda Bergoglio ao clero equatoriano.

Depois adverte para um grande risco, o da "doença perigosa" que define como "Alzheimer espiritual": a perda da memória das próprias raízes. "Não percamos a memória daquilo que tivemos, do que éramos, dos lugares de onde viemos... Não vos sintais superiores à fé que haveis recebido de vossa mãe e vosso pai... Pensai naqueles que, após entrarem no seminário, não desejam mais falar na sua língua, na língua de seus pais... Acontece."

"Vós não pagastes a entrada para entrar no seminário, para entrar na vida religiosa. Vós não o merecestes. Se algum religioso, sacerdote ou seminarista ou uma freira que está aqui acredita que o merecia, que levante a mão. Tudo é gratuito."

Quem vive todos os dias as dimensões da gratuidade e da memória, explica Francisco, o demonstra com duas atitudes. A primeira é a do serviço. "Deus nos escolheu para servir também quando estamos exaustos, quando se transmite uma bela telenovela na televisão – e aqui falo com as freirinhas – ou quando as pessoas nos cansam. Quem vai pelo caminho do serviço deve deixar-se cansar sem perder a paciência, porque está ao serviço, nenhum momento lhe pertence." A segunda atitude é a alegria. "Quem vive a memória e a gratuidade obtém o dom do júbilo, do saber gostar das coisas." E conclui: "Rezai por mim, porque eu também sinto muitas vezes a tentação de me esquecer da gratuidade com a qual Deus me escolheu e de esquecer-me de onde me tiraram. Pedi por mim".

No aeroporto, Francisco encontra à sua espera o presidente Correa, que, antes de cumprimentá-lo, brinca com alguns dos jornalistas e, a propósito das mensagens deixadas pelo papa, diz: "A fé é revolucionária, é certo. Todos podem interpretar essas palavras segundo lhes convenha, mas devemos ser honestos... Em nome do Evangelho houve quem matasse e, em nome do Evangelho, houve quem se deixasse matar. Eu prefiro estar no segundo grupo".

O avião do papa parte para a Bolívia e aterrissa no teto do mundo. O aeroporto de El Alto, nos arredores da capital boliviana, La Paz, fica a 4 mil metros de altitude. Uma quota proibitiva, que pode criar problemas. Por isso estabeleceu-se que Francisco visite La Paz mas deixe a cidade rumo a Santa Cruz de la Sierra no fim do dia, sem pernoitar na capital. Bergoglio parece aguentar sem problemas. Não se pode dizer o mesmo de outros ocupantes do voo papal: em El Alto dois jornalistas se sentem mal e precisam receber oxigênio na sala de imprensa da escala.

O papa é acolhido pelo presidente Evo Morales, indígena fundador e líder do *Movimiento al Socialismo*, além de líder dos cocaleiros bolivianos: camponeses de origem quíchua e aimará que cultivam a coca e se opõem à campanha para erradicar as plantações. A nova Constituição de 2009 reforçou a presença do Estado na economia e prevê a redistribuição dos recursos de forma a favorecer as regiões mais pobres do país. Em 2010, também se promulgou a *ley indígena*, que concede ampla autonomia a 36 comunidades locais de nativos. Mesmo diante da redução da pobreza, as desigualdades ainda são profundas. Morales coloca em torno do pescoço de Francisco uma bolsa tecida a mão que serve para conter as folhas de coca mastigadas pelos que habitam estas altitudes. No voo de volta a Roma, um jornalista perguntará ao papa qual teria sido a origem da energia demonstrada durante a viagem: "O mate me ajuda", responderá Bergoglio, citando a infusão de ervas típica da Argentina, "mas não provei a coca, isso é claro!".

No seu discurso de saudação, Morales pede ao papa que reúna esforços "para libertar os povos do mundo" e perseguir "a justiça social". Suas relações com a Igreja local não são boas. Os bispos criticaram o presidente pelos problemas do narcotráfico e por causa do tratamento destinado aos opositores, reivindicando também os direitos da Igreja no campo educacional e social. E ele respondeu pedindo que só atuassem na Bolívia bispos originários do país. Mas há também alguns pontos de encontro entre o líder indígena e o papa que valoriza os movimentos sociais e contesta o modelo vigente de desenvolvimento. Tanto que o porta-voz da conferência episcopal boliviana denunciou o risco de "instrumentalização política" da visita.

Francisco demonstra não temer em demasia esse risco. Expõe fortemente o tema da justiça social e suas raízes evangélicas, indicando aos bispos uma rota a seguir: "A voz dos pastores, que tem de ser profética, fala à sociedade em nome da Igreja Mãe – porque a Igreja é mãe – e fala partindo da opção evangélica preferencial pelos últimos".

De El Alto, Francisco parte de papamóvel rumo a La Paz, a capital encastoada como um presépio na garganta de uma montanha. Para se proteger do frio, põe sobre o casaco um poncho de lã branca com franjas. Já escureceu quando o carro papal faz uma parada prevista: a curva do quilômetro 8 da estrada para Chacaltaya, onde, em 22 de março de 1980, foi abandonado o cadáver do padre Luis Espinal, conhecido como Lucho, jesuíta espanhol, poeta, jornalista e cineasta (havia se especializado em cinema e televisão na Universidade Católica de Milão), que era missionário na Bolívia desde 1968. "Parei aqui para vos saudar e sobretudo para recordar. Recordar um irmão, um irmão nosso, vítima de interesses que não queriam que se lutasse pela liberdade da Bolívia. O padre Espinal pregou o Evangelho e aquele Evangelho incomodava, e por isso eliminaram-no."

O padre Espinal havia participado das lutas sociais e feito por dezenove dias greve de fome em 1977, vivendo dia e noite ao lado de famílias de mineiros. Foi capturado por paramilitares em 21 de março de 1980, durante a ditadura dos coronéis Luis García Meza e Luis Arce Gómez (este último seria processado à revelia, também na Itália, por crimes cometidos naqueles anos). No dia seguinte, seu corpo crivado de dezessete tiros de pistola foi abandonado naquela estrada, ao longo do rio Choqueyapu. O assassinato teve profundo impacto na população, que acorreu em massa ao seu funeral.

Francisco diz claramente que Espinal foi morto porque pregava o Evangelho. Muitos, demasiados bispos e padres missionários foram assassinados durante os anos das ditaduras latino-americanas e muitas vezes seu sacrifício não foi reconhecido nem mesmo no interior da própria Igreja, onde passavam por "comunistas", por pessoas que "fizeram por onde", como no caso clamoroso do bispo salvadorenho Óscar Arnulfo Romero, morto enquanto celebrava missa e beatificado pelo Papa Bergoglio. Padre Espinal, quando lhe sugeriam que não se expusesse, não tomasse posição nos confrontos com a ditadura, costumava responder: "Muitos deixam a Companhia de Jesus porque se apaixonam. Talvez deva eu também deixá-la por ter me apaixonado por esse povo que me honra com sua confiança?". Por isso seus amigos mandaram gravar em seu túmulo esta única frase: "Assassinado por ter ajudado o povo".

Ao chegar a La Paz, o papa é recebido oficialmente por Morales no palácio presidencial, com a indefectível oferta de chá de coca. No momento da troca de presentes, o presidente dá ao pontífice um objeto destinado a suscitar uma arrastada polêmica: uma escultura que retrata Jesus crucificado sobre a foice e o martelo. É uma imagem concebida pelo padre Espinal. Francisco levará consigo a escultura singular, definindo-a como "arte de protesto".

O último compromisso na capital boliviana antes de voltar a El Alto e dali voar para Santa Cruz de la Sierra é com autoridades civis, na Catedral de Nuestra Señora de La Paz.

"Se a política se deixa dominar pela especulação financeira, ou a economia se deixa reger apenas pelo paradigma tecnocrático e utilitarista da produção máxima", explica Francisco, "não poderão sequer compreender – e muito menos resolver – os grandes problemas que afetam a humanidade".

O papa fala da importância das tradições populares locais e da necessidade de uma educação ética e moral que "cultive atitudes de solidariedade e corresponsabilidade entre as pessoas". E acrescenta: "Devemos reconhecer o papel específico das religiões no desenvolvimento da cultura e os benefícios que possam trazer à sociedade". Uma mensagem significativa para a realidade boliviana.

Depois recorda que o bem comum é algo mais do que a soma de interesses individuais; é passar do que "é melhor para mim" àquilo que "é melhor para todos". Afirma então a importância também da liberdade religiosa: "A liberdade é sempre o melhor campo para que os pensadores, as associações de cidadãos, os meios de comunicação desempenhem a sua função, com paixão e criatividade, ao serviço do bem comum", e torna a citar a família, "ameaçada em toda parte, por tantos fatores, pela violência doméstica, o alcoolismo, o machismo, a droga, a falta de trabalho, a insegurança social, o abandono dos idosos, os meninos de rua e recebendo pseudo-soluções a partir de perspectivas que não são saudáveis para a família mas, ao contrário, proveem claramente de colonizações ideológicas". "Os problemas sociais, que a família resolve, e os resolve em silêncio, são tantos que não promover a família é deixar desamparados os mais desprotegidos."

Enfim, quase como uma admoestação aos poderosos, recorda que "uma nação que procura o bem comum não pode fechar-se em si mesma; as redes de relações abonam a sociedade". "Assim nos demonstra o problema da imigração nos nossos dias. Hoje é indispensável o desenvolvimento da diplomacia com os países vizinhos, que evite os conflitos entre povos irmãos e contribua para um diálogo franco e aberto dos problemas." Uma mensagem clara e precisa à Bolívia do presidente indígena e a certas atitudes deste último.

Na manhã de 9 de julho Francisco celebra a missa inaugural do V Congresso Eucarístico Nacional em Santa Cruz de la Sierra, a cidade mais populosa e mais próspera da Bolívia. A praça do Cristo Redentor, tendo ao centro uma enorme escultura de bronze representando Jesus com os braços alçados aos céus, está cheia com a multidão. A área, somada às vias circunstantes que a ela afluem, pode conter 2 milhões de pessoas.

Antes de chegar ao altar, Francisco percorre de um lado ao outro as ruas, cumprimentando e abraçando, e é recebido ao som do canto: "*Francisco de los pobres*" (Francisco dos pobres). O céu primeiro está nublado, depois o sol aparece, mas um vento frio sopra de tal forma que a certa altura fará voar o solidéu do papa. Na missa se reza em guarani, espanhol, quícha, aimará, as línguas indígenas mais difundidas, e Bergoglio sobe ao altar portando um grande bastão pastoral feito de madeira marchetada, fruto do artesanato local.

Na homilia, o papa recorda que, no mundo de hoje, "pretende impor-se" uma lógica que "procura transformar tudo em objeto de troca, de consumo... Uma lógica que pretende deixar espaço para muito poucos, descartando todos aqueles que não 'produzem', que não são considerados aptos ou dignos porque, aparentemente, 'os números não batem certo'".

Francisco confidencia ter se comovido muito ao ver "muitas mães que carregavam seus filhos às costas". "Carregando sobre si a vida e o futuro do seu povo. Carregando os motivos da sua alegria, as suas esperanças. Carregando a bênção da terra nos frutos. Carregando o trabalho feito com as suas mãos." Mas levando às costas também "decepções, tristezas e amarguras, a injustiça que parece não ter fim e as cicatrizes de uma justiça não realizada". "Carregando sobre si mesmas a alegria e a dor de uma terra."

Tudo pode suscitar uma "tristeza que nos torna individualistas". Explica o pontífice: "Perante muitas situações de fome no mundo, podemos dizer: 'Perdão, mas os números não batem certo; não podemos resolver a conta'. É impossível enfrentar essas situações; então o desespero acaba por apoderar-se do coração". Mas a resposta de Jesus é outra: "O olhar de Jesus não aceita uma lógica, uma perspectiva que sempre 'corta o fio' pelo ponto mais frágil, mais necessitado. Tomando 'o pedaço', Ele mesmo nos dá o exemplo, nos mostra o caminho. Uma atitude em três palavras: toma um pouco de pão e alguns peixes, bendiz a Deus por eles, divide-os e entrega-os para que os discípulos os partilhem com os outros. E este é o caminho do milagre".

O compromisso mais importante da etapa boliviana tem lugar na Expo Feria de Santa Cruz, onde, no encerramento do segundo encontro mundial dos movimentos populares, Bergoglio faz seu discurso mais significativo e articulado: um verdadeiro manifesto, quase uma nova encíclica social. Um soco no estômago de um sistema que "continua a negar a milhares de milhões de irmãos os mais elementares direitos econômicos, sociais e culturais". Esse sistema, grita Bergoglio ao lado do presidente Morales, "atenta contra o projeto de Jesus".

Abraçam o primeiro papa latino-americano representantes daqueles "excluídos" que decidiram se organizar: trabalhadores precários e informais, migrantes, indígenas, camponeses sem terra e habitantes de zonas periféricas; catadores argentinos que vivem recolhendo papel que é jogado fora, recicladores de descartes e dejetos do Equador, a rede antimáfia Libera. Um painel humano variado, colorido e "alternativo" que agora é consagrado pelo apoio de Francisco.

"Reconhecemos nós, de verdade, que as coisas não andam bem num mundo onde há tantos camponeses sem terra, tantas famílias sem teto, tantos trabalhadores sem direitos, tantas pessoas feridas na sua dignidade? Reconhecemos nós que as coisas não andam bem quando explodem tantas guerras sem sentido e a violência fratricida se apodera até dos nossos bairros? Reconhecemos nós que as coisas não andam bem quando o solo, a água, o ar e todos os seres da criação estão sob ameaça constante?... Por trás de tanto sofrimento, tanta morte e destruição, sente-se o cheiro daquilo que Basílio de Cesareia – um dos primeiros teólogos da Igreja – chamava '*o esterco do diabo*': reina a ambição desenfreada de dinheiro. É esse o *esterco do diabo*. O serviço pelo bem comum fica em segundo plano. Quando o capital se torna um ídolo e dirige as opções dos seres humanos, quando a avidez do dinheiro domina todo o sistema socioecónomico, arruína a sociedade, condena o homem, transforma-o em escravo, faz lutar povo contra povo e até, como vemos, põe em risco esta nossa casa comum, a irmã e mãe Terra."

O que podem fazer, agora, os pobres e os excluídos? "Podeis e fazeis muito", exclama o papa.

Não basta a "indignação elegante". É preciso pôr em andamento processos de mudança, sem esperar ou confiar em escolhas políticas vindas de cima, porque "uma mudança de estruturas que não seja acompanhada por uma conversão sincera das atitudes e do coração acaba a longo ou curto prazo por burocratizar-se, corromper-se e sucumbir". Francisco, claro, reitera que a Igreja não tem receitas a oferecer, e que, no fundo, "não existe uma receita". Mas indica um caminho e determina alguns pontos que chama "tarefas".

A primeira tarefa é "pôr a economia a serviço dos povos".

A distribuição equânime dos frutos da terra e do trabalho não é filantropia, mas um dever moral e, para os cristãos, um mandamento. "Insisto", repete, "queremos uma mudança, uma mudança real, uma mudança de estruturas. Este sistema é insuportável: não o suportam os camponeses, não o suportam os trabalhadores, não o suportam as comunidades, não o suportam os povos... E nem sequer o suporta a Terra".

A segunda tarefa é a de "unir os nossos povos no caminho da paz e da justiça". "Os povos do mundo querem ser artífices do seu próprio destino. Querem caminhar em paz para a justiça. Não querem tutelas nem interferências, onde o mais forte subordina o mais fraco... O novo colonialismo assume variadas fisionomias. Às vezes, é o poder anônimo do ídolo dinheiro: corporações, credores, alguns tratados denominados 'de livre comércio' e a imposição de medidas de 'austeridade' que sempre apertam o cinto dos trabalhadores e dos pobres." Um colonialismo que cria "miséria e migrações forçadas". Essa desigualdade "gera violência que nenhum recurso policial, militar ou dos serviços secretos será capaz de deter".

Francisco reconhece, enfim, os "muitos e graves pecados" cometidos contra os povos nativos da América em nome de Deus: "Peço humildemente perdão, não só para as ofensas da própria Igreja, mas também para os crimes contra os povos nativos durante a chamada conquista". No entanto reitera que a Igreja se tornou "parte da identidade dos povos da América Latina. Identidade que alguns poderes, tanto aqui como noutros países, se empenham por apagar, talvez porque a nossa fé é revolucionária, porque a nossa fé desafia a tirania do ídolo dinheiro".

A manhã de sexta, 10 de julho de 2015, vê um dos momentos mais comoventes da viagem. O papa se dirige à prisão de Palmasola, uma verdadeira cidade onde vivem mais de 5 mil prisioneiros, além de famílias, agentes da polícia penitenciária e funcionários. Bergoglio não quer deixar o país sem antes visitar aquele que é considerado um dos cárceres mais perigosos da América Latina, autogerido desde 1989, onde os familiares dos presos podem entrar e sair, mas onde entram e saem também armas e drogas. Aqui tudo tem um preço. Para aceder ao setor mais aberto são necessários ao menos 300 dólares, mas também é necessário pagar até mesmo para estar presente a uma audiência de seu próprio processo.

Um letreiro em vermelho sobre fundo branco se destaca contra os tijolos escuros: "Objetos proibidos". Segue-se uma longuíssima lista, que vai de telefones celulares a bebidas alcoólicas, com vários desenhos explicativos. Aqui a chamam "propaganda" porque o cartaz, na verdade, oferece uma síntese incompleta de tudo que se pode encontrar lá dentro, além do grande portão verde.

Os jornalistas do séquito do papa chegam cedo para poderem ser submetidos aos controles, que preveem o exame das bagagens e vários carimbos no braço, relativos a diferentes níveis de segurança. O canto dos prisioneiros à espera de Bergoglio causa arrepios: "*Ayúdame, Señor, sácame de aquí, quiero estar contigo, libre!*" ("Ajuda-me, Senhor, tira-me daqui, quero estar Contigo, livre!"): aqueles do setor PS4 o cantam em alto e bom som, como se fosse uma oração para os ouvidos de Francisco. Estão com suas famílias. Há muitas crianças, várias muito pequenas.

Antes de subir ao palco, o papa saúda alguns grupos de doentes e de prisioneiros com filhos. Três crianças o rodeiam e, de tanto em tanto, vão abraçá-lo. Uma das presas, Analía Parada, lhe conta a difícil realidade cotidiana das centenas de prisioneiras como ela, muitas das quais estão grávidas.

Francisco se apresenta assim: "Aquele que está diante de vós é um homem perdoado. Um homem que foi e está salvo de seus muitos pecados". E fala do amor de Deus aos 5 mil prisioneiros de Palmasola: "Um amor que cura, perdoa, levanta, cuida. Um amor que se aproxima e devolve a dignidade". A convivência, nesse lugar duro e impiedoso, "depende em parte de vós. O sofrimento e a privação podem tornar o nosso coração egoísta e levar a confrontos, mas também temos a capacidade de os transformar em ocasião de autêntica fraternidade. Não tenhais medo de vos ajudar entre vós. Lutai para sairdes vencedores contra ele, unidos". Ao final, o papa pede que rezem por ele, "porque eu também tenho os meus erros e devo fazer penitência".

Depois de deixar Palmasola, Francisco se aproxima, com um carrinho de golfe, do setor de segurança máxima PS3, para cumprimentar os prisioneiros mais perigosos. Ao longo do trajeto, detrás da rede metálica, as mães gritam: "Queremos sua bênção".

Elías Emanuel Apap, um jovem presidiário argentino, se comove ao ver o papa partir: "Nunca teria imaginado que uma personalidade assim tão importante pudesse vir aqui nos ver", diz, antes de voltar para uma das *catrera*, área com dormitórios para 40 presos cada um, com beliches, e um só banheiro.

No aeroporto de Santa Cruz de la Sierra, o presidente Evo Morales se despede de Bergoglio dizendo: "Pela primeira vez sinto que tenho um papa". O voo papal se levanta de novo, rumo a Assunção, no Paraguai.

Das três nações visitadas, essa última é aquela cuja cultura e fé Francisco melhor conhece. Aqui, depois de 35 anos de ditadura de Alfredo Stroessner e quase vinte anos de poder ininterrupto do Partido Colorado, em 2008 fora eleito um presidente de esquerda, o ex-bispo católico Fernando Lugo, destituído quatro anos mais tarde. Seu sucessor, regularmente eleito, é Horacio Manuel Cartes Jara, do Partido Colorado, empresário e proprietário do Grupo Cartes, holding formada por uma dúzia de firmas. Mas a situação política é tudo menos tranquila, também pela presença de um grupo armado chamado Exército do Povo Paraguaio (EPP), constituído em 2008 e responsável por uma série de atentados, em particular na região norte-oriental do país.

Apesar da chuva, Assunção vive um fim de semana de *fiesta*. O papa é recebido por muitos fiéis, entre coros e cantos também na língua indígena guarani. A primeira etapa na cidade dura poucos minutos, uma parada no pátio de uma prisão feminina. Depois do encontro privado com o presidente Cartes, Francisco profere sua mensagem às autoridades do país. E, em uma passagem de seu discurso, exalta "com emoção e admiração" o papel das mulheres paraguaias, "esposas e viúvas" que, nos momentos mais dramáticos da história de sua pátria, "carregaram o peso maior, souberam levar adiante as suas famílias e o seu país, infundindo nas novas gerações a esperança num amanhã melhor". A mulher paraguaia "é a mais gloriosa da América". Bergoglio se refere à situação posterior à guerra terminada em 1870, quando, após um duro conflito com o Brasil, a Argentina e o Uruguai, a população masculina do Paraguai se viu dizimada, e as mulheres que restaram decidiram ter filhos com os poucos homens sobreviventes para salvar a pátria, a cultura, a fé e a língua.

No dia 11 de julho, antes de alcançar o santuário mariano de Caacupé, Francisco visita o hospital pediátrico Niños de Acosta Ñú, onde abandona o discurso preparado e fala de improviso: "As crianças são simples e alegres, Jesus quer que sejamos simples como elas". E ainda: "Este é um hospital onde as crianças sofrem, rezo também pelos pais dessas crianças: que tenham força e coragem como só as mães e os pais conseguem ter". Então visita diversas seções, onde encontra os internados e seus familiares. Alguns jovens o circundam e o abraçam, todos juntos. Um deles fica muito tempo com a cabeça apoiada no ombro de Francisco e depois lhe dá a carteirinha do hospital, dizendo: "Não tenho mais nada para dar". Visivelmente comovido, o papa comenta: "Uma criança é algo muito importante na vida. Sede sensíveis como este menino".

Em seguida, a chegada ao santuário mariano que representa o coração espiritual do Paraguai, exemplo daquela devoção popular que constitui a riqueza da América Latina e que Francisco sempre valorizou. Caacupé (*Ka'agykupe*, em guarani) significa "detrás do monte": o santuário surge em uma zona circundada de colinas e vales exuberantes, no topo do monte homônimo, de onde se vê o lago Ypacaraí. É destino de grandes peregrinações e ali se venera uma estátua de Maria esculpida no século XVI por um fiel convertido, que foi salva de uma grande inundação e à qual se atribuem numerosos milagres.

A fronteira com a Argentina está a apenas 40 quilômetros, portanto aos fiéis paraguaios se mesclam aqueles vindos da terra natal de Francisco. Acorreram em grande número e se fazem escutar, agitando bandeiras azuis e brancas. Para o Papa Bergoglio, que celebra a missa do lado de fora do santuário, em uma praça que pode conter 80 mil pessoas, é quase uma volta ao lar.

A homilia é uma meditação sobre Maria, que é a mãe, que "esteve e está à mesa de cada lar", "sempre com uma presença discreta e silenciosa. Quando olhamos uma imagem, um santinho ou uma medalha, o sinal de um terço, sabemos que não andamos sozinhos".

De tarde, depois de retornar a Assunção, Francisco se encontra com representantes da sociedade civil no estádio León Condou da escola San José. Aqui cita a experiência das *reducciones*, pequenos núcleos citadinos que a Companhia de Jesus instituiu entre os séculos XVII e XVIII nestas terras, a fim de evangelizar os índios no respeito de suas tradições e de sua cultura. "Em todo o mundo, o Paraguai é conhecido, justamente, como a terra onde tiveram início as reduções, uma das experiências de evangelização e organização social mais interessantes da história. Nelas, o Evangelho foi alma e vida de comunidades onde não havia fome, desemprego, não havia analfabetismo, nem opressão. Esta experiência histórica ensina-nos que uma sociedade mais humana também é possível hoje. Vós a vivestes nas vossas raízes aqui. É possível! Quando há amor ao homem e vontade de o servir, é possível criar as condições para que todos tenham acesso aos bens necessários, sem que ninguém seja descartado." As reduções jesuítas eram pequenas povoações em torno das quais se estruturaram as missões no Paraguai, no Equador e no Chile. Tinham a finalidade de evangelizar as populações indígenas, ensinando em particular arte e música e procurando criar uma sociedade cristã.

A propósito das dificuldades ainda a superar, Francisco propõe o diálogo "como meio para forjar um projeto de Nação que inclua a todos". E convida a "acolher o clamor dos pobres, para construir uma sociedade mais inclusiva". "Todos necessitamos de todos", diz, improvisando. "As ideologias terminam mal, não servem. As ideologias têm uma relação incompleta, enferma ou ruim com o povo... tudo pelo povo, mas nada com o povo."

Depois Bergoglio pede aos políticos, economistas e empresários que não cedam "a um modelo econômico idólatra que exige sacrificar vidas humanas no altar do dinheiro e do lucro. Na economia, na empresa, na política, sempre vem em primeiro lugar a pessoa e o habitat onde vive". E acrescenta, concluindo: "Há outra coisa que também queria dizer honestamente: um método que não dá liberdade às pessoas para assumir responsavelmente sua tarefa de construção da sociedade é uma chantagem. A chantagem é sempre corrupção: 'Se tu fazes isto, te faremos isso, com o que te destruímos'. A corrupção é a gangrena de um povo".

No fim do dia, um último compromisso: as vésperas na Catedral de Assunção, depois de receber no átrio, das mãos do prefeito, as chaves da cidade, enquanto uma orquestra de duzentas harpas paraguaias tocava músicas tradicionais.

No domingo, 12 de julho, o papa chega cedo a Bañado Norte, um bairro "problemático" de Assunção, sujeito a frequentes inundações. De modo que o último dia da viagem de Bergoglio à América Latina se inicia, significativamente, com outra periferia pobre. Francisco se enfia em um beco de terra e entra na casa de Asunción Giménez, uma senhora de idade que vive em um casebre composto de um só cômodo, com chão de terra batida, cama, um sofá e um fogão com bujão de gás. Poucos metros ali adiante está a morada de Carmen Sánchez, que lhe preparou a *sopa* paraguaia, um prato à base de ovos e queijo, e *mate cocido*, a infusão quente que se toma com um canudo metálico. "Jamais me teria passado pela cabeça que eu receberia o papa na minha casa", conta, comovendo-se.

"O Estado não se ocupa de nós", explica ao papa María García, coordenadora de organizações *bañadenses*. "Não somos vistos como sujeitos com direitos, mas como um 'passivo social'. Somos um problema a resolver. Para o Estado, o problema não são nossas necessidades e carências, mas nós, nossa própria existência." O jesuíta Ireneo Váldez, pároco da Sagrada Familia del Bañado Norte, assim se dirige a Bergoglio: "Aqui está seu povo, que o acolhe no fundo de seu coração. Nós o sentimos como um igual".

Entre os aplausos dos moradores do bairro, feito de barracos e casebres precários, o papa fala de fé e fraternidade: "A fé faz-nos próximos, aproxima-nos da vida dos outros. A fé desperta o nosso compromisso com os outros, a fé desperta a nossa solidariedade... A fé que não se faz solidariedade é uma fé morta... Se não tens um coração solidário, se não sabes o que acontece no teu povo, a tua fé é muito fraca, ou está doente, ou está morta. É uma fé sem Cristo. A fé sem solidariedade é uma fé sem Cristo, é uma fé sem Deus, é uma fé sem irmãos". E, antes de partir, adverte: "Não deixeis que o diabo vos divida. Só permanecendo unidos podeis melhorar vossa situação".

Depois do encontro com os pobres, uma festa com mais de 1 milhão de fiéis o espera no campo grande Ñu Guazú, no interior de uma base aérea militar. Muitos passaram a noite a céu aberto, na lama. Aos muitos argentinos que quiseram estar presentes juntou-se também a presidente Cristina Kirchner.

O cenário da celebração é espetacular, executado pelo artista Delfín Ruíz com um grande número de espigas e cocos doados por milhares de agricultores: distinguem-se, no coloridíssimo pano de fundo do altar papal, o símbolo dos jesuítas e os grandes retratos de São Francisco de Assis e de Inácio de Loyola. O resultado é surpreendente: colunas ornadas e imagens barrocas, tudo realizado com frutas, sementes... "*y mucha arte*", sugerem seus realizadores.

A mensagem de Francisco é um convite claro à Igreja. O cristão é "aquele que aprendeu a hospedar, que aprendeu a alojar". "Jesus não os envia como poderosos, como proprietários, chefes ou carregados de leis, normas. Ao contrário, mostra-lhes que o caminho do cristão é simplesmente transformar o coração. O próprio coração e também o dos outros. Aprender a viver de forma diferente, com outra lei, sob outra norma. É passar da lógica do egoísmo, do fechamento, da luta, da divisão, da superioridade para a lógica da vida, da gratuidade, do amor. Passar da lógica do dominar, esmagar, manipular para a lógica do acolher, receber, cuidar." Palavras dirigidas a toda a Igreja de hoje, não somente à da América Latina.

Essa acolhida se dirige a todos: "Praticar hospitalidade com o faminto, o sedento, o forasteiro, o nu, o enfermo, o encarcerado, com o leproso, o paralítico. Hospitalidade com aquele que não pensa como nós, com a pessoa que não tem fé ou a perdeu. E, às vezes, por nossa culpa. Hospitalidade com o perseguido, o desempregado. Hospitalidade com as culturas diferentes, de que esta terra paraguaia é tão rica. Hospitalidade com o pecador".

Antes de voltar para Roma, Francisco se encontra com os jovens na ribeirinha avenida Costanera. Reúnem-se 200 mil deles, que o esperaram por horas entre música, coros e danças. Com o papa chega também o crepúsculo. Bergoglio assiste às coreografias do rito, escuta diversos testemunhos e encontra ainda a força para esquivar-se do programa: deixando de lado o texto preparado, porque "discursos são chatos", escolhe reagir sem rede de proteção a tudo o que lhe dizem os jovens em suas participações.

Sobretudo fala de liberdade. "É a bênção que agora pedimos todos juntos: a liberdade. Porque a liberdade é um dom que Deus nos dá; mas temos de saber recebê-lo, é preciso saber ter um coração livre, porque sabemos todos que no mundo há tantas amarras que atam o coração e não deixam que o coração seja livre." Partindo do que disse um dos jovens que lhe falaram aos sussurros uns momentos antes, improvisa uma oração e faz com que todos a digam: "Repitam comigo: 'Senhor Jesus, dai-me um coração livre. Que não seja escravo de todas as armadilhas do mundo. Que não seja escravo do conforto, do engano. Que não seja escravo da boa vida. Que não seja escravo dos vícios. Que não seja escravo de uma falsa liberdade'".

Depois retoma diante de todos a história de Liz, a moça que havia acabado de contá-la a ele: tem 25 anos, mora com a avó acamada e com a mãe, que tem Alzheimer e é, por isso, como uma criança: em sua mente alterada pela doença, crê que a filha seja sua mãe. "No início não tinha preparo", admite Liz, acrescentando, porém, que graças à ajuda de uma tia e de amigos conseguiu viver aquela difícil condição com uma força que, evidentemente, não vem de si mesma: "Minha mãe é para mim como um milagre. Hoje brinco com ela como se de fato fosse uma criança, troco suas fraldas, e essas coisas eu hoje ofereço a Deus, pois estou apenas devolvendo tudo aquilo que minha mãe fez por mim". "Liz", diz o papa, "ensina-nos a não ser como Pôncio Pilatos, lavando as mãos. A Liz poderia ter colocado tranquilamente a sua mãe numa casa de repouso, a sua avó em outro asilo e viver a sua vida de jovem". Em vez disso, graças à solidariedade que recebeu, encontrou "repouso para seu coração cansado". Na sua vida consumida no serviço – observa Francisco –, nota-se de maneira tangível o respeito ao quarto mandamento, que diz que devemos honrar pai e mãe. E se vê também que a solidariedade entre irmãos pode libertar "um grau elevadíssimo" de gratuidade e de amor sem medida.

O encontro se conclui com outra invocação que o papa convida todos a repetir com ele: "Jesus, ensinai-nos a sonhar, a sonhar coisas grandes, coisas belas, coisas que, mesmo que pareçam ser do dia a dia, são coisas que engrandecem o coração. Senhor Jesus, dai-nos fortaleza, dai-nos um coração livre, dai-nos esperança, dai-nos amor e ensinai-nos a servir".

É a hora do adeus. O Airbus da Alitalia já está pronto na pista. "Eu agora preciso ir", diz Francisco. "Nããããooo", respondem, gritando, os jovens na avenida. Agora já está escuro. "Continuem fazendo bagunça; mas depois ajudem a organizar", brinca o papa.

CUBA, PORTA PARA OS ESTADOS UNIDOS

De 19 a 28 de setembro de 2015, o Papa Francisco faz uma viagem destinada a permanecer na memória. Visita primeiro Cuba e, depois, a partir da ilha caribenha governada pelos irmãos Castro, pisa pela primeira vez nos Estados Unidos. Nunca antes, em toda a sua vida, Jorge Mario Bergoglio havia ido aos Estados Unidos.

O papa queria cruzar a fronteira norte-americana vindo do México, em um dos pontos em que milhares de imigrantes tentam atravessar a cada ano, em busca de uma vida melhor. Mas não foi possível: não se poderia fazer uma viagem ao México que se limitasse a Ciudad Juárez, sem visitar a capital federal e a Virgem de Guadalupe.

O motivo principal da viagem aos Estados Unidos é o encontro mundial de famílias em Filadélfia, mas, antes de chegar lá, Bergoglio visita Washington e Nova York. O degelo das relações entre Havana e Washington, propiciado pelo trabalho discreto mas eficaz da diplomacia de Francisco, oferece a ocasião de acrescentar a viagem aos Estados Unidos à ida a Cuba. De resto, o histórico acordo que aproximou Raúl Castro e Barack Obama, permitindo a reabertura das relações diplomáticas, fora firmado no Vaticano, na presença do secretário de Estado Pietro Parolin, tendo Francisco como fiador.

Nas semanas que antecedem a viagem, sonda-se a possibilidade de que Francisco tenha um breve encontro com o presidente chinês,

Xi Jinping, que também estaria chegando aos Estados Unidos. É um detalhe que seria revelado pela primeira vez em julho de 2016, pela agência de notícias Reuters. Mas o evento não se consolida. No entanto, deixando de lado os possíveis encontros não concretizados, a viagem já é, em si, cheia de esperas, significados e desafios.

Cuba, onde a Igreja trabalha para favorecer a transição a um futuro mais aberto e democrático, se encaixa nos objetivos típicos do pontificado de Bergoglio, que prefere sobretudo viajar a países pequenos, nos quais sua presença possa contribuir para implementar ou consolidar processos positivos. Francisco é o terceiro papa em dezessete anos a aterrissar em Havana, depois da histórica viagem de João Paulo II, em 1998, e da mais recente, de Bento XVI, em 2012. Mesmo sem ter visitado a ilha caribenha, Francisco conhece bem sua situação – e também recebeu no Vaticano a viúva do dissidente Oswaldo Payá, morto em um suspeito acidente automobilístico em julho de 2012.

A visita aos Estados Unidos é também um verdadeiro desafio. Não é nenhum segredo que de comentaristas e intelectuais do país, até mesmo católicos, vieram as mais duras críticas dirigidas a Francisco, que, na visão deles, não havia compreendido a importância do capitalismo norte-americano. Na realidade, o papa nunca colocou em discussão nem o livre mercado nem o capitalismo como tal, nem propôs receitas econômicas. Pediu, por outro lado, e com decisão, mudanças estruturais na "economia que mata", isto é, no sistema econômico e financeiro que idolatra o dinheiro e provoca exclusão e rejeição.

As suas observações sobre o atual modelo de desenvolvimento foram consideradas excessivas por aqueles que creem que o dever da Igreja é se empenhar, sobretudo, nas batalhas culturais sobre os temas da vida e da família. Como se a luta contra a pobreza, o empenho por uma economia mais justa e a salvaguarda da Criação não fossem parte da defesa da vida. Não será, porém, política a nota preponderante da viagem eminentemente pastoral, durante a qual Francisco quer, antes de tudo, abraçar os fiéis, o povo cubano e o norte-americano.

Em 19 de setembro, durante o voo que o leva a Havana, na conversa com os jornalistas, o papa diz: "O mundo vive sequioso de paz.

Existem guerras, migrantes que fogem, essa vaga migratória que deriva das guerras, para escapar da morte, para procurar a vida... Hoje emocionei-me muito porque veio saudar-me diante da Casa de Santa Marta uma das duas famílias que vivem na paróquia de Santa Ana, no Vaticano; foram acolhidas ali, sírios, refugiados... Via-se no seu rosto a dor...".

No aeroporto de Cuba, Francisco é recebido por Raúl Castro. O calor é sufocante e há poucos presentes, somente um pequeno grupo de jovens católicos aos quais se deu acesso à pista. Na saudação de boas-vindas, Raúl exprime seu apreço pelo "apoio do papa no processo de normalização das relações com os Estados Unidos" e pede o fim do embargo "cruel, imoral e ilegal" e a restituição de Guantánamo a Cuba.

De sua parte, Francisco encoraja o processo de paz e insta "os responsáveis políticos a prosseguir por esse caminho e a desenvolver todas as suas potencialidades, como prova do alto serviço que são chamados a prestar em favor da paz e do bem-estar dos seus povos e de toda a América, e como exemplo de reconciliação para o mundo inteiro. O mundo precisa de reconciliação, nesta atmosfera de terceira guerra mundial por etapas que estamos a viver". Pede ainda ao presidente que transmita seus "sentimentos de especial consideração e respeito ao seu irmão Fidel" e saúda de modo especial "todas aquelas pessoas que, por diferentes motivos", não poderá encontrar "e a todos os cubanos espalhados pelo mundo".

O desejo do Papa Bergoglio é que Cuba – "arquipélago" que se encontra diante de todas as possíveis direções, "com um valor extraordinário", o de ser "chave" entre Norte e Sul, entre Leste e Oeste – possa descobrir sempre mais sua "vocação natural", que é a de ser "ponto de encontro para que todos os povos se reúnam em amizade".

O programa da visita não prevê encontros com expoentes da dissidência. Os mais estreitos colaboradores do papa, em contato com a nunciatura, durante o voo Roma-Havana pareciam bastante otimistas com ao menos a possibilidade de um contato, na entrada da residência do núncio, ou na praça da catedral. Mas, naquela noite, nenhuma das *damas de blanco* alcança a nunciatura.

Na manhã de domingo, 20 de setembro, o Papa Francisco celebra sua primeira missa em solo cubano, na Praça da Revolução, lugar símbolo da revolução, palco dos intermináveis comícios de Fidel Castro. A massa de fiéis é reduzida, se comparada a ocasiões anteriores: para ter ingresso era preciso fornecer nome e sobrenome às autoridades. Desta vez, o palco papal está de lado, e não diante da gigantesca efígie de Che Guevara, iluminada até as primeiras luzes da manhã. Na outra extremidade da praça, em frente ao altar, destaca-se a imagem do Jesus da Divina Misericórdia da Santa Faustina Kowalska.

Estão sentados na primeira fila Raúl Castro e Cristina Kirchner, a presidente da Argentina, que agora segue as viagens papais. O calor e a umidade oprimem, mas Bergoglio parece suportá-los bastante bem. Sobre o altar, junto dos cardeais e dos bispos, quis ter como celebrante um padre argentino conhecido seu, que encontrou por acaso enquanto o papamóvel percorria a praça.

Antes do início da missa, quatro dissidentes procuram distribuir panfletos, mas são enquadrados pelas forças da ordem. Um deles consegue ainda se aproximar do veículo papal e trocar algumas palavras com Francisco, que o abençoa pousando a mão sobre sua cabeça.

Sob uma enorme bandeira de Cuba, o papa convida os cubanos a não se deixarem atrair por "projetos que podem parecer sedutores, mas desinteressam-se do rosto de quem está ao teu lado". Um aceno aos riscos do consumismo. Não é um discurso político, mas uma homilia sobre a passagem evangélica na qual Jesus explica aos discípulos: "Se algum quer ser o primeiro, será o último de todos, e o servo de todos". É essa a grande e verdadeira revolução da mensagem cristã: para sermos grandes, precisamos nos fazer pequenos e "cuidar da fragilidade". Uma proposta simples e concreta: olhar sempre "o rosto do irmão" que sofre, tocar "sua carne", procurar sua "promoção". Porque "quem não vive para servir não serve para viver".

No fim da missa, durante o *Angelus*, Francisco emite um apelo pela solução pacífica do conflito armado entre as Farc e o governo colombiano. As negociações, de fato, estão em curso em Havana. O papa expressa seu desejo de que "o sangue derramado por milhares de inocentes, durante tantas décadas de conflito armado", sirva a sustentar "todos os esforços" pelo diálogo: "Não temos direito a permitir-nos mais um fracasso neste caminho de paz e reconciliação".

Depois da celebração na Praça da Revolução, Bergoglio se dirige à casa-clínica onde vive Fidel Castro, que sete anos antes, por motivos de saúde, passou o poder para as mãos de seu irmão Raúl. O *líder máximo* o recebe usando agasalho de ginástica. A visita dura pouco mais de meia hora. Ao lado de Fidel estão sua mulher, Dalia, e os netos. O clima é "familiar, informal", caracterizado pela "cordialidade". Em 2012, ao final do encontro com o Papa Ratzinger, que naquela ocasião se deu na nunciatura, Castro havia pedido ao pontífice que lhe aconselhasse livros para ler. Francisco se lembrou disso e levou, como presente para Fidel, dois livros de dom Alessandro Pronzato, padre especialista na catequese: o primeiro, intitulado *La nostra bocca si aprì al sorriso. Umorismo e fede* [A nossa boca se abriu num sorriso. Humorismo e fé] é dedicado ao humor e à alegria como componentes importantes da vida espiritual. O segundo se chama *Vangeli scomodi* [Evangelhos incômodos]. Ambos são editados pela Gribaudi. Além disso, o papa o presenteia com um livro e dois CDs com as homilias do padre Armando Llorente, jesuíta morto no exílio em Miami e que havia sido professor de Castro no colégio de Belén, além dos textos da exortação apostólica *Evangelii Gaudium* e de sua mais recente encíclica, *Laudato si'*. Entre os temas da conversa estão a preservação do ambiente e "os grandes problemas do mundo contemporâneo". Castro fala de seu passado como estudante na escola dos jesuítas e de quanto o faziam trabalhar. Então oferece ao pontífice o livro *Fidel y la Religión* [Fidel e a religião], com uma dedicatória pessoal: "Para o Papa Francisco, pela ocasião de sua fraterna visita a Cuba".

De tarde, na Catedral de Havana, Bergoglio se encontra com padres, seminaristas, religiosos e irmãs. Deixa de lado o discurso preparado e improvisa uma fala na qual discute a pobreza: "O espírito do mundo não a conhece, não a quer, esconde-a, não por pudor, mas por desprezo. O espírito do mundo não ama o caminho do Filho de Deus, que Se aniquilou a Si próprio, humilhou-Se para ser um de nós".

Cita então Santo Inácio de Loyola, fundador da Companhia de Jesus, esclarecendo entre risos que não se trata de "fazer publicidade da família!". Santo Inácio dizia que a pobreza é o muro e a mãe da vida consagrada: "Era a mãe, porque gerava mais confiança em Deus. E era o muro, porque a protegia de todo o mundanismo".

Depois fala de um episódio que ouviu de "um padre idoso e sábio", segundo o qual, "quando uma congregação religiosa – dizia-me ele para dar um exemplo – começa a juntar dinheiro e a poupar cada vez mais, Deus é tão bom que lhe envia um ecônomo desastroso, que a leva à falência. São as melhores bênçãos de Deus à sua Igreja, os economistas desastrosos, porque fazem-na livre, fazem-na pobre".

Recomendando-lhes serem alegres, porque a alegria é um signo do cristianismo, Francisco acrescenta: "Santa Teresa dizia a suas freiras que não fossem choronas". Enfim, faz um aceno à confissão. É no confessionário que "aquele homem ou aquela mulher te mostram a sua miséria... por favor, não o censures, não o prendas, nem o castigues... Pensa que tu podias ser aquela pessoa. E pensa que, potencialmente, podes cair ainda mais fundo. Pensa que, neste momento, tens um tesouro nas mãos, que é a misericórdia do Pai. Por favor, sacerdotes, não vos canseis de perdoar, como fazia Jesus".

Fora da catedral, na praça, Francisco é aguardado por jovens. Também para esse encontro havia um texto preparado em Roma que vai parar na gaveta. O papa faz anotações, escutando os testemunhos e as perguntas, e, ao tomar a palavra, diz que "a inimizade social destrói. E uma família destrói-se pela inimizade. Um país destrói-se pela inimizade. O mundo destrói-se pela inimizade. E a inimizade maior é a guerra. E hoje vemos que o mundo se está a destruir pela guerra".

Depois é a vez do trabalho como tema. Segundo Francisco, "os jovens tornam-se parte da cultura de descarte. E todos sabemos que hoje, neste império do deus dinheiro, descartam-se as coisas e descartam-se as pessoas. Em alguns países, há a lei da eutanásia, mas em muitos outros reina uma eutanásia escondida, encoberta. Descartam-se os jovens, porque não lhes dão trabalho. Então, que resta a um jovem sem trabalho? A esse jovem restam-lhe os vícios ou o suicídio ou então sair à procura de exércitos de destruição para criar guerras".

Depois de pedir aos jovens que não deixem de sonhar e agir por um mundo melhor, Bergoglio os adverte quanto aos cubículos, sejam eles ideológicos ou religiosos. "Em Buenos Aires", contou, "numa paróquia nova, andava um grupo de jovens universitários a construir uns salões paroquiais". "Eles trabalhavam sábados e domingos na construção. Eram rapazes e meninas da universidade. Cheguei e vi-os, e o pároco foi os apresentando a mim: 'Este é o arquiteto, que é judeu; este é comunista, este é católico praticante…'. Todos eram diferentes, mas todos estavam a trabalhar em conjunto para o bem comum."

O segundo dia do papa em Cuba se conclui com uma notícia amarga. Quem a revela é Berta Soler, prêmio Sakharov do Parlamento Europeu para os direitos humanos e líder do grupo Damas de Branco, de mães e mulheres de presos políticos que se vestem de branco e se reúnem toda semana em uma igreja, fazendo uma pequena procissão para chamar a atenção para a sorte de seus seres queridos. Por duas vezes, uma pequena representação tenta cumprimentar Francisco, sem sucesso.

Durante as visitas de João Paulo II e Bento XVI, nunca fora possível contato com a dissidência no interior do país. Havia dias a diplomacia vaticana trabalhava para possibilitar, desta vez, uma breve saudação. No sábado, 19 de setembro, Berta Soler, ao lado da economista Marta Beatriz Roque e da jornalista Miriam Leiva, dirigiam-se ao exterior da nunciatura apostólica para cumprimentar o papa, que vinha do aeroporto, quando foram paradas e detidas por algumas horas pelas autoridades. Uma segunda possibilidade fora aventada, para a tarde de domingo, 20, na praça da catedral, somente para Roque e Leiva, mas tampouco dessa vez elas conseguiram alcançar o local. O único contato mais próximo, e fortuito, entre o papa e um dissidente ficou sendo aquele da manhã de domingo na Praça da Revolução, antes da missa, quando um homem conseguiu se aproximar do papamóvel e trocou algumas palavras com Francisco, que o abençoou pousando a mão sobre sua cabeça. Depois da bênção, o homem continuou se segurando ao veículo do papa, sendo afastado pelos homens da segurança. Um colaborador próximo de Francisco nos explica: “Não sabíamos que a polícia havia parado dissidentes, impedindo-os de vir saudar o papa. Era previsto que viessem primeiro à nunciatura, depois à catedral. Evidentemente o governo não queria que aparecessem, não queria dar destaque a pessoas que não leva em consideração. Para o governo de Havana, é importante que não se vejam essas imagens em Cuba. Não conseguimos nos comunicar com os dissidentes”.

No voo de Cuba para os Estados Unidos, quando jornalistas lhe perguntarem se estava ciente dessas detenções, Francisco responderá: “Não tenho notícias de que isso tenha sucedido: não tenho notícia alguma. Apraz-me encontrar toda a gente. Todas as pessoas são filhas de Deus, o encontro com uma pessoa sempre enriquece. Estava bem claro que eu não teria dado qualquer audiência, porque pediram audiência não só os dissidentes, mas também pessoas de outros setores, inclusive vários chefes de Estado. A nunciatura fez telefonemas para algumas pessoas que fazem parte desse grupo de dissidentes... A missão do núncio era comunicar-lhes que, à minha chegada à catedral para o encontro com os consagrados, teria com prazer saudado aqueles que lá estivessem. Uma saudação. Eu saudei todos aqueles que estavam lá... Mas ninguém se identificou como dissidente”. Mas recordará também que “a Igreja de Cuba trabalhou para haver uma lista de prisioneiros a quem conceder o indulto”. “O indulto foi concedido a mais de 3 mil. E ainda há casos em estudo.”

Na manhã de 21 de setembro, Francisco deixa Havana com destino a Holguín – a terceira cidade da ilha, capital da música cubana – para celebrar missa em outra Praça da Revolução.

O calor é sufocante, mas ainda assim há 150 mil pessoas que o acolhem com entusiasmo. Raúl Castro também hoje está na primeira fila, com chapéu de palha na cabeça. O rito é acompanhado por cantos populares do Caribe.

Para Bergoglio, é uma data particular: 62 anos antes, no dia em que a Igreja celebra São Mateus, Jorge Mario havia se sentido “observado” e chamado. Havia descoberto sua vocação. Exatamente como acontecera a Mateus, o desprezado coletor de impostos que Jesus chamou ao olhá-lo "com olhos de misericórdia". O grande pintor Caravaggio fixou em uma de suas obras-primas o instante da vocação de Mateus: Bergoglio, que ia com frequência ver esse quadro na igreja de São Luís dos Franceses, a poucos metros da casa do clero onde se alojava quando de passagem por Roma, sempre se reconheceu naquele "pecador perdoado".

Envolto em paramentos vermelhos, o papa comenta com acentos comoventes o trecho dos Evangelhos em que Jesus, escandalizando os religiosos da época, chama a segui-lo bem aquele publicano, "colaboracionista" dos invasores romanos e desprezado pelo povo. Não há acenos autobiográficos específicos, mas cada palavra da homilia pode se referir à sua experiência. O papa recorda a "troca de olhares" que transforma a vida de Mateus, "que força deviam ter aqueles olhos para o levantar" e fazer com que o seguisse. Deus nos precede sempre, explica Francisco. "Mesmo que não ousemos levantar os olhos para o Senhor, Ele nos olha primeiro", "sabe ver para além das aparências, para além do pecado, para além do fracasso ou da nossa indignidade", das categorias sociais. Porque veio buscar não os justos e os perfeitos, mas os pecadores, todos aqueles que se sentem "indignos".

E, enquanto levanta os olhos do texto, como se buscasse alguém na multidão, com a mente parece retornar àquela manhã de 21 de setembro de 1953, em Buenos Aires. Jorge Mario tinha 17 anos. Ao entrar na igreja paroquial de São José, no bairro de Flores, havia sentido a necessidade de confessar-se e ali encontrou um jesuíta que jamais vira antes, o padre Carlos Duarte. Desde aquele momento, não seria mais o mesmo. "Foi como se me tivessem surpreendido com a guarda baixa", contará no livro *El Jesuita.*[4] "Dei-me conta de que me estavam esperando." Decidiu, então, que se tornaria padre, mesmo que não tenha sido de imediato que revelou isso a seus pais.

A vocação de Mateus, explica o papa, mostra que a fé não é consequência de um esforço ou de uma busca, mas de deixar-se olhar e procurar.

4. De Sergio Rubin e Francesca Ambrogetti. Publicado no Brasil como *O Papa Francisco – Conversas com Jorge Bergoglio*. Campinas: Verus, 2013.

Depois da missa e do almoço, de tarde, Francisco sobe a Loma de la Cruz, colina onde há uma grande cruz, e dali abençoa toda a cidade de Holguín. Então retorna ao avião para a última etapa da viagem: Santiago de Cuba, a antiga capital.

Às 8h de 22 de setembro, seu último dia em Cuba, Francisco se dirige ao santuário da *Virgen de la Caridad del Cobre*, padroeira da ilha, para celebrar a missa. Na homilia, fala de Maria, "a primeira discípula". "Uma jovem talvez nos seus 15 ou 17 anos, que, numa aldeia da Palestina, foi visitada pelo Senhor anunciando-lhe que seria a mãe do Salvador. Longe de 'Se imaginar sei lá quem' e pensar que todo o povo deveria vir assisti-la ou servi-la, ela sai de casa e vai servir."

Depois do rito, o papa se dirige à Catedral de Nossa Senhora da Assunção de Santiago para o último encontro do programa, aquele com as famílias.

Francisco agradece aos cubanos pela acolhida calorosa, porque a cada momento da visita se sentiu "em família". E, comentando o Evangelho das Bodas de Caná, sublinha que o início da vida pública de Jesus e seu primeiro milagre acontecem justamente durante um matrimônio. "É interessante observar como Jesus Se manifesta também nos almoços, nos jantares... algo de especial hão de ter estes momentos na vida das pessoas, para que Jesus prefira manifestar-Se lá." Depois, de improviso, acrescenta: "É em casa que aprendemos a fraternidade, que aprendemos a solidariedade. É em casa que aprendemos a receber e agradecer a vida como uma bênção, e aprendemos que cada um precisa dos outros para seguir em frente. É em casa que experimentamos o perdão, e somos continuamente convidados a perdoar, a deixarmo-nos transformar... Em casa, não há lugar para 'máscaras': somos aquilo que somos e, de uma forma ou de outra, somos convidados a procurar o melhor para os outros". Mas, observa ainda Francisco, "em muitas culturas, hoje em dia, vão desaparecendo esses espaços, vão desaparecendo esses momentos familiares; pouco a pouco, tudo leva a separar-se, a isolar-se; escasseiam os momentos em comum, para estar juntos, para estar em família. Assim não se sabe esperar, não se sabe pedir licença, não se sabe pedir desculpas, não se sabe dizer obrigado, porque a casa vai ficando vazia: vazia não de gente, mas de relações, vazia de contactos humanos, vazia de encontros". O papa cita, então, as palavras de um leigo, colaborador seu no Vaticano, um dos camareiros: "Contava-me que a sua esposa e os filhos tinham saído de férias e ele ficara sozinho. No primeiro dia, a casa estava toda em silêncio, 'em paz', nada estava fora do lugar. Ao terceiro dia, quando lhe perguntei como estava, disse-me: 'Quero que regressem todos já'. Sentia que não podia viver sem a sua esposa e os seus filhos". "Sem família, sem o calor do lar, a vida torna-se vazia. Sociedades divididas, desfeitas, separadas ou altamente massificadas são consequência da ruptura dos laços familiares, quando se perdem as relações que nos constituem como pessoa, que nos ensinam a ser pessoa."

Enfim, novamente improvisando, conclui com um gesto inesperado e potente: "Quando, nas audiências das quartas-feiras, passo a saudar as pessoas, muitas, muitas mulheres me mostram o ventre dizendo: 'Padre, abençoe-o'. Pois bem! Agora eu vou propor uma coisa a todas as mulheres que estão 'grávidas de esperança' – porque um filho é uma esperança: proponho-lhes que neste momento toquem o ventre". O convite é feito às mulheres grávidas ali presentes, certamente, mas também às "que estão a ouvir pelo rádio ou pela televisão". "Então cada uma toque o ventre e eu dou-lhe a bênção. E desejo que venha são, que cresça bem, que o possa criar bonito. Acariciem o filho que estão esperando".

Não há tempo para o almoço. Da Catedral de Santiago, Bergoglio parte diretamente para o aeroporto e às 12h30 decola com destino a Washington. Poucas horas depois, o voo papal desce na base da Andrews Air Force, o terminal militar da capital federal norte-americana.

Barack Obama e a primeira-dama, Michelle Obama, o aguardam. Não há discursos previstos. Depois dos cumprimentos, o papa deixa a base militar a bordo de um Fiat 500 preto, não blindado. Como sempre, trata-se do menor veículo de todo o longo cortejo formado por SUVs das forças especiais, com dispositivos que inibem o uso de telefones.

Na manhã de 23 de setembro, no grande gramado atrás da Casa Branca, têm lugar o encontro oficial com o presidente e o primeiro discurso público do papa latino-americano nos Estados Unidos.

Francisco chega com cautela, acolhido por coros de estádio pelos convidados à cerimônia. Ao recebê-lo diante do portão sul, que dá para o parque, Obama assim agradece: "Na humildade, na simplicidade, na suavidade das palavras e na generosidade do espírito vemos no senhor um exemplo vivo dos ensinamentos de Jesus. O senhor nos recorda como a mais poderosa mensagem de Deus é a misericórdia. E isso significa acolher o estrangeiro com empatia e com o coração totalmente aberto, sejam refugiados que fogem de terras dilaceradas pela guerra, sejam imigrantes que deixam seu lar em busca de uma vida melhor". Depois de ter falado sobre a convergência acerca do ambiente, o presidente dos Estados Unidos recorda "os filhos de Deus, inclusive os cristãos", mortos no mundo por causa de sua fé.

E Francisco se apresenta a Obama como um "filho de imigrantes", lendo lentamente seu discurso em inglês. Estas são as suas palavras, as primeiras ditas em público em solo norte-americano: "Como filho de uma família de imigrantes, sinto-me feliz por ser hóspede nesta nação, que foi construída em grande parte por famílias semelhantes". Cita o encontro com famílias na Filadélfia, para "celebrar e apoiar as instituições do matrimônio e da família, num momento crítico da história da nossa civilização". Então lembra que os católicos norte-americanos "estão comprometidos na construção de uma sociedade que seja verdadeiramente tolerante e inclusiva, na defesa dos direitos dos indivíduos e das comunidades, e na rejeição de qualquer forma de discriminação injusta". Quanto à liberdade religiosa, convoca à vigilância para "preservar e defender" essa liberdade de "tudo o que a possa pôr em perigo ou comprometer". Uma referência, ainda que implícita, às polêmicas sobre a reforma da saúde, o "Obamacare", que obriga as estruturas católicas a garantirem aos usuários um seguro que cubra também o recurso do aborto.

Francisco define como "promissora" a iniciativa de Obama "para a redução da poluição do ar". Não falta o reconhecimento à administração norte-americana por descongelar as relações com

Cuba, "passos adiante no caminho da reconciliação, da justiça e da liberdade".

Depois dos discursos públicos, Obama e o papa se reúnem para um colóquio privado no Salão Oval. Longe do olhar indiscreto das câmeras, falam da "oportunidade histórica" de pôr fim à pobreza e da "responsabilidade moral de dar refúgio" a quem é obrigado a deixar a pátria.

Enquanto isso, no gramado da Casa Branca, as palavras do pontífice "filho de imigrantes" que pede atenção aos mais fracos encontram um testemunho excepcional na pequena Jersey Vargas, uma menina que aparenta ter menos que seus 11 anos. Diminuta, está quase esmagada contra o alambrado. Abre um grande lenço que traz bordada a imagem da Virgem de Guadalupe e as palavras: "Obrigada, Papa Francisco". "Cheguei aqui às 3h da manhã", conta, "para dar as boas-vindas ao papa...". Jersey é a terceira de cinco irmãs, vive em Panorama City, perto de Los Angeles, e é cidadã norte-americana porque nasceu nos Estados Unidos. Também sua mãe, Dolores, obteve direito de permanência. Quem nunca o conseguiu foi seu pai, Mario, que imigrou catorze anos antes e desde 2013 está preso no estado de Indiana. Em março de 2014, a pequena Jersey havia ido a Roma com um grupo de ativistas que lutam pelos direitos dos imigrantes. Na Praça São Pedro, tinha conseguido trocar algumas palavras com Francisco e lhe contar sua história. "Eu havia lhe pedido que nos ajudasse, porque é injusto que tantas crianças se encontrem nessa situação, separados de suas famílias. Ele tinha me dado a bênção, tinha me dado um beijo e me disse que se encontraria com o presidente Obama. Ele tinha me dado sua palavra." Hoje Mario Vargas já não está mais preso à espera de ser deportado, mas passa por um processo por imigração ilegal. Jersey espera que tudo se resolva da melhor forma e, embora ainda seja menina, fala do problema dos imigrantes com a competência de um político e a paixão de um ativista. Não pôde se aproximar de Francisco: o contingente de soldados com uniforme de gala, de bandeiras, de câmeras de TV e de jornalistas a impediu até mesmo de vê-lo. Mas escutou sua voz. Escutou-o apresentar-se diante de Barack Obama como "filho de uma família de imigrantes". Exatamente como ela.

Depois da Casa Branca, o compromisso mais importante da viagem, em termos eclesiais, é o encontro com os bispos dos Estados Unidos na catedral de São Mateus, em Washington. O episcopado norte-americano é um dos que mais têm dificuldade em entrar em sintonia com Francisco. Nos últimos decênios, com a seleção dos novos bispos à frente das mais importantes dioceses do país, foram designados prelados ativíssimos nas batalhas públicas *pro-life*, mas menos ativos quando se trata de levantar a voz diante das questões de justiça social. O discurso que Francisco preparou para eles, cinzelando palavra por palavra, representa quase uma encíclica dirigida à Igreja norte-americana.

Bergoglio não traça programas ou estratégias: "Não vim para vos julgar ou dar lições", mas "como um irmão entre irmãos". Diz-se "alegre" pelo "indómito empenho da Igreja em prol da causa da vida e da família" e pelo "esforço enorme feito para a recepção e integração dos imigrantes". Citando o escândalo da pedofilia, elogia a coragem com que os pastores enfrentaram "momentos obscuros" sem "temer autocríticas" e "humilhações", e os convida a "continuar a agir a fim de que tais crimes nunca mais se repitam."

Mas, em seu longo discurso, o único da viagem pronunciado em italiano, Francisco pede à Igreja norte-americana uma mudança de rumo. Os pastores não devem se transformar em gerentes e olhar para a Igreja com critérios de eficiência administrativa. Não devem, portanto, pensar que a evangelização consista em meios econômicos, instrumentos de gerenciamento ou na potência dos meios de comunicação.

Quanto a sua atitude para com a sociedade, Bergoglio diz: "Ai de nós, porém, se fizermos da cruz um vexilo de lutas mundanas". Os bispos não podem se deixar "paralisar pelo medo", lamentando "um tempo que não volta" e reagindo com "respostas duras". A linguagem "dura e belicosa" não tem "direito de cidadania" no coração de um bispo, mesmo se parece "garantir uma aparente hegemonia".

Divisões e fragmentações há em toda parte, mas a Igreja "não se pode deixar desagregar, tornar-se facção ou objeto de disputa". Um apelo à comunhão e à unidade, portanto, dirigido a uma Igreja fortemente polarizada – como, de resto, toda a sociedade norte-americana

– entre conservadores e progressistas. Uma divisão resumida de maneira eficaz por um cartum num jornal: nele aparecem um democrata e um republicano que discutem diante do Papa Francisco. "Sobre mudança climática é comigo", diz o primeiro. "Sobre a vida é comigo", responde o segundo. Ligeiramente distante está Jesus, que comenta: "Desculpem, mas tenho certeza de que é comigo".

A forma que o papa sugere para superar a polarização é de mansidão, o diálogo humilde com todos.

Francisco elenca, enfim, os temas sobre os quais não se pode calar: "A vítima inocente do aborto, as crianças que morrem de fome ou debaixo das bombas, os imigrantes que acabam afogados em busca de um amanhã, as pessoas idosas ou os doentes que olhamos sem interesse, as vítimas do terrorismo, das guerras, da violência e do narcotráfico, o meio ambiente devastado". Não se trata, portanto, da agenda *pro-life* ou contra o casamento gay. Não bastam "proclamações e anúncios externos". É preciso "conquistar espaço no coração dos homens e na consciência da sociedade". É como dizer que não se evangeliza com batalhas. "Sede pastores próximos das pessoas, pastores próximos e servidores." Esse é o convite final do pontífice.

De tarde, na praça do santuário nacional da Imaculada Conceição, em Washington, o papa celebra a canonização de Junípero Serra, o frade que se dedicou a evangelizar a Califórnia no século XVIII. Entre os presentes está o vice-presidente dos Estados Unidos, Joe Biden.

O padre Junípero Serra (1713-1784), franciscano originário de Maiorca, chegou como missionário a Veracruz, no México, em dezembro de 1749. Depois foi para a Sierra Gorda, onde ficou por oito anos. Instalou fazendas e laboratórios, instruiu nativos nas ciências e nas artes e os educou na fé católica. Em 1767, depois da expulsão dos jesuítas de terras americanas pela Coroa espanhola, os franciscanos os substituíram em sua missão com as populações indígenas na Califórnia. Serra foi, portanto, para o Norte, com outros quinze, para prosseguir o trabalho de evangelização, que levou a cabo até morrer. Sua figura não é isenta de polêmicas; há quem o tenha acusado de empregar métodos repressivos no trato dos nativos americanos nas suas missões.

O Filho de Deus, diz na homilia Francisco, "envia-vos a todas as nações, a todos os povos. E, neste 'todos' de há 2 mil anos, estávamos incluídos também nós. Jesus não dá uma lista seletiva com aqueles a quem se deve ir e a quem não ir, com aqueles que são dignos, ou não, de receber a sua mensagem e a sua presença. Pelo contrário, abraçou sempre a vida tal qual Lhe aparecia: com cara de tristeza, fome, doença, pecado; com cara de ferimentos, sede, cansaço; com cara de dúvidas e de fazer piedade. Longe de esperar uma vida embelezada, decorada, maquiada, abraçou-a como a encontrava".

A Igreja, acrescenta, "sabe percorrer as estradas poeirentas da história, frequentemente permeadas por conflitos, injustiças e violência, para ir encontrar os seus filhos e irmãos. O santo povo fiel de Deus não teme o erro; teme o fechamento, a cristalização em elite, o agarrar-se às próprias seguranças. Sabe que o fechamento, nas suas múltiplas formas, é a causa de tantas resignações".

O novo Santo Junípero Serra é uma testemunha da "Igreja em saída", porque "soube deixar a sua terra, os seus costumes, teve a coragem de abrir sendas, soube ir ao encontro de muitos aprendendo a respeitar os seus costumes e as suas características".

Palavras que indicam que Francisco não crê nas acusações que recaem sobre o padre Serra.

A missa se concluiu com uma inédita *standing ovation*: o primeiro a se pôr de pé, dando assim ímpeto aos demais, é o vice-presidente Biden.

Depois da cerimônia, no caminho de volta para a nunciatura, o papa faz uma parada, uma visita fora do programa às Irmãzinhas dos Pobres, uma congregação cuja sede central é em Denver e que se ocupa principalmente de casas de repouso de anciãos. Com esse gesto, Francisco quer chamar a atenção para o tema da liberdade religiosa. Essas irmãs, de fato, fizeram um apelo contra a *Affordable Care Act* (a lei que introduziu a reforma da saúde de Obama), que pede aos prestadores de serviços que garantam aos usuários do seguro meios contraceptivos. As Irmãzinhas dos Pobres não o aceitaram e processaram o governo. Trata-se de um tema discutido e muito "quente" nos Estados Unidos. Também os bispos intervieram, pedindo que se respeitassem as convicções de cada um.

Está previsto para a manhã de 24 de setembro o momento político mais esperado da visita. Pela primeira vez na história um papa tomará a palavra diante do Congresso dos Estados Unidos. Há muita expectativa quanto ao que o pontífice dirá. Segundo a tradição, Francisco é acompanhado no hemiciclo pelo presidente da Câmara dos Representantes, John Andrew Boehner, depois de ser anunciado como "*The pope of the Holy See*" (o papa da Santa Sé). Ele é acolhido por um aplauso de quase dois minutos. Além dos membros do Congresso e dos juízes da Corte Suprema, estão presentes muitas autoridades do governo dos Estados Unidos, entre as quais o vice-presidente Biden e o secretário de Estado, John Kerry.

Bergoglio atravessa o salão com seu típico caminhar balouçante, sorrindo quase temeroso dos aplausos. Quando coloca os óculos, não se ouve nem o zumbido de uma mosca. Francisco começa a ler lentamente o seu discurso em inglês, desmarcando-se do clichê do papa "anti-ianque" e "populista" que certos círculos midiático-políticos lhe pespegaram. Não condena o capitalismo, mas insta a América a não esquecer o espírito de seus fundadores, a defender a vida e a família, a combater a pobreza. Pede a abolição da pena de morte e o enfrentamento do tráfico de armas. O discurso se apoia sobre quatro norte-americanos do passado – Abraham Lincoln, Martin Luther King, Dorothy Day e Thomas Merton – que defenderam a liberdade, o diálogo, os direitos para todos, a justiça social e a causa dos oprimidos.

O mundo, diz o papa, "torna-se cada vez mais um lugar de conflitos violentos, ódios e atrocidade brutais, cometidos até mesmo em nome de Deus e da religião". É importante atentar aos fundamentalismos, mas é preciso também evitar a tentação daquele "reducionismo simplista que só vê bem ou mal", bons ou maus. "Imitar o ódio e a violência dos tiranos e dos assassinos é o melhor modo de ocupar o seu lugar." A resposta certa para resolver as muitas "crises econômicas e geopolíticas de hoje" consiste em "restaurar a paz, remediar os erros, manter os compromissos". Por um pequeno engano, Bergoglio salta uma passagem sobre a política que "não pode estar submetida à economia e às finanças", mas ela consta do texto definitivo e, portanto, será dada por pronunciada.

Citando entre aplausos Martin Luther King e seu "sonho" pleno de direitos para os afro-americanos, o papa afirma: "Nos últimos séculos, milhões de pessoas chegaram a esta terra perseguindo o sonho de construírem um futuro em liberdade. Nós, pessoas deste continente, não temos medo dos estrangeiros, porque outrora muitos de nós éramos estrangeiros. Digo-vos isto como filho de imigrantes, sabendo que também muitos de vós sois descendentes de imigrantes".

Uma passagem é dedicada aos povos nativos americanos: os "erros" cometidos no passado contra eles não devem ser repetidos com os imigrantes hoje. Bergoglio tem bem presente o sofrimento de milhares de pessoas impelidas à fronteira com o México. "Não devemos deixar-nos assustar pelo seu número, mas antes olhá-los como pessoas, fixando os seus rostos e ouvindo as suas histórias, procurando responder o melhor que pudermos às suas situações."

Os membros do Congresso aplaudem com convicção quando Francisco recorda a regra evangélica de fazer com os demais o que gostaríamos que nos fosse feito. Uma regra de ouro tantas vezes esquecida quando se fazem guerras ou se financiam guerrilhas dizendo querer exportar democracia. "Se queremos segurança, demos segurança; se queremos oportunidades, providenciemos oportunidades." E aqui Francisco fala da "responsabilidade de proteger" a vida humana "em todas as fases de seu desenvolvimento", encadeando-a com um forte apelo pela abolição da pena de morte, como pedido também diante dos bispos dos Estados Unidos. Uma deputada democrata, vestida de vermelho, não se segura e se levanta, soltando um incontível "*yuhuuu*" de alegria.

Quanto à luta contra a pobreza, o papa reconhece que muito foi feito, mas insta a "fazer ainda muito mais", agindo sobre as causas, e introduz um amplo parágrafo dedicado ao ambiente e à construção de uma economia "moderna, inclusiva e sustentável". Mas veemente é também seu pedido de que se interrompa o comércio de armas. "Por que motivo se vendem armas letais àqueles que têm em mente infligir sofrimentos inexprimíveis a indivíduos e à sociedade?" Simplesmente "por dinheiro", responde, um dinheiro "impregnado de sangue inocente".

Por fim, a família: o papa sublinha quanto ela foi "essencial" na construção da América, dizendo-se preocupado porque hoje "está ameaçada, talvez como nunca antes, de dentro e de fora. As relações fundamentais foram postas em discussão, bem como o próprio fundamento do matrimónio e da família". Aplausos veementes, neste caso, sobretudo dos republicanos, muito mais mornos quando o papa havia falado do comércio de armas. Durante os 52 minutos de sua fala, Francisco é interrompido 36 vezes pelos aplausos.

Na saída, o papa sai a um balcão do Capitólio para dirigir-se em espanhol à multidão que espera vê-lo: "Agradeço aos presentes e às pessoas mais importantes que aqui estão: as crianças".

O segundo compromisso da manhã, antes da partida, é uma visita aos sem-teto do centro de caridade da paróquia de St. Patrick.

No momento de deixar Washington, entre as várias pessoas que vão se despedir dele na nunciatura, Francisco recebe Kim Davis, uma secretária comunitária de Kentucky que foi presa por alguns dias por ter se recusado a conceder uma permissão de casamento a um casal homossexual. O caso se tornou uma bandeira para os opositores políticos de Obama.

O encontro foi organizado pelo núncio apostólico, Carlo Maria Viganò, que havia consultado os colaboradores do papa, mas sem que estes fossem bem advertidos sobre o contexto político e as polêmicas que o breve colóquio poderiam provocar. "Tratou-se", explica o padre Federico Lombardi, "de um cumprimento muito breve, de cortesia, ao qual o papa se prestou com sua característica gentileza e disponibilidade. O papa concedeu uma única 'audiência' na nunciatura, a um antigo aluno e sua família". Francisco, assegura o porta-voz do Vaticano, "não entrou, portanto, em detalhes da situação da senhora Davis e seu encontro com ela não deve ser considerado como um apoio a sua posição, em todos os seus aspectos particulares e complexos".

Francisco faz de tudo para sair da polarização, para superá-la. Mas esse caso, junto de outro gerado por um segundo encontro "controverso", no dia anterior, mostra as dificuldades que o sistema político, eclesiástico e midiático tem para segui-lo.

Mas foi exatamente assim o dia 23 de setembro? O papa simplesmente recebeu um ex-aluno com o qual se havia mantido em contato epistolar. Trata-se de Yayo Grassi, um argentino residente em Washington há quarenta anos, proprietário de uma empresa de *catering*. Nos anos 1960, Yayo frequentou escolas secundárias do Colégio da Imaculada Conceição em Santa Fé, mantido por jesuítas, onde o então padre Bergoglio ensinava Língua e Literatura. Havia tido uma discussão com Grassi por e-mail em 2010, quando o então cardeal de Buenos Aires havia se colocado contra o casamento gay, tema que estava em discussão naquele momento na Argentina. Yayo, homossexual, não concordava com as palavras de seu ex-professor e lhe havia escrito uma mensagem bastante irritada, dizendo-se decepcionado. O cardeal Bergoglio havia respondido, esclarecendo sua posição contrária ao casamento homossexual. Ex-aluno e ex-professor ficaram em contato mesmo depois da eleição de Francisco. Ao cumprimentá-lo na nunciatura, por alguns minutos, Yayo se apresentou com alguns parentes e seu companheiro.

Se a presença de Kim Davis havia dado ânimo às forças conservadoras, a de Yayo Grassi provocou a resposta das progressistas, e o papa foi visto, por uns, como um fã do comportamento da mulher que se opõe ao casamento gay e, por outros, como um apoiador do próprio casamento. No entanto, em ambos os casos, trata-se de simplificações caricaturais propostas por um sistema de testemunhos que tudo fagocita, com seu moedor de carne polarizado.

Na tarde de 24 de setembro, Francisco decola da base aérea de Andrews rumo a Nova York. É recebido no JFK, aeroporto internacional que leva o nome do presidente Kennedy, pelo cardeal Timothy Dolan, acompanhado da pequena orquestra de uma paróquia de Newark, que toca *New York, New York*, tema inesquecível que ganhou fama com Frank Sinatra e Liza Minelli. Enquanto o papa sobe no helicóptero que o levará ao centro de Manhattan, um par de jornalistas chama os colegas para ensaiar alguns passos de dança, sob o olhar estupefato dos homens do Serviço Secreto, perfeitos em seus impecáveis ternos negros e seus indefectíveis óculos escuros.

A multidão recebe o papa no coração da Big Apple. Na catedral de St. Patrick, estão previstas as vésperas com membros do clero, religiosos e religiosas. E aqui o papa emite um verdadeiro elogio às irmãs norte-americanas, por muito tempo postas sob a lupa dos bispos e das próprias congregações da Cúria romana por algumas de suas posições. Um aplauso retumbante, quase redentor, ressoa entre as abóbadas neogóticas da catedral quando o papa se dirige a elas: "De maneira especial, gostaria de expressar a minha admiração e a minha gratidão às consagradas dos Estados Unidos". A alegria se faz ouvir. Francisco prossegue: "Que seria esta Igreja sem vós? Mulheres fortes, lutadoras; com aquele espírito de coragem que vos coloca na linha da frente a anunciar o Evangelho. A vós consagradas, irmãs e mães deste povo, quero dizer 'obrigado', um 'obrigado' grandíssimo... e dizer também que gosto muito de vós". Assim, com poucas palavras, Bergoglio enterra anos de suspeitas, hostilidades, maldades e "enquadramentos" doutrinários que haviam recaído sobre parte consistente das religiosas dos Estados Unidos.

O papa dedica as primeiras palavras de sua homilia aos "irmãos muçulmanos", saudando-os no dia em que celebram a festa do sacrifício. Então faz o reconhecimento do trabalho de gerações de sacerdotes, religiosos e leigos "que contribuíram para a edificação da Igreja nos Estados Unidos". E chama para si de cara a questão mais dolorosa e incômoda, falando da "vergonha por causa de muitos irmãos que feriram e escandalizaram a Igreja nos seus filhos mais indefesos", e aproxima o caso da pedofilia – sem jamais usar essa palavra – da "grande tribulação" anunciada no livro do Apocalipse.

Em 25 de setembro, pela manhã, o céu está límpido e o ar fresco em Manhattan. Do lado de fora do Palácio de Cristal das Nações Unidas, entre as bandeiras de outros Estados tremula também a do Vaticano. É o dia da visita à ONU. Pela quinta vez, um pontífice discursará nas Nações Unidas, o que ilustra a importância atribuída pela Santa Sé a essa instituição, que está para completar setenta anos e recebe assim o seu apoio.

O dia de Francisco em Nova York começa cedo. Ele se apresenta ao Palácio de Cristal alguns minutos antes da hora, onde é recebido pelo secretário-geral da ONU, Ban Ki-Moon. Antes dos "grandes" da Terra, se encontra com os "pequenos": intérpretes, cozinheiros, faxineiros, todos reunidos em um grande átrio no térreo. Bergoglio lhes agradece por seu precioso trabalho.

Um grande aplauso o saúda quando ele entra na Assembleia, e outros 27 o interromperão durante sua longa fala, que profere em espanhol desde a mesma tribuna antes usada por Paulo VI (1965), João Paulo II (1979 e 1995) e Bento XVI (2008).

Francisco pede, sobretudo, que a ONU seja reformada, ampliando os assentos do Conselho de Segurança. As Nações Unidas, explica, devem ser reformadas com o "objetivo final que é conceder a todos os países, sem exceção, uma participação e uma incidência reais e equitativas nas decisões", no Conselho de Segurança e nos organismos financeiros. Isso ajudará "a limitar qualquer espécie de abuso ou usura especialmente sobre países em vias de desenvolvimento", evitando a "sujeição sufocante desses países a sistemas de crédito" que empobrecem as populações.

Entre as "vítimas de um mau exercício do poder", Bergoglio cita "o ambiente natural e o vasto mundo de mulheres e homens excluídos". Duas realidades interligadas: cada dano ao ambiente, explica, é um dano à humanidade e, ao mesmo tempo, a exploração ambiental é associada a um "processo ininterrupto de exclusão".

Francisco aspira a "soluções urgentes e eficazes", define a Agenda 2030 para o desenvolvimento sustentável como "um sinal importante de esperança" e diz confiar em que a vindoura conferência climática de Paris alcançará "acordos fundamentais e efetivos". "O mundo pede vivamente a todos os governantes uma vontade efetiva, prática, constante, feita de passos concretos e medidas imediatas" a fim de preservar o ambiente e vencer "o fenômeno da exclusão social e econômica".

Para defender o ambiente e lutar contra a exclusão, explica ainda Francisco, é necessário "o reconhecimento de uma lei moral" inscrita na natureza humana, "que inclui a distinção natural entre homem e mulher e o respeito absoluto à vida em todas as suas fases e dimensões".

É significativamente forte também seu não à guerra, "negação de todos os direitos", que ecoa o grito "*Plus jamais la guerre!*", pronunciado aqui mesmo por Paolo VI na sua memorável fala de 1965. "Uma ética e um direito baseados sobre a ameaça da destruição constituem um dolo" com relação às Nações Unidas, que se tornariam "Nações Unidas pelo medo e a desconfiança". É preciso frear a proliferação das armas, "especialmente as de destruição em massa, como podem ser as armas nucleares", e é preciso garantir "o domínio incontrastável do direito e o recurso incansável às negociações e à arbitragem". Por esse motivo, Francisco reserva palavras elogiosas ao acordo sobre a questão nuclear com o Irã.

Com realismo, o papa observa que "não faltam provas graves das consequências negativas de intervenções políticas e militares não coordenadas entre os membros da comunidade internacional". Certas guerras perversas das últimas décadas, que contribuíram para a instabilidade no Oriente Médio e acabaram por incrementar o problema do terrorismo, em vez de debelá-lo, atestam o fundamento do chamado que faz o papa.

Enfim, Francisco procura chamar a atenção dos líderes do mundo para a situação no Oriente Médio, no norte da África e em outros países africanos, "onde os cristãos, juntamente com outros grupos culturais ou étnicos" e com a parcela dos muçulmanos "que não quer se deixar envolver pelo ódio e a loucura", são perseguidos e obrigados a fugir. E recorda ainda "a outra guerra" esquecida, a do narcotráfico, que "inclui silenciosamente a morte de milhões de pessoas". O futuro, conclui, "exige-nos decisões críticas e globais diante dos conflitos mundiais que aumentam o número dos excluídos e necessitados".

Depois do encontro na ONU, chega o momento do silêncio e da oração no Ground Zero. O local onde ficavam as Torres Gêmeas, abatidas por aviões desviados de suas rotas por terroristas da Al Qaeda, canteiro aberto visitado por Bento XVI em uma manhã fria e úmida em abril de 2008, é agora um sugestivo memorial. O papa é recebido no local por líderes das principais religiões. Francisco se detém para rezar apoiando-se no genuflexório branco colocado à beira das duas grandes fontes que nascem do perímetro das fundações dos dois arranha-céus destruídos. Aqui o aguardam vinte familiares de vítimas do 11 de Setembro de 2001. Depois, ele desce ao memorial-museu, cuja arquitetura inclui alguns restos das torres: "Aqui, no meio de uma angústia lancinante, podemos palpar a bondade heroica de que também é capaz o ser humano, a força escondida a que sempre devemos recorrer. No momento de maior angústia, sofrimento, fostes testemunhas dos maiores atos de dedicação e de ajuda. Mãos estendidas, vidas oferecidas. Numa metrópole que pode parecer impessoal, anônima, de grandes solidões, fostes capazes de mostrar a poderosa solidariedade da ajuda mútua, do amor e do sacrifício pessoal".

Nas vísceras do Memorial, a sala das fundações onde ainda se vê o *slurry wall*, muro de concreto armado que conteve as águas do Hudson depois do atentado, Francisco diz: "Vários sentimentos e emoções desperta em mim a presença aqui no Ground Zero, onde milhares de vidas foram arrancadas num ato insensato de destruição. Aqui, a dor é palpável. A água que vemos correr para este centro vazio lembra-nos todas aquelas vidas que estavam sob o poder daqueles que creem que a destruição seja o único modo de resolver os conflitos... A água que desce é símbolo também das nossas lágrimas; lágrimas pela destruição de ontem, que se unem às lágrimas por tantas destruições de hoje. Este é um lugar onde choramos a angústia provocada por nos sentirmos impotentes perante a injustiça, perante o fratricídio, perante a incapacidade de resolver as nossas diferenças dialogando... É água que nos recorda o pranto de ontem e o pranto de hoje".

Mas Francisco recorda também os atos de heroísmo e bondade que se seguiram ao atentado e acrescenta: "Naquele momento, não era uma questão de sangue, de origem, de bairro, de religião ou de opção política; era questão de solidariedade, de emergência, de fraternidade. Era questão de humanidade. Os bombeiros de Nova York entraram nas torres que estavam a ruir sem dar muita atenção à sua própria vida. Muitos caíram em serviço e, com o seu sacrifício, salvaram a vida de muitos outros". Assim, "este lugar de morte transforma-se também num lugar de vida, de vidas salvas, numa canção que nos leva a afirmar que a vida está destinada sempre a triunfar sobre os profetas da destruição, sobre a morte, que o bem prevalece sempre sobre o mal, que a reconciliação e a unidade sairão vencedores sobre o ódio e a divisão".

De tarde, Francisco se dirige ao Harlem para visitar a escola Nossa Senhora Rainha dos Anjos, instituto católico frequentado por filhos de famílias de baixa renda, na maioria imigrantes. Chega pontual e sorridente, apesar do cansaço e das emoções vividas de manhã. Desce do Fiat 500 e encontra os presentes, mostrando claramente que se sente sempre à vontade em meio às pessoas comuns. Cumprimenta por um longo tempo as crianças e os jovens que o esperam no exterior do edifício. A escola fundamental tem 282 alunos, 69% dos quais a frequentam graças a bolsas de estudos. Provêm de famílias pobres, os chamados *dreamers* que perseguem o sonho americano: imigrantes latino-americanos, adultos ou menores de idade desacompanhados, refugiados da África e do Oriente Médio, mas também afro-americanos.

A visita à instituição, que integra uma rede de seis escolas católicas ativas nos bairros menos privilegiados do Harlem e do South Bronx, é uma etapa simbólica que Francisco quis a todo custo inserir na viagem: de manhã falou com os poderosos da Terra; de tarde, abraça os filhos dos imigrantes.

Assim que entra, diante da presença do prefeito de Nova York, Bill de Blasio, Bergoglio é recebido com o canto das crianças, às quais pede que alcem a voz, pois quer ouvi-las cantar mais forte. Cumprimenta os professores e passa entre os bancos, escuta as experiências e recebe pequenos presentes. Dois meninos o tomam pela mão e o acompanham até diante de uma grande *touch screen* com uma imagem dedicada ao ambiente: cada um deve mudar um elemento de lugar e inseri-lo na casa certa. As crianças demoram um instante. O papa, que não está habituado a computadores e tablets, tarda um pouco mais e, no fim, só consegue com a ajuda dos dois alunos. Dois jovens operários imigrantes lhe dão um capacete de plástico branco.

"Peço desculpas, especialmente aos professores", diz Francisco, tomando a palavra, "porque 'roubo' alguns minutos à aula... Explicaram-me que uma das características bonitas desta escola e deste trabalho é alguns alunos, alguns de vós, virem de outros lugares, e muitos de outros países. E isso é bom. Embora eu saiba que nem sempre seja fácil ter de deslocar-se e encontrar uma nova casa, encontrar novos vizinhos e amigos; não é fácil, mas é preciso começar. A princípio pode ser um pouco cansativo. O lado belo é que encontramos também novos amigos. E isto é muito importante: os novos amigos que encontramos. Encontramos pessoas que nos abrem as portas e mostram a sua ternura, a sua amizade, a sua compreensão, e procuram ajudar-nos para que não nos sintamos estrangeiros. É todo um trabalho de pessoas que nos vai ajudando a nos sentirmos em casa".

Depois Francisco recorda que ali bem perto da escola há uma rua "com o nome de uma pessoa que fez muito bem aos outros e que quero recordar convosco. Refiro-me ao pastor Martin Luther King. Um dia disse ele: 'Eu tenho um sonho'. E sonhou que muitas crianças, muitas pessoas haveriam de ter igualdade de oportunidades. Sonhou que muitas crianças como vós haveriam de ter acesso à educação. É bom ter sonhos e é bom poder lutar pelos sonhos... Soube que um dos sonhos dos vossos pais e dos vossos educadores é que possais crescer e viver com alegria. Aqui vê-se que estais sorridentes: continuai assim e ajudai a contagiar com a alegria todas as pessoas que tendes perto".

Antes de ir embora, Francisco deixa para os alunos uma "lição de casa": "Não vos esqueçais de rezar por mim, para que eu possa partilhar com muitas pessoas a alegria de Jesus".

Às 18h há o último compromisso na Big Apple: a missa no Madison Square Garden, o grande estádio nova-iorquino com capacidade para 20 mil pessoas. Para chegar ali, o papa atravessa o Central Park cumprimentando do papamóvel milhares de pessoas. Assim que chega, dá duas voltas no estádio a bordo de um carro elétrico, parando para abraçar algumas crianças doentes.

Prefere pronunciar a homilia em sua língua materna, o espanhol. E se pergunta: "Como podemos encontrar Deus que vive conosco no meio do *smog* das nossas cidades? As grandes cidades recordam-nos a riqueza escondida no nosso mundo: a variedade de culturas, tradições e histórias. A variedade de línguas, roupas, comida. Por sua vez, as grandes cidades escondem o rosto de muitos que parecem não ter cidadania ou ser cidadãos de segunda categoria. Nas grandes cidades, sob o ruído do tráfego, permanecem silenciadas as vozes de tantos rostos que não têm 'direito' à cidadania, não têm direito a fazer parte da cidade – os estrangeiros, seus filhos que não conseguem a escolaridade, as pessoas privadas de assistência médica, os sem-teto, os idosos sozinhos –, postos à margem das nossas ruas, nos nossos passeios em um anonimato ensurdecedor. E começam a fazer parte de uma paisagem urbana que lentamente se torna natural aos nossos olhos e, especialmente, ao nosso coração".

Mas saber que "Jesus continua a percorrer as nossas estradas, misturando-Se vitalmente com o Seu povo, envolvendo-Se e envolvendo as pessoas numa única história de salvação, enche-nos de esperança, uma esperança que nos liberta daquela força que nos impele a isolar-nos, a ignorar a vida dos outros, a vida da nossa cidade". Deus "caminha ao nosso lado, liberta-nos do anonimato, de uma vida sem rostos, uma vida vazia, e introduz-nos na escola do encontro".

"Deus", conclui Francisco, "vive nas nossas cidades, a Igreja vive nas nossas cidades, e quer ser fermento na massa, quer misturar-se com todos, acompanhando a todos... nós, cristãos, somos suas testemunhas".

Uma *standing ovation* acompanha a partida do pontífice.

Na manhã de sábado, 26 de setembro, tem início a última etapa da viagem, a visita a Filadélfia. Por causa das rajadas de vento e da túnica, o papa tropeça na escadinha que o leva a bordo do B777 da American Airlines. Na chegada, ao descer do avião, é recebido com a trilha sonora do filme *Rocky*. A cidade está blindadíssima, o centro todo bloqueado.

Na catedral, Francisco celebra uma missa com os bispos, o clero e religiosos da Pensilvânia. Mas aos clérigos escolhe falar sobre os leigos: "Quantos jovens, nas nossas paróquias e escolas, têm os mesmos ideais elevados, generosidade de espírito e amor a Cristo e à Igreja!

Perguntemo-nos: Somos nós capazes de os pôr à prova? Somos capazes de os guiar e ajudar a fazer a sua parte?".

Um dos "grandes desafios" hoje "é promover, em todos os fiéis, o sentido de responsabilidade pessoal pela missão da Igreja e torná-los capazes de cumprirem tal responsabilidade como discípulos missionários, serem fermento do Evangelho no nosso mundo". Por isso, continua Bergoglio, o futuro da Igreja, "em uma sociedade em rápida mudança, exigirá – e já agora o exige – um compromisso cada vez mais ativo por parte dos leigos". De modo particular, "significa valorizar a contribuição imensa que as mulheres, leigas e consagradas, deram e continuam a oferecer na vida das nossas comunidades".

De tarde o papa chega a um lugar simbólico para a cidade e para a nação como um todo: o Independence Hall, edifício onde foram proclamadas a Declaração de Independência e a Constituição dos Estados Unidos. Aqui Francisco se dirige aos imigrantes, em grande parte hispânicos, apoiando-se no mesmo púlpito que, em 1863, o presidente Abraham Lincoln usou para pronunciar seu Discurso de Gettysburg, no qual proclamou a igualdade dos seres humanos depois da derrota dos Estados Confederados do Sul, contrários à abolição da escravidão.

Antes da chegada do pontífice, bailarinos de tango argentino se exibem no local. Eles, que são na maioria imigrantes, não conseguem ver diretamente Francisco, por causa da plataforma de imprensa que tapa a visão de quem está ao fundo. E é exatamente desse lugar, onde os Estados Unidos nasceram, que Francisco fala dos direitos que conformam a identidade norte-americana e, especialmente, da liberdade religiosa. "A Declaração de Independência afirmou que todos os homens e todas as mulheres são criados iguais, que são dotados pelo seu Criador de alguns direitos inalienáveis e que os governos existem para proteger e defender tais direitos." Mas essa verdade "deve ser constantemente reafirmada, assumida e defendida".

O papa cita as grandes lutas que "levaram à abolição da escravatura, à extensão do direito de voto, ao crescimento do movimento operário, e ao esforço progressivo por eliminar todas as formas de racismo e preconceito contra a chegada sucessiva de novos americanos".

É bom que todos o recordem, porque "a memória salva a alma de um povo de tudo aquilo ou de todos aqueles que poderiam tentar dominá-lo ou utilizá-lo para os seus próprios interesses".

A liberdade religiosa, explica, "supõe certamente o direito de adorar a Deus, individual e comunitariamente", mas, por sua natureza, tem também grande relevância social: "As nossas diferentes tradições religiosas servem à sociedade primariamente através da mensagem que proclamam" e defendem "a dimensão transcendente da existência humana e a nossa liberdade irredutível contra a pretensão de qualquer poder absoluto".

Por isso, "num mundo onde as diferentes formas de moderna tirania procuram suprimir a liberdade religiosa, ou – como disse antes – reduzi-la a uma subcultura sem direito de expressão na esfera pública, ou ainda usar a religião como pretexto para o ódio e a brutalidade, torna-se forçoso que os seguidores das diferentes tradições religiosas unam a sua voz para invocar a paz, a tolerância, o respeito pela dignidade e os direitos dos outros".

Por fim, deixando de ler o texto escrito, conclui: "A globalização não é má. Pelo contrário... O que pode ser mau é a maneira de fazê-la. Se uma globalização pretende fazer a todos iguais, tal globalização destrói a riqueza e a singularidade de cada pessoa e de cada povo. Se uma globalização procura unir a todos, mas respeitando em cada pessoa a sua personalidade, a sua riqueza, a sua peculiaridade, respeitando em cada povo a sua riqueza, a sua peculiaridade, essa globalização é boa, faz-nos todos crescer e leva à paz".

De noite chega o momento do grande abraço às famílias na Benjamin Franklin Parkway. Será uma festa e uma vigília de oração. Charles Caput, arcebispo da Filadélfia, "uma cidade de *murales*", recebe o papa, apresentando-lhe um grande mural de Cesar Viveros, que trabalhou todo o verão para realizá-lo e que estará sobre a parede da escola St. Malachy.

A vigília é longa. O papa escuta muitos testemunhos, leituras e cantos. O apresentador é Mark Wahlberg, que atribui seu sucesso pessoal como ator e produtor de cinema à sua fé católica.

Está ali Gianna Emanuela Molla, filha de Santa Gianna Beretta Molla, padroeira das crianças não nascidas. Há testemunhos de várias partes do mundo.

Lesya Borys, ucraniana residente nos Estados Unidos, abandonada pelo marido, conta suas dificuldades para criar os dois filhos.

Nidal Mousa Sweidan, jordaniano, que vive com sua família perto da fronteira com a Síria, fala do drama dos refugiados e das famílias cristãs obrigadas a deixar suas casas.

Uma vez mais, Francisco abandona o discurso preparado e começa contando a pergunta que certa vez lhe fez um menino: "'Padre, o que Deus estava fazendo antes de criar o mundo?'. Garanto-vos que foi difícil responder. E eu lhe disse: 'Antes de criar o mundo, Deus amava, porque Deus é amor; mas era tão grande seu amor que não podia ser egoísta. Tinha que sair de si mesmo para ter a quem amar fora de si. E, assim, Deus criou o mundo. Então Deus fez esta maravilha onde vivemos e que estamos destruindo. Deus criou o homem e a mulher e entregou-lhes o mundo. Com todo o amor fez esta maravilhosa Criação e a entregou para uma família'".

Mas "o paraíso terrestre não existe mais, a vida tem seus problemas, os homens – pela astúcia do demônio – aprenderam a dividir-se. E todo esse amor que Deus nos deu quase se perde. E, logo em seguida, teve lugar o primeiro assassinato, o primeiro fratricídio. Um irmão mata o outro irmão: a guerra. O amor, a beleza e a verdade de Deus, e a destruição da guerra. E é entre essas duas posições que nós caminhamos hoje. Cabe a nós escolher, cabe a nós decidir o caminho a percorrer.

"Estamos na festa das famílias. A família tem uma carta de cidadania divina. Está claro? A carta de cidadania que a família tem foi Deus que lhe deu para que no seu seio crescessem cada vez mais a verdade, o amor e a beleza. Certamente, alguns de vós podeis dizer-me: 'Padre, o senhor fala assim porque é solteiro'. Na família há dificuldades. Nas famílias discutimos. Nas famílias, às vezes, 'voam os pratos'. Nas famílias os filhos dão dor de cabeça. Não vou falar das sogras. Nas famílias sempre, sempre, existe a cruz. Sempre... Mas nas famílias também, depois da cruz, há a ressurreição, porque o Filho de Deus nos abriu esse caminho. Por isso, a família é uma fábrica de esperança; esperança de vida e ressurreição, porque foi Deus Quem abriu esse caminho. E os filhos. Os filhos dão trabalho... Às vezes vejo alguns dos meus colaboradores que vêm trabalhar com olheiras. Eles têm um bebê de um mês e dizem: 'Chorou a noite toda'. Na família há dificuldades, mas essas dificuldades são superadas com amor. O ódio não supera nenhuma dificuldade. A divisão dos corações não supera nenhuma dificuldade. Só o amor é capaz de superar a dificuldade".

A família é bela, conclui Francisco, "mas custa, traz problemas. Às vezes, há inimizades. O marido briga com a mulher, ou olham-se mal, ou os filhos com o pai. Dou-vos um conselho: nunca termineis o dia sem fazer as pazes na família. Numa família não se pode terminar o dia em guerra. Que Deus vos abençoe. Que Deus vos dê forças. Que Deus vos incentive a seguir em frente. Cuidemos da família. Defendamos a família, porque nela o nosso futuro está em jogo".

Na manhã de domingo, 27 de setembro, último dia dessa longa viagem, o papa fala aos cardeais e aos bispos reunidos na Filadélfia para o encontro das famílias, no seminário da cidade dedicado a São Carlos Borromeu. Mas, antes de encontrá-los, passa algum tempo com um grupo de vítimas de abusos: cinco pessoas, agora já adultas, que foram violentadas na infância por padres, educadores e familiares. Francisco as escuta, as abraça e reza com elas: "Lamento profundamente que a vossa inocência tenha sido violada por pessoas em quem confiáveis". "Lamento profundamente todas as vezes que vós ou as vossas famílias denunciastes os abusos e não fostes escutados ou cridos", diz Bergoglio. "Sabei que o Santo Padre vos escuta e crê. Lamento profundamente que alguns bispos tenham falhado na sua responsabilidade de proteger os menores. É muito inquietante saber que, em alguns casos, foram os próprios bispos que cometeram os abusos. Comprometo-me a seguir o caminho da verdade, aonde quer que nos possa levar." E, pouco depois, no início da sua fala aos bispos, reiterará: "Prometo que todos os responsáveis prestarão contas".

Também as palavras dirigidas aos prelados são significativas. Não podemos "excomungar" os jovens porque vivem neste mundo e têm medo de se casar, explica o papa. Não é mais possível só lamentar a secularização, é preciso propor de modo positivo a beleza da família, acompanhando e curando as feridas. É um pedido de mudança de rumo, de uma nova atitude diante desses temas.

Francisco não se furta às profundas transformações que incidem sobre a "cultura social – e lamentavelmente também legal – dos laços familiares". O cristão "não está imune às mudanças de seu tempo".

Diante de tudo isso, "devemos condenar os nossos jovens por terem crescido nesta sociedade? Devemos excomungá-los porque vivem neste mundo? Será preciso ouvirem da boca dos seus pastores frases como 'antes era melhor', 'o mundo está um desastre e, se continuar assim, não sabemos como iremos acabar?' Não! Nós, pastores, somos convidados a procurar, acompanhar, erguer, curar as feridas do nosso tempo".

O papa observa que seria errado interpretar essa "'cultura' do mundo atual" somente como "desafeição" pelo matrimônio e pela família, "puro e simples egoísmo". Muitos jovens, de fato, "interiorizaram uma espécie de medo inconsciente" e "adiam o matrimônio à espera das condições ideais de bem-estar. Entretanto a vida é consumida, sem sabor".

Francisco pede, portanto, aos bispos que "percam tempo" com as famílias, ficando com elas, compartilhando suas dificuldades.

Também nos Estados Unidos não podia faltar um encontro com presidiários. Depois do seminário, o papa vai, de helicóptero, à penitenciária de Curran-Fromhold, que leva o nome de dois agentes da polícia carcerária mortos em serviço na prisão de Holmesburg, em 1973. É a maior penitenciária masculina da Filadélfia, com cerca de 2.800 presos, divididos em quatro blocos. Foram os presidiários que construíram a grande cadeira de madeira forrada de branco sobre a qual o papa se senta. Uma delegação de prisioneiros, todos de camisa azul, é admitida ao encontro.

Todos os presentes escutam, comovidos, em silêncio, as palavras de Francisco: "Uma sociedade, uma família que não sabe sofrer com as dores dos seus filhos é uma sociedade 'condenada' a permanecer prisioneira de si mesma, prisioneira de tudo o que a faz sofrer. Eu vim aqui como pastor, mas sobretudo como irmão para compartilhar a vossa situação e fazê-la minha também... Jesus nos procura, quer curar as nossas feridas, curar os nossos pés das chagas de um caminho cheio de solidão... Quer que regressemos às estradas da vida sentindo que temos uma missão; que este tempo de reclusão nunca foi e nunca há de ser sinônimo de expulsão".

"Viver", acrescenta, "é sujar os nossos pés" nas estradas empoeiradas da vida e da história. "E todos precisamos de ser purificados, ser lavados... O Senhor procura-nos a todos, para nos dar a sua mão. É penoso constatar como às vezes se geram sistemas prisionais que não procuram curar as chagas, curar as feridas, criar novas oportunidades. É doloroso constatar como às vezes se pensa que só alguns precisam de ser lavados, purificados, sem considerar que o seu cansaço, o seu sofrimento, as suas feridas são também o cansaço, o sofrimento e as feridas de toda uma sociedade."

Por fim, Francisco passa entre os detentos, sentados em seus lugares, abraça-os, lhes dá a mão e se inclina para escutá-los.

De tarde, na Benjamin Franklin Parkway, celebra-se a missa final do VIII Encontro Mundial das Famílias. Na homilia, fazendo nova referência às divisões e às polarizações no seio da Igreja, Francisco lembra que Jesus "encontra hostilidade nas pessoas que não aceitaram aquilo que fazia e dizia. Para elas, a abertura de Jesus à fé honesta e sincera de muitas pessoas que não faziam parte do povo eleito de Deus parecia intolerável". E admoesta: "Pôr em dúvida a obra do Espírito, dar a impressão de que ela não tem nada a ver com aqueles que não são 'do nosso grupo', que não são 'como nós', é uma tentação perigosa. Não só bloqueia a conversão à fé, mas constitui uma perversão da fé".

A fé, portanto, "abre a 'janela' à presença operante do Espírito e demonstra-nos que a santidade está sempre ligada aos pequenos gestos, gestos mínimos, que uma pessoa aprende em casa... São gestos de mãe, de avó, de pai, de avô, de filho, de irmãos. São gestos de ternura, de afeto, de compaixão. Gestos como o prato quente de quem espera para jantar, como o café da manhã de quem sabe acompanhar o levantar na alvorada. São gestos familiares. É a bênção antes de dormir, e o abraço ao regressar de uma jornada de trabalho. O amor exprime-se em pequenas coisas, na atenção aos detalhes de cada dia que fazem com que a vida sempre tenha sabor de casa. A fé cresce quando é vivida e plasmada pelo amor. Por isso, as nossas famílias, as nossas casas são autênticas igrejas domésticas: são o lugar ideal onde a fé se torna vida e a vida cresce na fé".

O último compromisso antes de subir a bordo do B777 da American Airlines que o levará de volta a Roma é o encontro com voluntários. Chega ao fim a viagem aos Estados Unidos. A acolhida foi extraordinária, os norte-americanos conheceram melhor o papa e o papa se deu a conhecer. Um dos colaboradores de Francisco confidencia: "No Capitólio, sentados um pouco distantes de mim, havia três congressistas de diferentes filiações políticas. Enquanto escutavam Francisco, se viraram para mim e me disseram: 'Que líder vocês têm!'".

Mas é também verdade que algumas das mensagens mais importantes deixadas pelo papa latino-americano encontram dificuldade de recepção. No mesmo Congresso, Bergoglio havia pedido a abolição da pena de morte. E, através da nunciatura de Washington, no fim da viagem, havia enviado uma carta tentando evitar a execução de Kelly Gissendaner, uma mulher de 47 anos, mãe de três filhos, condenada à morte como mandante do homicídio de seu marido, cometido em 1997 por seu amante. Mas não surte efeito. Kelly Gissendaner seria morta com uma injeção letal em 30 de setembro de 2015. Poucas horas depois do retorno de Francisco a Roma.

ANTECIPAÇÃO DO JUBILEU NO CORAÇÃO DA ÁFRICA

A primeira viagem africana de Francisco é destinada a se entrelaçar com o Jubileu da Misericórdia, um jubileu extraordinário que o papa determinou em 2015, anunciando para 8 de dezembro a abertura da Porta Santa da Basílica de São Pedro.

Havia meses Bergoglio desejava fazer uma visita à África. Finalmente, no início de setembro, chega o anúncio oficial da viagem, que o levará ao Quênia, a Uganda e à República Centro-Africana. A viagem deve durar de 25 a 30 de novembro, com uma etapa final em Bangui, capital da República Centro-Africana. O programa papal prevê um pernoite ali, mas a questão é complicada, por causa da instabilidade crônica do país. A República Centro-Africana é, de fato, um país esquecido pela comunidade internacional e martirizado por uma guerra civil travestida com motivações religiosas, na qual os confrontos entre milícias guerrilheiras dos ex-seleka muçulmanos e dos antibalakas filocristãos estão, desgraçadamente, na ordem do dia. Causa particular preocupação a instabilidade no bairro islâmico chamado "Km 5", onde continuam os tiroteios com diversas vítimas, com dano especial aos cristãos que tentam voltar a suas residências abandonadas.

A chegada de Francisco no coração dos conflitos africanos uma semana antes do início do Jubileu da Misericórdia é, no entanto, a ocasião propícia para um gesto impactante e significativo. A ideia é proposta ao papa – que a abraça de imediato – no fim do verão pelo núncio Franco Coppola.

Eis, então, que o papa declara publicamente, no *Angelus* de Todos os Santos, em 1º de novembro de 2015, sua intenção de antecipar o Ano Santo para proclamar seu início na África: "Os dolorosos episódios que nestes últimos dias exacerbaram a delicada situação da República Centro-Africana suscitam profunda preocupação no meu coração... Expresso a minha solidariedade à Igreja, às outras confissões religiosas e a toda a nação centro-africana, tão duramente provada enquanto fazem todos os esforços para superar as divisões e retomar o caminho da paz. Para manifestar a proximidade piedosa de toda a Igreja a esta nação tão assolada e atormentada e exortar todos os centro-africanos a serem cada vez mais testemunhas de misericórdia e de reconciliação, no domingo de 29 de novembro tenciono abrir a porta santa da catedral de Bangui, durante a viagem apostólica que espero poder realizar àquela nação".

É notável a passagem final da declaração: "*Espero* poder realizar...". As palavras atestam quão delicada é a situação. Ninguém sabe o que se passa nos bastidores, enquanto se completam os preparativos para a viagem. Ninguém pode saber que aqueles que desaconselham o papa de viajar à República Centro-Africana não são nem as autoridades daquele país, nem as forças da ONU que ali operam. Quem insiste em que ele abandone a ideia é o governo francês.

É um momento dramático, tanto para a França quanto para a comunidade internacional: menos de duas semanas depois daquele *Angelus*, em 13 de novembro, têm ocasião os sangrentos atentados de Paris.

São sobretudo os políticos que tentam dissuadir o papa, e não os 2 mil militares franceses que se encontram na República Centro-Africana, nem os 12 mil capacetes-azuis da Minusca, a missão da ONU para o país, comandados pelo general muçulmano de origem senegalesa Keïta Balla, que assegura poder garantir a segurança na capital. Um colaborador próximo do pontífice conta: "Os militares franceses queriam que a viagem se desse e estavam bem felizes e orgulhosos de poder contribuir".

Poucas horas antes dos atentados de Paris, em 13 de novembro, é estipulado um acordo secreto: um pacto de não agressão selado conjuntamente pelos grupos armados de matriz islâmica e cristã de Bangui, para que a visita de Francisco se desenrole sem incidentes. O documento é assinado por Abdoulaye Hissen, da parte dos ex-seleka muçulmanos, e por Maksim Mokom, dos antibalakas filocristãos.

O resultado se faz possível graças ao trabalho de mediação realizado pela gendarmaria vaticana e pela Comunidade de Santo Egídio. Os responsáveis pela tratativa foram Domenico Giani, comandante da gendarmaria e verdadeiro condutor da operação, e Mauro Garofalo, responsável pelas relações exteriores da Comunidade de Santo Egídio, que em outras ocasiões já havia trabalhado em mediações de paz na República Centro-Africana. "Com o comissário Luca Cintia, da gendarmaria, constituímos uma pequena força-tarefa de quatro ou cinco pessoas e tivemos vários encontros noturnos nos bairros mais arriscados de Bangui", conta Garofalo. "Representavam problemas não só o bairro muçulmano Km 5, mas também alguns trechos de percurso que o papa teria de fazer na capital, em zonas onde há uma significativa presença de antibalakas. Tentamos explicar que Francisco não vinha como político, mas como mensageiro da paz, e que a visita era uma ocasião única para a reconciliação do país." Ao final, os dois líderes adversários, Abdoulaye Hissen e Maksim Mokom, dizem sim e – não obstante a divisão interna dos milicianos, em razão do clima inflamado pelas eleições próximas – aceitam estipular uma trégua.

Ainda assim, a dúvida sobre a viagem à República Centro-Africana persiste até o último momento. O organizador das viagens papais, Alberto Gasbarri, sabe que existe a possibilidade de encurtar a peregrinação, retornando de Uganda a Roma em 29 de novembro. Surge uma hipótese intermediária, a celebração de uma missa superblindada no aeroporto de Bangui, com a partida imediatamente após sua conclusão. Isso, obviamente, excluiria a visita à cidade, a abertura da Porta Santa na catedral e o encontro com os muçulmanos. Os alarmes de possíveis atentados se sucedem. Mas, após a assinatura da trégua, o papa e seus colaboradores estão otimistas. Na República Centro-Africana, oferecendo reservadamente uma ajuda aos organizadores, estão homens vindos da seção de segurança das Nações Unidas, em Nova York. "Para o papa", conta um colaborador próximo, "é fundamental distinguir a existência de riscos a sua pessoa dos possíveis riscos a pessoas que viajam com ele e, sobretudo, aos fiéis do local. O Santo Padre estava disposto a mudar o programa a qualquer momento se houvesse perigo à vida alheia: 'Se a vida do povo ou do séquito estiver ameaçada, digam-me e voltamos diretamente de Uganda para Roma'. Fizemos uma reunião antes da partida, mas, quando nos chegou a confirmação e nos disseram que o pessoal local garantia a segurança do papa, decidiu-se ir. Lá de Bangui nos disseram que, se o papa tivesse cancelado esse último trecho de sua peregrinação africana, seria uma desilusão enorme, os centro-africanos passariam vergonha diante de toda a África. E Francisco tinha razão em ir, a viagem foi um grande ato de coragem".

Com efeito, no caso da República Centro-Africana, o verdadeiro risco para as pessoas era que, ao final, o papa não fosse, pois assim os conflitos não seriam nem mesmo interrompidos. Mas a viagem africana em três etapas havia sido construída em torno àquele dia e meio em Bangui. Não seria certo render-se aos apelos, nem sempre desinteressados, daqueles que não queriam que ele pisasse lá – temendo, talvez, que a viagem colocasse sob os refletores da mídia internacional a situação de um país que é um dos mais ricos em recursos naturais no continente negro, mas, escandalosamente, um dos mais pobres pela maneira como foi e continua a ser depredado.

Em 25 de novembro, no voo que vai de Roma a Nairóbi, com 74 jornalistas no séquito, o papa solta uma tirada irônica sobre a segurança. A enviada da *Paris Match* acabava de presenteá-lo com um repelente em spray, e, quando Francisco chegou à cauda do avião, um jornalista norte-americano lhe perguntou se se preocupava pela sua segurança. "A única coisa que me preocupa são os mosquitos", respondeu, brincalhão, Bergoglio, acompanhando a piada com o gesto de espirrar repelente nos braços.

A primeira etapa da viagem é o Quênia, país onde tiveram lugar alguns dos mais sangrentos atentados dos últimos anos, a cargo dos jihadistas do movimento Al-Shabaab, ala radical formada por ex-membros da União das Cortes Islâmicas (UCI): o do Westgate Mall, em setembro de 2013 (71 mortos e 175 feridos); o do Garissa University College, em abril de 2014 (148 mortos e 79 feridos) e o da cidade de Mandera, em julho de 2015 (14 mortos e 11 feridos).

O primeiro encontro em terras africanas é aquele com 3 mil líderes do mundo político, econômico e cultural do Quênia. "*Mungu abariki Kenya!*", "Deus abençoe o Quênia!", exclama, sorridente, Francisco, sob a grande tenda amarela no jardim da State House de Nairóbi, onde se reuniu a classe dirigente do país. Quando os quenianos o escutam falar na sua língua, explode um longo aplauso.

Em seu primeiro discurso de boas-vindas, Bergoglio cita o terrorismo fundamentalista: "A experiência demonstra que a violência, os conflitos e o terrorismo se alimentam com o medo, a desconfiança e o desespero que nascem da pobreza e da frustração", diz, diante do presidente Uhuru Kenyatta. "A luta contra estes inimigos da paz e da prosperidade deve ser conduzida por homens e mulheres que, destemidamente, acreditam e, honestamente, dão testemunho dos grandes valores espirituais e políticos que inspiraram o nascimento da nação."

Francisco recorda que o Quênia foi "abençoado" com a "abundância de recursos naturais". "A grave crise do meio ambiente, que o mundo enfrenta, exige uma sensibilidade ainda maior pela relação entre os seres humanos e a natureza." Suas palavras antecipam os temas da conferência climática de Paris. "Num mundo que continua mais a explorar do que proteger a nossa casa comum", os africanos "devem inspirar os esforços dos governantes para promover modelos responsáveis de desenvolvimento econômico. Com efeito, há uma ligação clara entre a proteção da natureza e a construção de uma ordem social justa e equitativa".

Francisco acena, então, a uma grande chaga da África. "Enquanto as nossas sociedades experimentarem divisões, sejam elas étnicas, religiosas ou econômicas, todos os homens e mulheres de boa vontade são chamados a trabalhar pela reconciliação e a paz, pelo perdão e a cura dos corações."

O apelo final é dirigido ao Quênia, mas também a todo o continente. É um convite a que a classe dirigente demonstre "uma autêntica preocupação com as necessidades dos pobres, as aspirações dos jovens e uma distribuição justa dos recursos naturais e humanos".

Enquanto sob o grande toldo amarelo a cerimônia chega ao fim, desaba sobre Nairóbi uma chuva torrencial – um evento que, ali, é considerado uma verdadeira bênção.

No dia 26 de novembro a jornada do papa tem início cedo, pouco depois das 8h, com um encontro inter-religioso na nunciatura de Nairóbi. Líderes de todas as confissões cristãs e chefes das outras religiões participam. Estão ali a autoridade dos animistas, com um traje multicolorido, e o imã muçulmano, que define o papa como um "revolucionário homem de Deus". É a ocasião para que Bergoglio reitere o seu "não" ao abuso do nome de Deus como justificativa para o terrorismo e recorde os terríveis atentados que banharam de sangue o país. "O Deus a quem procuramos servir é um Deus de paz. O Seu Nome Santo não deve jamais ser usado para justificar o ódio e a violência. Permanece viva, em vós, a memória deixada pelos bárbaros ataques ao Westgate Mall, ao Garissa University College e a Mandera. Com muita frequência, tornam-se os jovens extremistas em nome da religião para semear discórdia e terror, para dilacerar o tecido das nossas sociedades. Como é importante que nos reconheçam como profetas de paz, pacificadores que convidam os outros a viver em paz, harmonia e respeito mútuo!"

Nesse ínterim, sobre a capital queniana cai um novo aguaceiro, que retarda a afluência dos 300 mil fiéis dirigidos ao Central Park, diante da Universidade de Nairóbi, onde está prevista uma missa. Bispos, padres e fiéis se veem obrigados a caminhar num pântano. Apesar da chuva, a cerimônia é alegre, com cantos e danças típicos das liturgias africanas e muito apreciados por Francisco, que comenta com um colaborador a seu lado: "Dançam e cantam com cada músculo do corpo".

O papa veste uma mitra originalíssima, feita de pele de ovelha: ela lhe foi dada um pouco antes da cerimônia pelo bispo de Maralal, Virgilio Pante, missionário de Belluno, no Vêneto, que conduz uma diocese no território dos pastores nilo-camitas: "Queria lhe dar esse presente desde a Quinta-Feira Santa de 2013, quando o novo papa disse que o pastor deve ter 'o cheiro das ovelhas', isto é, de seu rebanho de fiéis".

Na homilia, Francisco explica que "a saúde de qualquer sociedade depende da saúde das famílias", chamando a "resistir a práticas que favorecem a arrogância nos homens, ferem ou desprezam as mulheres e ameaçam a vida dos inocentes nascituros".

A agenda de depois do almoço prevê um encontro com o clero, religiosos, irmãs e seminaristas. Como muitas vezes ocorre, o texto preparado é deixado de lado e o papa fala de improviso, em espanhol. O encontro tem lugar sob uma grande tenda no campo esportivo da St. Mary's School. Francisco adverte para a "tentação de seguir Jesus por ambição de dinheiro, de poder... Isto que vos digo é sério, porque a Igreja não é uma empresa, não é uma ONG. A Igreja é o mistério do olhar de Jesus pousado sobre cada um, que lhe diz: 'Segue-me'". E ainda: "Quando Jesus nos escolhe, não nos 'canoniza'; continuamos a ser os mesmos pecadores. Pedir-vos-ia, por favor, que, se houvesse aqui algum sacerdote, alguma religiosa ou algum religioso que não se sinta pecador, levantasse a mão. Todos somos pecadores, a começar por mim e depois vós; mas animam-nos a continuar a ternura e o amor de Jesus".

O papa recorda, enfim, que no Evangelho não se fala nunca do pranto dos apóstolos, à exceção daquele de Pedro. "Apenas um chorou: aquele que se deu conta de ser pecador. Era tão pecador que tinha renegado o seu Senhor e, quando se deu conta disso, chorou. Depois Jesus fê-lo papa. A Jesus, quem O entende? É um mistério! Nunca deixeis de chorar. Quando secam as lágrimas a um sacerdote, a um religioso ou a uma religiosa, algo está errado. Chorar pelas próprias infidelidades, chorar pelo sofrimento do mundo, chorar pelas pessoas que são descartadas, pelos velhinhos abandonados, pelas crianças assassinadas, pelas coisas que não entendemos; chorar quando nos perguntam 'por quê?'"

O papa conclui explicando que "todos aqueles que se deixaram escolher por Jesus, foi para servir; para servir o povo de Deus, servir os mais pobres, os mais descartados, os mais humildes; para servir as crianças e os idosos; para servir também aquelas pessoas que não têm consciência do orgulho e do pecado em que vivem; para servir Jesus. Deixar-se escolher por Jesus é deixar-se escolher para servir, e não para ser servido". Francisco recorda o exemplo de um retiro de padres onde era preciso organizar turnos para servir à mesa e havia alguns que não queriam. "Por favor, que isto nunca aconteça na Igreja! Servir. Não servir-se dos outros, mas servir."

Sua insistência sobre o serviço e sobre a proximidade dos esquecidos é particularmente significativa na África, onde os missionários que vêm de fora formam as primeiras fileiras na aproximação dos pobres, coisa que nem sempre acontece com o clero local.

Ao final, Francisco se encontra com um grupo de crianças e jovens com câncer e se detém com cada um deles. Pouco antes, sempre durante a homilia, havia pronunciado palavras comovidas justo em alusão ao sofrimento dos pequenos inocentes: "Sempre que saúdo uma criança com um câncer, um tumor ou uma doença rara, pergunto-me por que sofre aquela criança. E não tenho resposta; limito-me a olhar para Jesus na cruz".

O último compromisso do segundo dia de Francisco na África é sua fala na sede da ONU em Nairóbi (Unon), onde o papa antecipa a abertura da COP21, a conferência climática em Paris.

Bergoglio diz às 3 mil pessoas que o esperam na sala de conferências do Green Building de Nairóbi: "Dentro de poucos dias, começará em Paris uma reunião importante sobre as alterações climáticas, onde a comunidade internacional como tal se debruçará mais uma vez sobre esta problemática. Seria triste e – atrevo-me a dizer – até catastrófico se os interesses particulares prevalecessem sobre o bem comum".

O papa espera que a COP21 "leve à conclusão de um acordo global e 'transformador', baseado nos princípios de solidariedade, justiça, equidade e participação, e vise à consecução de três objetivos complexos e, ao mesmo tempo, interdependentes: a redução do impacto das alterações climáticas, a luta contra a pobreza e o respeito pela dignidade humana". Mas, para que se realize essa mudança de rota, requer-se "um processo educativo que promova novos estilos de vida", fundados sobre a "cultura do cuidado: cuidado de si próprio, cuidado do outro, cuidado do meio ambiente".

Em seu discurso, Bergoglio cita as "formas extremas e escandalosas de exclusão social" como "as novas formas de escravidão, o tráfico de pessoas, o trabalho forçado, a prostituição, o tráfico de órgãos". E os "emigrantes em fuga da miséria agravada pela degradação ambiental".

Então relembra que ali em Nairóbi está por se abrir a décima Conferência Ministerial da OMC: "Parece que ainda não se chegou a um sistema de comércio internacional equitativo e totalmente a serviço da luta contra a pobreza". Em particular, o papa se une "às preocupações de tantas realidades empenhadas na cooperação para o desenvolvimento" de acordos sobre a propriedade intelectual e o acesso a fármacos e ao saneamento básico.

Enfim, cita os "tráficos ilegais que crescem num contexto de pobreza e que, por sua vez, alimentam a pobreza e a exclusão", em particular "o comércio ilegal de diamantes e pedras preciosas, de metais raros ou de alto valor estratégico, de madeiras e material biológico, e de produtos animais". Situações que muitos países africanos, infelizmente, experimentam de forma cotidiana.

A última meia jornada no Quênia, em 27 de novembro, tem início com uma visita a uma favela. O papa percorre a estrada de terra do bairro de Kangemi, aglomeração de Nairóbi situada no fundo de um pequeno vale, que faz fronteira com outra favela, onde vivem mais de 100 mil pessoas sem rede de esgoto e sem serviços, em casas improvisadas, fabricadas de lata e madeira.

O encontro acontece na igreja de São José Operário, mantida pelos jesuítas. Há muitas crianças sentadas no chão. Bergoglio saúda os doentes, pede a bênção a um padre em cadeira de rodas, escuta alguns testemunhos. Pamela Akwede, uma moradora da comunidade vestida com trajes tradicionais, lhe conta que 60% da população de Nairóbi vive em favelas. As pessoas ali "sobrevivem com menos de 1 dólar por dia. Houve focos de cólera, especialmente no início deste ano". A irmã Mary Killeen lembra que seria útil uma presença maior de religiosos nos bairros pobres.

Francisco, que quando era arcebispo de Buenos Aires havia mandado muitos padres viverem nas favelas, está visivelmente feliz: "Sinto-me em casa partilhando este momento com irmãos e irmãs que ocupam – não tenho vergonha de o dizer – um lugar especial na minha vida e nas minhas escolhas".

Depois de ter recordado que "o caminho de Jesus começou na periferia, vai *dos* pobres e *com* os pobres para todos", o papa denuncia veementemente "a terrível injustiça da marginalização urbana", "as feridas provocadas pelas minorias que concentram o poder, a riqueza e esbanjam egoisticamente enquanto a crescente maioria deve refugiar-se em periferias abandonadas, contaminadas, descartadas". E a lista das opressões e das disparidades que causam danos aos estratos mais pobres da população é realmente impressionante: a distribuição desigual de terra, o acesso falho aos serviços básicos e a falta de água potável, "um direito humano essencial, fundamental e universal"; mas também a violência das organizações criminais, muitas vezes a serviço de interesses econômicos e políticos, que "utilizam crianças e jovens como 'carne de canhão' para os seus negócios ensanguentados". Tudo isso não é resultado de "uma combinação casual de problemas isolados", explica o papa, mas antes "uma consequência de novas formas de colonialismo".

Ainda assim, ao lado da denúncia, cabe o reconhecimento da "sabedoria dos bairros populares", dos "valores evangélicos que a sociedade opulenta, entorpecida pelo consumo desenfreado, parecia ter esquecido". Diz Bergoglio: "Vós sois capazes de tecer laços de pertença e convivência que transformam a superlotação numa experiência comunitária, onde se derrubam os muros do eu e superam as barreiras do egoísmo". E cita valores como "a solidariedade, dar a vida pelo outro, preferir o nascimento à morte, dar sepultura cristã aos seus mortos; oferecer um lugar para os doentes na própria casa, partilhar o pão com o faminto". "Obrigado por nos lembrardes que há outro tipo de cultura possível.

"Queria começar por reivindicar estes valores que vós praticais, valores que não aparecem cotados na Bolsa, valores que não são objeto de especulação nem têm preço de mercado."

Após a favela de Kangemi, Francisco chega às 10h ao estádio de Kasarani, onde é aguardado por 70 mil jovens e pelo presidente Uhuru Kenyatta. Uma vez mais, diante dos testemunhos que o comovem e instigam, o papa não fica indiferente. Depois de ouvir as perguntas de dois jovens, Linette e Manuel, deixa de lado, desde o princípio, o texto do discurso preparado e fala de improviso, com o que consegue entretecer um dos diálogos mais belos da viagem.

"Por que acontecem as divisões, as lutas, a guerra, a morte, o fanatismo, a destruição entre os jovens?" Francisco recorda que, nas primeiras páginas da Bíblia, um irmão mata o seu próprio irmão: "O espírito do mal leva-nos à destruição; o espírito do mal leva-nos à desunião, leva-nos ao tribalismo, à corrupção, à dependência da droga... Leva-nos à destruição através do fanatismo".

Bergoglio dedica palavras fortes a uma das chagas da África: "O tribalismo destrói uma nação; o tribalismo significa ter as mãos escondidas atrás das costas com uma pedra em cada uma delas para jogá-la contra o outro".

A essa altura, o papa pede aos 70 mil presentes – incluídos aí o presidente Uhuru Kenyatta e as outras autoridades do país – que se levantem e se deem as mãos, como um sinal contra o tribalismo: "Somos, todos, uma única nação! Assim deve ser o nosso coração". Milhares de mãos se apertam e se levantam unidas. O gesto inesperado vale mais que qualquer palavra.

Francisco se detém, em seguida, sobre outra chaga, aquela da corrupção. Recorda o caso de um jovem argentino entusiasta da política que tinha encontrado trabalho em um ministério. Tendo de decidir compras para o escritório, havia feito três orçamentos e escolhido o mais conveniente. Mas seu chefe lhe havia dito: "Por que escolheste este? É preciso escolher aquele que mais te enche os bolsos". Continua Bergoglio: "Em todas as instituições, inclusive o Vaticano, há casos de corrupção. A corrupção é como o açúcar: é doce, gostamos, é fácil... e depois? Acabamos mal. Com tanto açúcar fácil, acabamos diabéticos e também o nosso país se torna diabético. Sempre que aceitamos uma 'nota por baixo da mesa' e a metemos no bolso, destruímos o nosso coração, destruímos a nossa personalidade e a nossa pátria. Por favor, não ganheis gosto a este 'açúcar' que se chama corrupção".

Referindo-se à pergunta de Manuel sobre como ajudar quem se fez recrutar por fundamentalistas, o papa responde com seu habitual realismo: "Devemos saber por que motivo um jovem, cheio de esperanças, se deixa recrutar ou se oferece para ser recrutado. Afasta-se da sua família, dos seus amigos, da sua tribo, da sua pátria; afasta-se da vida, porque aprende a matar... Esta é uma pergunta que deveis pôr a todas as autoridades. Se um jovem não tem emprego, não consegue estudar, que pode fazer? Pode fazer-se delinquente, cair numa forma de dependência, suicidar-se... ou arrolar-se numa atividade que lhe dê um objetivo na vida, enganando-se. A primeira coisa que devemos fazer para evitar que um jovem seja recrutado é proporcionar-lhe *instrução e trabalho*. Se um jovem não tem trabalho, que futuro o espera? Se um jovem não tem possibilidades de receber uma educação, que pode fazer? Aqui está o perigo! É um perigo social, que nos ultrapassa, que ultrapassa o próprio país, porque depende de um sistema internacional que é injusto, que não coloca a pessoa no centro da economia, mas o deus dinheiro. E que posso fazer para o ajudar ou trazê-lo de volta? Antes de mais nada, rezar; mas com força! Deus é mais forte que qualquer campanha de recrutamento. E depois? Falai-lhe com afeto, com ternura, com amor e com paciência... Não o deixeis sozinho".

O papa faz também "uma confidência", colocando as mãos no bolso. "No bolso, trago sempre duas coisas: um terço, para rezar; e outra coisa, que parece estranha... Que é isto? É a história do falimento de Deus, uma pequena Via-Sacra", diz, extraindo um pequeno quadro dobrado como um livro. "Como Jesus sofreu desde quando foi condenado à morte até que foi sepultado... E, com estas duas coisas, procuro fazer o melhor que posso. Mas, graças a estas duas coisas, não perco a esperança."

Enfim, Francisco fala dos jovens que não experimentam o amor nas suas famílias. "Por todo lado há não apenas crianças abandonadas, mas também idosos abandonados, que se encontram sem ninguém que os visite, sem ninguém que lhes queira bem. Como se pode sair dessa experiência negativa de abandono, de falta de amor? Existe apenas um remédio para sair dessas experiências: dar aquilo que eu não recebi. Se não recebestes compreensão, sede compreensivos com os outros; se não recebestes amor, amai os outros; se sentistes a tristeza da solidão, aproximai-vos daqueles que estão sozinhos. A carne cura-se com a carne! E Deus fez-Se carne para nos curar. Façamos também nós o mesmo com os outros."

No começo da tarde, o papa deixa o Quênia e voa para Uganda. O motivo dessa segunda etapa em terras africanas é, sobretudo, concluir as celebrações do cinquentenário da canonização dos mártires de Namugongo, celebrada em 1964 por Paulo VI, que cinco anos depois visitaria Uganda em sua viagem ao continente negro. Mas também aqui voltam os temas da exclusão social e da plena participação de todos na vida da sociedade. Os abundantes recursos naturais, como as reservas petrolíferas na região do lago Alberto, não se traduzem, de fato, em riqueza para todos, mas agudizam a diferença entre os poucos ricos e o resto da população.

No aeroporto de Entebbe, o papa é recebido com um fragor indescritível, com grupos de dançarinos e músicos que tocam trombetas de chifre. Depois se dirige à State House para a saudação às autoridades do país e o encontro pessoal com o presidente Yoweri Museveni, que – para usar uma expressão do porta-voz do Vaticano, Federico Lombardi – "governa o país com mão firme". Poucas horas antes que o papa aterrissasse em Uganda, o Parlamento havia aprovado por unanimidade uma norma controvertida sobre organizações não governamentais que, temem alguns ativistas, terminará por calar qualquer forma de dissensão contra o governo.

Tomando a palavra na sala de conferências, Francisco menciona a canonização dos mártires, os quais nos recordam que, "apesar das nossas crenças religiosas e convicções diferentes, somos todos chamados a procurar a verdade, a trabalhar pela justiça e a reconciliação, e a respeitar-nos, proteger-nos e ajudar-nos uns aos outros como membros da única família humana". Depois disso, resume os motivos de sua viagem: "A minha visita visa ainda a chamar a atenção para a África no seu conjunto, para a promessa que representa, as suas esperanças, as suas lutas e as suas conquistas. O mundo olha para a África como o continente da esperança. Uganda foi realmente abençoada por Deus com abundantes recursos naturais, que sois chamados a administrar como guardiões responsáveis. Mas a nação foi abençoada sobretudo no seu povo: através das suas famílias sólidas, da sua juventude e dos seus idosos".

Na África Oriental, sublinha ainda Francisco, entre aplausos, "Uganda demonstrou um empenho excepcional na recepção dos refugiados, permitindo-lhes reconstruir a vida em segurança e experimentar a dignidade que provém de ganhar a própria subsistência com um trabalho honesto. O nosso mundo, imerso em guerras, violência e várias formas de injustiça, é testemunha de um movimento migratório de povos sem precedentes. O modo como enfrentamos este fenômeno é um teste da nossa humanidade, do nosso respeito pela dignidade humana e, acima de tudo, da nossa solidariedade para com os irmãos e irmãs necessitados".

Enfim, conclui seu discurso com a bênção de Deus em língua local: "*Mungu awabariki!*".

Finda a cerimônia, o cortejo papal deixa Entebbe e se dirige a Kampala. Quilômetros e quilômetros de estrada, ao longo dos quais chamam a atenção aglomerações pobres de casas privadas de tudo o que é serviço básico. Centenas de milhares de pessoas saúdam o pontífice com grande entusiasmo durante o trajeto.

O sol já cai quando Francisco chega ao átrio do santuário de Munyonyo, onde o esperam milhares de pessoas. Nesse lugar foram mortos em 1886 os primeiros quatro mártires de Uganda, entre os quais está André Kaggwa, patrono dos catequistas ugandenses. A chegada do papa é saudada com aplausos, gritos, cantos e danças. O arcebispo de Kampala toma do microfone para anunciar que, de agora em diante, a rua que leva ao santuário se chamará "Papa Francisco".

Bergoglio se dirige aos catequistas e aos professores presentes com palavras de gratidão: "Obrigado pela vossa dedicação, pelo exemplo que dais, pela proximidade ao povo de Deus na vida quotidiana e pelos mais variados modos como plantais e cultivais as sementes da fé em todo este vasto território".

Depois, um conselho para os momentos de dificuldade: "Mesmo quando a tarefa se apresenta gravosa, os recursos pouquíssimos e os obstáculos enormes, far-vos-á bem lembrar que o vosso é um trabalho santo. O Espírito Santo está presente onde o nome de Cristo é proclamado. Está entre nós sempre que elevamos os corações e as mentes para Deus na oração. Ele dar-vos-á a luz e a força de que precisais".

Antes de concluir sua jornada, longuíssima e muito cansativa, um último compromisso. Francisco recebe, na nunciatura de Kampala, o presidente do Sudão do Sul, Salva Kiir. Um gesto especial que atesta o interesse e a participação com os quais segue os esforços de pacificação do país.

O dia 28 de novembro se inicia com uma visita de tirar o fôlego. Francisco tem o rosto tenso e impressionado quando entra no santuário dos mártires anglicanos de Namugongo. Em tempo recorde, para sua chegada, foi realizado um grande pavilhão com estátuas realistas, em tamanho natural, que ilustram em detalhe o que aconteceu àqueles cristãos no fim do século XIX.

É impactante ver de perto as expressões de Bergoglio diante daquela visão terrível, que não deixa espaço para imaginação e mostra corpos torturados, estraçalhados, desmembrados. O papa escuta em silêncio as explicações do arcebispo anglicano, então se ajoelha para rezar naquele lugar onde o sangue de católicos e anglicanos se misturou.

Os mártires de Namugongo foram no total 45, 22 deles católicos. Esses últimos faziam parte de um grupo de servidores, pajens e funcionários do rei de Buganda – hoje parte de Uganda – convertidos ao catolicismo pelos missionários africanos do cardeal Charles

Lavigerie, os "Padres Brancos". Foram mortos por serem cristãos sob o reino de Mwanga II, entre 15 de novembro de 1885 e 27 de janeiro de 1887. Foram declarados beatos por Bento XV em 6 de junho de 1920 e canonizados em 8 de outubro de 1964 em Roma, por Paulo VI, que, em 1969, durante sua viagem à África, deu seus nomes ao grande santuário de Namugongo, erigido sobre o local do martírio de São Carlos Lwanga, o mais célebre do grupo. Carlos Lwanga era o chefe dos pajens da corte real. Foi morto por ter se recusado a condescender aos desejos homossexuais de Mwanga II e por ter protegido os pajens das atenções mórbidas do soberano. Condenado à morte em 25 de maio de 1886, foi queimado vivo em 3 de junho na colina de Namugongo. E bem ali, o terceiro papa em menos de cinquenta anos, depois de Montini e de João Paulo II (1993), Francisco celebrará sua primeira missa em Uganda.

Há uma grande e variada multidão à espera de Francisco, em um dia carregado de nuvens. Na vasta área do santuário se reuniram cerca de 300 mil pessoas. Muitas caminharam toda a noite na lama para participar da missa, que terá lugar em um grande anfiteatro. O altar foi realizado em uma estrutura com forma de tenda, ao centro de um laguinho artificial. Há mormaço, e a presença da água atrai torrentes de insetos. Dois sacerdotes que levam relicários com os restos dos mártires abrem a procissão.

Na homilia, o Papa Bergoglio recorda com gratidão o sacrifício dos mártires ugandenses, "cujo testemunho de amor a Cristo e à sua Igreja chegou, justamente, até 'aos confins do mundo'". "Recordamos também os mártires anglicanos, cuja morte por Cristo dá testemunho do ecumenismo do sangue... Penso nos Santos José Mkasa e Carlos Lwanga, que, depois de ter sido instruídos na fé pelos outros, quiseram transmitir o dom que receberam. Fizeram-no em tempos perigosos: não só a vida deles estava ameaçada, mas também a vida dos mais novos, confiados aos seus cuidados. A fé deles tornou-se testemunho." Mas esse seu testemunho não deve ser apropriado "com uma comemoração passageira ou conservando-a num museu como se fosse uma joia preciosa": honramo-la vivificando-a e levando-a "para os nossos lares e a nossa vizinhança, para os locais de trabalho e a sociedade civil, quer permaneçamos em nossas casas, quer tenhamos de ir até ao canto mais remoto do mundo".

No começo da tarde, um sol escaldante volta a brilhar sobre Kampala. O papa tem na agenda um encontro com 150 mil jovens que o esperam cantando e dançando na área do ex-aeroporto Kololo. Como sempre nesses casos, a palavra do hóspede é precedida por perguntas e testemunhos, como o de Winnie Nansumba, 24 anos, nascida e crescida com HIV, que ficou órfã aos 7 anos, e o de Emmanuel Odokonyero, sequestrado em 2003 pelo Exército de Resistência do Senhor (LRA), milícia armada de matriz cristã: Emmanuel viu seus colegas de seminário torturados e mortos e encontrou forças para escapar.

São relatos dramáticos e tocantes. Uma vez mais, o papa renuncia ao discurso preparado. Sente que tem de se comunicar de improviso: "Enquanto ouvia, perguntava-me: poderá uma experiência negativa servir para alguma coisa na vida? Sim! Tanto Emmanuel como Winnie viveram experiências negativas. Winnie pensava que não haveria futuro para ela; a vida era um muro na sua frente. Mas Jesus foi-lhe fazendo crer que é possível, na vida, fazer um grande milagre: transformar um muro num horizonte, um horizonte que me escancare o futuro. Hoje Winnie transformou em esperança a sua depressão, a sua amargura. Isto não é magia; é obra de Jesus, porque Jesus é o Senhor".

O papa recorda os mártires de Namugongo: "A nossa vida é como uma semente: para viver, é preciso morrer. E, às vezes, morrer fisicamente como sucedeu com os companheiros de Emmanuel; morrer como morreram Carlos Lwanga e os mártires de Uganda. Mas, através dessa morte, há uma vida, uma vida para todos. Se eu transformo o negativo em positivo, sou um triunfador. Mas só é possível fazer isso com a graça de Jesus".

Ao final, Bergoglio convida a rezar a Maria: "Quando uma criança cai e se machuca, começa a chorar e vai procurar a mãe. Quando temos um problema, o melhor que podemos fazer é ir aonde está a nossa Mãe; e rezar a Maria, nossa Mãe".

Após o encontro, o papa volta a subir em seu papamóvel aberto. Uma multidão de jovens o cerca, "sequestrando" Francisco por alguns minutos. Ele sorri, abençoa, aperta mãos. E depois finalmente consegue seguir adiante.

O segundo compromisso da tarde é a visita à Casa da Caridade de Nalukolongo, fundada pelo cardeal Emmanuel Kiwanuka Nsubuga, primeiro arcebispo de Kampala, que pediu para ser sepultado no local.

"Quero hoje dirigir um apelo a todas as paróquias e comunidades presentes no Uganda – e no resto da África – para que não esqueçam os pobres, não esqueçam os pobres!" Francisco escande a palavra. O seu pedido vai além dos limites da Casa de Caridade, além dos limites de Kampala, além daqueles de Uganda. É uma mensagem destinada a todo o continente. Um convite aos cristãos para que façam mais pelos pobres e pelos descartados, no rastro de exemplo deixado pelo cardeal Nsubuga, morto em 1991 e conhecido por suas tomadas de posição públicas contra as violações de direitos humanos durante os anos do regime ditatorial de Idi Amin Dada.

Durante a visita, o papa encontra um grupo de idosos, acompanhados de alguns jovens, seus amigos, pertencentes à comunidade de Santo Egídio. Vêm da favela de Naakulabye, onde muitas pessoas de idade avançada vivem abandonadas, muitas vezes pelas próprias famílias, em estado de grande pobreza.

"Grande era o meu desejo de visitar esta Casa da Caridade", diz Bergoglio. "Este lugar sempre apareceu associado com o empenho da Igreja a favor dos pobres, dos deficientes e dos doentes. Aqui, nos primeiros tempos, crianças foram resgatadas da escravidão e mulheres receberam uma educação religiosa. E aqui está presente Jesus", acrescenta, improvisando, "porque Ele disse que sempre estará presente entre os pobres, os doentes, os encarcerados, os deserdados, aqueles que sofrem... O Evangelho impõe-nos sair para as periferias da sociedade a fim de encontrarmos Cristo na pessoa que sofre e em quem passa necessidade. O Senhor diz-nos, em termos inequívocos, que nos julgará sobre isto".

A última etapa da jornada e o último compromisso público de sua visita a Uganda é o encontro com os padres, religiosos e religiosas na catedral de Santa Maria de Kampala. Também aqui o texto preparado fica na gaveta. Francisco improvisa. Sugere três palavras.

A primeira é "memória". O papa volta a pedir, como já fizera na América Latina, "a graça da memória". "O inimigo mais perigoso da memória é habituar-se a herdar os bens dos nossos pais. A Igreja em Uganda não deve jamais habituar-se a uma recordação distante dos seus mártires. Mártir significa testemunha. A Igreja em Uganda, para ser fiel a essa memória, deve continuar a ser testemunha. Não deve viver dos rendimentos."

A segunda palavra é "fidelidade". "Fidelidade significa fazer aquilo que fizeram as testemunhas anteriores: ser missionários."

A terceira palavra é "oração". "Se um religioso, uma religiosa, um sacerdote deixa de rezar ou reza pouco, porque diz que tem muito trabalho, já começou a perder a memória, já começou a perder a fidelidade. Oração, que significa também humilhação, a humilhação de ir regularmente ter com o confessor para lhe dizer os próprios pecados."

Enquanto o sol se põe sobre Kampala, a atenção – aliás, a agitação – de quem acompanha o papa nessa viagem se projeta sobre a última etapa – a República Centro-Africana. Uma meta que, como já se disse, está na origem da viagem em si, com a decisão sem precedentes de abrir antecipadamente o Jubileu da Misericórdia no coração do continente africano, em um país esquecido por todos.

"Está tudo confirmado! A ida à República Centro-Africana será a terceira belíssima etapa da viagem", diz sorrindo aos jornalistas o padre Federico Lombardi. O porta-voz do Vaticano garante uma vez mais que será como previsto o programa, que havia sido posto em questão por algumas indiscrições midiáticas, mas não pelo *entourage* papal. Francisco quer ir a esse país ainda atravessado por conflitos. Entre os colaboradores mais próximos de Bergoglio circula um cauteloso otimismo. O trabalho paciente de bastidores, a trégua alcançada e assinada pelos chefes das facções guerrilheiras dão boas esperanças, apesar de todos os chamamentos e pedidos para que se desistisse.

A poucas horas de distância da chegada do pontífice, o arcebispo de Bangui, Dieudonné Nzapalainga, diz que a abertura da Porta Santa em Bangui "será um novo início para a República Centro-Africana. Nós sofremos muito com tribulações, hesitações, dúvidas, massacres e com tudo que nos dividiu. O Papa Francisco vem para abrir nosso coração à ternura, à misericórdia, à reconciliação. É um modo de nos dizer: 'É tempo de perdoar, é tempo de reconstruir nosso país'". Suas palavras descrevem a situação de um país de tradição colonial francesa mergulhado no caos depois do golpe dado por milicianos muçulmanos seleka, que tiraram do poder o general François Bozizé. Aos seleka se opuseram os milicianos antibalakas (o nome significa "antimachete"). Depois da breve presidência do ex-líder seleka Michel Djotodia, na ocasião da visita de Bergoglio o país está sob o comando de um governo de transição presidido por Catherine Samba-Panza.

Até pouco tempo antes se verificavam confrontos letais em torno do bairro muçulmano Km 5, onde se encontra a mesquita que o papa pretende visitar na segunda-feira, 30 de novembro. Nos últimos dias, a situação se tornou bastante tranquila, depois da chegada de 300 capacetes-azuis da ONU, provenientes de outros países africanos. Os próprios habitantes de diversos bairros da capital se organizaram para ajudar os capacetes-azuis e a polícia local na manutenção da ordem e da segurança. De resto, também os muçulmanos esperam pelo papa. O presidente das comunidades islâmicas centro-africanas, o imã Oumar Kobine Layama, definiu os milicianos seleka como "rebeldes, e não crentes", porque, com seu comportamento, "destruíram a coesão social e não puseram em prática sua fé".

Depois da última noite transcorrida na nunciatura de Kampala, às 9h15 o avião da Alitalia levanta voo direto para Bangui, onde aterrissa menos de três horas mais tarde.

Assim que se sai da área da pista, enquanto ainda se conclui uma breve cerimônia de boas-vindas, já se percebe quão blindada está a cidade. Há gendarmes do Vaticano com coletes à prova de bala e levando suas pistolas bem visíveis no coldre, capacetes-azuis fortemente armados, metralhadoras prontas a disparar. Dentro de cada uma das vans que transportam os jornalistas há um soldado da ONU com um fuzil de assalto pronto para o uso. Mas basta cruzar os portões do aeroporto para dar-se conta de que Bangui não está em guerra e que o peregrino de Roma é muito esperado. Ao longo de todo o trajeto até o centro da cidade, uma multidão imensa se acotovela ao lado do caminho pontuado de favelas e de barracos pobres. Todos gritam, aplaudem, dançam, sorriem. A van se desloca em velocidade constante, é difícil fixar por mais do que uma fração de segundo o rosto das crianças, mulheres, velhos, jovens que fazem saudações entusiasmadas, manifestando em cada músculo a alegria por uma visita que, segundo a diplomacia ocidental, não devia acontecer.

Bem nos quilômetros mais arriscados do percurso, aqueles atrás do aeroporto, na zona controlada pelos antibalakas, há uma extraordinária presença de pessoas comuns, que agitam as mãos não só à passagem do papa mas também de todos aqueles que o acompanham. Quase como se dissessem: "Fiquem tranquilos, não queremos lhes fazer nenhum mal!". Também nas ruas de lama vermelha de Bangui, no coração da África usurpada e esquecida, Francisco viaja no papamóvel aberto, como se estivesse na Praça de São Pedro.

Para entender as razões da viagem à República Centro-Africana, tão fortemente desejada por Francisco, basta escutar as palavras comovidas que lhe dirige a presidente interina da República diante da classe dirigente e do corpo diplomático no palácio presidencial de Bangui. Catherine Samba-Panza, jurista de 61 anos empenhada na defesa dos direitos humanos, foi eleita porque era de todo distante das duas facções que ensanguentaram o país. "A sua visita", diz Samba-Panza ao papa, "é uma bênção dos céus, Deus escutou nossas orações e nos mandou um arauto da paz... A sua lição de coragem e determinação é exemplar e nos deve servir de ensinamento". Segura à custa as lágrimas, essa mulher corajosa e apaixonada por seu país, que recebeu o papa usando um vestido tradicional, azul decorado com flores brancas. Ao visitar a República Centro-Africana, apesar dos perigos e das ameaças à segurança, "demonstrou uma vez mais ser o papa dos pobres, dos torturados e de todos aqueles que vivem em dificuldade". Depois, pronuncia um comprometido mea-culpa em nome de todo o país: "Eis porque é o momento de todas as filhas e filhos deste país reconhecerem suas culpas e pedir sinceramente perdão... Em nome de toda a classe dirigente da nação, mas também em nome de todos aqueles que contribuíram de alguma forma à sua descida aos infernos, confesso todo o mal que foi feito aqui no curso da história e peço perdão do fundo do meu coração".

De todos os discursos feitos por chefes de Estado nos países visitados por Francisco, o de Catherine Samba-Panza em Bangui foi o mais comovente e profundo.

O papa sabe que sua presença física, neste contexto, é tão importante quanto suas palavras. Ao sentido e intenso discurso da presidente, responde com um texto lido em francês.

A reflexão se baseia no mote fundador da República Centro-Africana, "Unidade – Dignidade – Trabalho", que representa "uma bússola segura para as autoridades, que têm o dever de guiar os destinos do país". Bergoglio afirma: "Soube, com prazer, que a República Centro-Africana é o país do '*Zo kwe zo*', o país onde cada pessoa é uma pessoa... Por conseguinte, o acesso à instrução e à assistência sanitária, a luta contra a malnutrição e o empenho por garantir a todos uma habitação decente deveriam aparecer na vanguarda de um desenvolvimento cuidadoso da dignidade humana". Quanto ao trabalho, os centro-africanos podem "melhorar esta terra maravilhosa, explorando sensatamente os seus abundantes recursos". Mas não falta um significativo aceno à "grave responsabilidade" dos "parceiros internacionais" e das "sociedades multinacionais" na "exploração dos recursos ambientais, nas opções e projetos de desenvolvimento que, de uma forma ou de outra, afetam a Terra inteira".

A manhã continua com a visita a um dos campos de refugiados, o de Saint Sauveur, onde vivem 4 mil pessoas, em sua maioria mulheres e crianças. Segundo a Acnur, os refugiados na capital centro-africana são ao menos 75 mil. Muitos esperaram por horas o papa no complexo paroquial transformado em abrigo. À espera de sua chegada, os pequenos se aproximam dos repórteres e fotógrafos. Estendem a mão, dizem em francês: "Não tenham medo, não queremos lhes fazer mal!". Parecem saber que seu país foi descrito como o reservatório de todo o terrorismo. Parecem saber que a presença de Bergoglio foi posta em dúvida até o último momento e que, se o papa não viesse, o preço daquela derrota seria cobrado deles.

Francisco finalmente chega. Os meninos, que levam nas mãos faixas feitas de lençóis brancos, onde escreveram as palavras PAIX, AMOUR, PARDON (paz, amor, perdão), o cercam, o abraçam, não querem mais deixá-lo ir embora. Ele enfim consegue tomar o microfone para um breve discurso e faz com que se repita três vezes em voz alta: "*I Kwé i yèkè a ita!*", "somos todos irmãos!".

"Digo-vos que li aquilo que as crianças tinham escrito [nos cartazes]: 'paz', 'perdão', 'unidade', muitas coisas... 'amor'. Nós temos o dever de trabalhar e rezar a fim de fazer tudo pela paz. No entanto, a paz sem amor, sem amizade, sem tolerância e sem perdão não é possível. Cada um de nós deve fazer algo. Tanto a vós como a todos os centro-africanos, desejo a paz, uma paz imensa entre vós! Que vós possais viver em paz, independentemente da etnia, da cultura, da religião ou da condição social. Que todos vós vivais em paz, todos, porque somos todos irmãos!"

Durante o almoço, que Francisco consome rapidamente na nunciatura de Bangui, chega a notícia de novas mortes. Três pessoas teriam sido assassinadas ao tentarem sair da paróquia de Nossa Senhora de Fátima, mantida por padres combonianos no bairro Km 5, onde o papa é esperado no dia seguinte. Supostamente seriam pessoas que se escondiam na igreja para evitar a milícia seleka. A informação vem em um telefonema do padre Giovanni Zaffanelli ao bispo de origem espanhola Juan José Aguirre, pastor da diocese centro-africana de Bangassou. Aguirre adverte Francisco de imediato, durante o almoço. "Posso ir até lá?", pergunta na mesma hora Bergoglio ao núncio apostólico Franco Coppola. "Não, sinto muito", responde o embaixador vaticano. Esse diálogo seria narrado por Aguirre aos jornalistas espanhóis que ele visita logo após deixar a nunciatura.

Segundo a Rádio Notre Dame, que transmite de Bangui a notícia, as vítimas seriam cristãos que estavam tentando retornar a suas casas incendiadas. A gendarmaria vaticana, por outro lado, assim como fontes das Nações Unidas, sustenta que teria sido um episódio de criminalidade comum: pessoas que tinham intenção de entrar em algumas casas para roubar. Mais tarde, no fim do dia, chega o desmentido: algumas pessoas haviam, com efeito, sido capturadas por milicianos seleka, mas haviam sido libertadas incólumes. A trégua firmada parece, portanto, seguir de pé. Resta ainda a pergunta impetuosa do papa, que estava pronto a ir em pessoa até o bairro.

A longa tarde começa com um encontro dedicado às comunidades evangélicas atuantes no país. Francisco recorda os sofrimentos da República Centro-Africana. Mesmo "neste contexto difícil, o Senhor não cessa de nos enviar para manifestar toda a sua ternura, a sua compaixão e a sua misericórdia". Quanto à divisão entre cristãos, "é um escândalo, porque contrária, antes de mais nada, à vontade do Senhor. Mas é também um escândalo perante tanto ódio e tanta violência que dilaceram a humanidade".

E assim chega-se ao cume da jornada, da visita à República Centro-Africana e de toda a viagem. São 17h, e o papa, envolto no paramento roxo, percorre os poucos passos que o separam da catedral diante dele, do outro lado da praça.

As mãos de Francisco parecem quase se agarrar à porta de requadros de madeira, recém-envernizada, tão diferente daquela de São Pedro, engastada entre mármores preciosos. Aqui nada é suntuoso, trata-se apenas de tijolos vermelhos trazidos sobre a cabeça de missionários setenta anos antes. É uma igreja simples e sóbria. Mas lá dentro há muita gente em festa. Aos olhos do papa, a pobre e sofrida Bangui é "a capital espiritual do mundo". "O Ano Santo da Misericórdia chega adiantado a esta terra; uma terra que sofre, há diversos anos, a guerra e o ódio, a incompreensão, a falta de paz... Bangui torna-se a capital espiritual da súplica pela misericórdia do Pai. Todos nós pedimos paz, misericórdia, reconciliação, perdão, amor...

para Bangui, para toda a República Centro-Africana, para o mundo inteiro. Para os países que sofrem a guerra, peçamos a paz!".

Depois, como já fizera três vezes antes nessa viagem, pede a todos os fiéis que repitam com ele esta oração: "Todos juntos, peçamos amor e paz!". E a pronuncia no idioma local: "*Doyé siriri!*".

Então, se vira para a porta central da catedral e a abre, permanecendo por um instante com os braços abertos, enquanto os fiéis no interior aplaudem e se ajoelham.

Na homilia da missa, aquela antes do primeiro domingo do Advento, Bergoglio convida todos a se liberarem das "concepções de família e de sangue que dividem, para construir uma Igreja-Família de Deus, aberta a todos, que cuida dos mais necessitados". Depois recorda que uma das exigências essenciais da vocação cristã "é o amor aos inimigos, que protege contra a tentação da vingança e contra a espiral das retaliações sem fim". E conclui dizendo: "A todos aqueles que usam injustamente as armas deste mundo, lanço um apelo: abandone esses instrumentos de morte; armai-vos, antes, com a justiça, o amor e a misericórdia, autênticas garantias de paz". As últimas passagens da homilia são acolhidas e marcadas com muitos aplausos.

Ao final da missa, entre aqueles que o cumprimentam Francisco encontra uma freira idosa de origem sarda, Maria Concetta Esu, que passou toda a sua vida na África e traz nos braços uma menina.

Fora da catedral há jovens que ficaram toda a noite em vigília. Já está escuro quando o papa volta ao átrio para falar com eles. Uma vez mais o discurso preparado fica de lado. Bergoglio se dirige ao jovem Evans, que ao cumprimentá-lo lhe havia dito: "O que podemos fazer pela paz?", ao que ele responde usando a metáfora da bananeira, símbolo nacional: "A bananeira é resistente. Penso que isso indique claramente o caminho que vos é proposto neste tempo difícil de guerra, ódio, divisão: o caminho da *resistência*. [...] É preciso resistir, ter a coragem da resistência, da luta pelo bem! Quem foge não tem a coragem de dar vida". Depois torna a indicar o caminho da oração e do trabalho pela paz. "A paz não é um documento que se assina e fica ali. A paz constrói-se todos os dias. A paz é um trabalho artesanal, faz-se com as mãos, faz-se com a própria vida. Entretanto alguém pode-me pedir: 'Diga-me, Padre, como posso eu me fazer um artesão da paz?'. Primeiro: nunca odiar. E, se alguém te faz mal, procura perdoar. Nenhum ódio! Muito perdão!" Francisco insiste muito nesse ponto: "Vós compreendestes o que significa ser corajosos? Corajosos no perdão, corajosos no amor, corajosos na construção da paz. Estais de acordo?".

Antes de concluir sua jornada, dedicando-se à confissão de alguns jovens, Francisco diz: "Peço-vos também que rezeis por mim, para que possa ser um bom bispo, para que possa ser um bom papa. Prometeis rezar por mim?".

Trinta de novembro é o último dia da viagem e também aquele sobre o qual pesam as maiores preocupações, por causa da visita à mesquita, o edifício verde-claro com janelas de gelosia cerâmica que surge no coração do famigerado Km 5. Naquele bairro, uma linha divide a zona muçulmana, majoritária, da parte onde vivem os cristãos. A presença de Francisco é uma aposta vencida. Vencida sobretudo contra quem sustenta que não são possíveis o encontro e o diálogo com os muçulmanos.

Assim que entra na mesquita, o papa pede para ser conduzido ao *mihrab*, o nicho de mármore que indica a direção da Meca, portanto o ponto de maior devoção do interior do local de culto islâmico. Ali se recolhe, ficando em silêncio por alguns minutos, como havia feito em novembro de 2014 na Mesquita Azul de Istambul e como também fizera Bento XVI, ainda em Istambul, em 2006.

O imã Tidiani Moussa Naibi assim o saúda: "A solidariedade do mundo em relação ao povo centro-africano se manifesta hoje com sua presença na mesquita central de Bangui". Através dessa visita "o mundo nos dá a entender que nos olha e se preocupa com a nossa situação e, de nossa parte, queremos garantir ao mundo: nossa situação é apenas um momento de nossa história, não é eterna, é um momento doloroso, mas encontraremos a nossa paz e a nossa segurança a um dado tempo, encontraremos também uma paz e uma segurança ainda maiores e mais justas".

O Papa Bergoglio se senta sobre o sofá verde, ao lado do imã, vestido de branco, como ele. Quando toma a palavra, se dirige aos muçulmanos chamando-os "caros amigos". "Entre cristãos e muçulmanos, somos irmãos. Devemos, portanto, considerar-nos como tal, comportar-nos como tal. Sabemos bem que os acontecimentos recentes e as violências que abalaram o vosso país não se fundavam em motivos propriamente religiosos." Ainda uma vez, suas palavras são carregadas de realismo; a religião é muitas vezes um álibi, ou um amálgama, mas as guerras e as guerrilhas têm sempre outros interesses, outras motivações, outras causas que as desencadeiam. Muitas vezes, inomináveis.

"Quem afirma crer em Deus", acrescenta Francisco, "deve ser também um homem ou uma mulher de paz". Portanto, "juntos, digamos não ao ódio, não à vingança, não à violência, especialmente aquela que é perpetrada em nome de uma religião ou de Deus. Deus é paz, Deus *salam*". Enfim, menciona os "inúmeros gestos de solidariedade que cristãos e muçulmanos tiveram para com os seus compatriotas de outra confissão religiosa, acolhendo-os e defendendo-os durante esta última crise no vosso país, mas também noutras partes do mundo".

Ao final do encontro, os imãs dão a Bergoglio uma tábua que traz inscrito um verso do Corão e esta frase: "Se você encontra certas pessoas mais disponíveis a amar, essas são as que se dizem cristãs".

Na saída, Francisco passa pela escola de Koudoukou, onde crianças cristãs e islâmicas estudam juntas. Então, no papamóvel aberto, se dirige a um pequeno estádio ao lado da mesquita, onde se reuniram muitíssimas pessoas, na maioria muçulmanos. A acolhida é calorosíssima. O papa faz com que o imã suba no veículo e, ao seu lado, faz um passeio entre as pessoas. O líder muçulmano parece gostar. Dizem que desceu de mau grado do papamóvel.

A última etapa da viagem é a missa no estádio Barthélémy Boganda, de Bangui. Aplausos e cantos acolhem a chegada de Francisco ao complexo esportivo, que recebe o nome do primeiro sacerdote católico nativo da República Centro-Africana. Ordenado em 1938, Boganda foi eleito representante das colônias no Parlamento da União Francesa e fundou o partido Mesan, cujo mote era "nutrir, vestir, curar, instruir, alojar". Retornando à vida laica em 1950, foi premiê por um breve período, às vésperas da independência do país, obtida em 1960.

Apesar do calor sufocante, estão presentes cerca de 30 mil pessoas, entre as quais a presidente Catherine Samba-Panza. A liturgia é acompanhada de cantos e danças entusiasmantes. Durante a procissão inicial, todos os celebrantes e, por último, o pontífice atravessam duas filas de moças que dançam vestidas de verde. Durante a celebração, o Evangelho é levado por um menino no interior de uma espécie de canoa; é um símbolo que representa o modo como se leva um rei, segundo a tradição local. O garotinho representa o Menino Jesus.

Na homilia, Bergoglio convida com palavras simples e tocantes a elevar uma oração de reconhecimento: "Demos graças ao Senhor pela sua presença e pela força que nos dá no dia a dia da nossa vida, quando experimentamos o sofrimento físico ou moral, uma pena, um luto; pelos atos de solidariedade e generosidade de que nos torna capazes; pela alegria e o amor que faz brilhar nas nossas famílias, nas nossas comunidades, não obstante a miséria, a violência que às vezes nos circunda ou o medo do amanhã; pela coragem que infunde nas nossas almas de querer criar laços de amizade, de dialogar com aqueles que não são como nós, de perdoar a quem nos fez mal, de nos comprometermos na construção de uma sociedade mais justa e fraterna, onde ninguém é abandonado". E conclui com um apelo: "Cristãos da República Centro-Africana, cada um de vós é chamado a ser, com a perseverança da sua fé e com o seu compromisso missionário, artesão da renovação humana e espiritual do vosso país".

Ao término da celebração, na sacristia montada no estádio, os chefes das facções em luta entregam o documento de trégua que haviam firmado, com o empenho de garantir o desenvolvimento tranquilo da visita. Assim foi.

Depois de percorrer uma vez mais as ruas poeirentas de Bangui entre a multidão que o saúda, Francisco chega ao aeroporto e embarca para Roma. O calor e o cansaço o desafiaram, mas ele conseguiu abrir o Jubileu em uma periferia do mundo.

MÉXICO E O ABRAÇO HISTÓRICO DE CUBA

A viagem de Francisco ao México é anunciada pelo Vaticano em 12 de dezembro de 2015. O papa estará no grande país latino-americano que queria já ter visitado nos meses precedentes: como filho de imigrantes, o que já recordamos antes, teria, de fato, desejado entrar nos Estados Unidos não desembarcando do avião na capital federal, Washington, mas pela fronteira entre Ciudad Juárez e El Paso, aquela que tentam cruzar tantíssimos latinos. O programa divulgado prevê que o voo papal deixe o aeroporto de Fiumicino às 12h30 para chegar às 19h30 (hora local do México). É um horário pouco habitual, mas ninguém dá atenção a isso.

A verdade é que se trata de um horário fictício, que será modificado ao longo do planejamento. Na realidade pouquíssimas pessoas, mesmo no Vaticano, sabem que já há tempos, em grande segredo, vem sendo preparado um evento de porte histórico que será "pendurado" nessa primeira viagem de 2016: o primeiro encontro entre um pontífice e o patriarca de Moscou, chefe da Igreja russa, que tem sob sua jurisdição cerca de dois terços dos 200 milhões de ortodoxos espalhados pelo mundo. É um abraço desejado há ao menos vinte anos, primeiro por João Paulo II, depois por Bento XVI. Um compromisso pelo qual Francisco e o patriarca russo Cirilo trabalham faz tempo.

Em 30 de novembro de 2014, no voo de regresso de Istambul, onde havia presenciado, a convite do patriarca ecumênico de Constantinopla, Bartolomeu, as solenes celebrações da festa de Santo André, Bergoglio havia respondido a uma pergunta do correspondente em Roma da agência russa TASS, Aleksei Bukalov, sobre a possibilidade de um encontro com Cirilo: "Temos vontade de nos encontrar. Eu disse-lhe: 'Vou aonde quiseres. Chamas-me e eu vou!'. E ele tem a mesma vontade. Ambos queremos encontrar-nos e queremos avançar".

Durante o verão de 2015, Cirilo avisa de modo confidencial ao papa que fará uma viagem a Cuba em fevereiro do ano seguinte. O primeiro trâmite se dá pelo cardeal suíço Kurt Koch, que conduz o Conselho Pontifício pela Unidade dos Cristãos. A ilha caribenha representa um terreno absolutamente neutro, distante da Europa. Francisco já estava programando uma ida ao México. Tratava-se somente de fazer as duas datas coincidirem, de verificar a disponibilidade do presidente cubano, Raúl Castro, para hospedar o encontro e, depois, sobretudo, de manter a notícia reservada pelo máximo de tempo possível.

Isso não tanto pelas reações da casa católica: por décadas os papas haviam buscado o encontro e o abraço com o patriarca de Moscou, Aleixo II, primeiro e, depois, com Cirilo, seu sucessor. Durante o pontificado de Karol Wojtyła, disse-se muitas vezes que a nacionalidade do papa poderia representar um obstáculo: historicamente, as relações entre poloneses e russos jamais foram boas, e certas feridas do passado, sobretudo da parte ortodoxa, pesam ainda. Depois chegou Bento XVI, o papa alemão, e o encontro parecia enfim entrar no rol das possibilidades concretas. Por duas vezes, Ratzinger havia recebido Cirilo em Roma, quando ele era "ministro das Relações Exteriores" do patriarcado de Moscou, antes da morte de Aleixo II. Mas o encontro com o patriarca, que parecia a ponto de realizar-se, se desvaneceu novamente. O problema principal veio das reações internas à Igreja Ortodoxa Russa, onde não faltam posições decididamente contrárias a qualquer abertura ecumênica.

Quando, em setembro de 2015, o papa aterrissa em Havana, os contatos já estão ativados. "Sim, de fato, quando chegamos a Cuba", confidencia Alberto Gasbarri, organizador das viagens papais, "já havia uma tratativa em curso com Moscou, iniciada pelo cardeal Koch e depois seguida em conjunto. Cirilo já havia anunciado sua viagem a Cuba e nós estávamos preparando a ida ao México. O período ainda não estava decidido: era preciso ir em março, no máximo abril, por motivos climáticos. Indo mais tarde estaria calor demais. Tentamos então fazer as datas coincidirem. Foi necessário preparar duas viagens, uma certa, ao México, e outra possível, a Cuba. A partida de Roma anunciada no começo da tarde, com a chegada à Cidade do México às 19h30 (hora local), permitia também a parada cubana. Tentei conseguir que o Santo Padre não fizesse nada no seu primeiro dia no México, para que se adaptasse ao fuso horário. Portanto pedi que, do ponto de vista protocolar, não houvesse discursos, somente uma acolhida festiva. Havia estudado o horário de partida de Roma de modo a permitir três horas de colóquio entre o papa e Cirilo no aeroporto de Havana. Os detalhes do possível encontro tinham começado a ser analisados durante o sínodo de bispos, em outubro, quando ainda estava em Roma o metropolita Hilarion, responsável pelas relações exteriores do patriarcado de Moscou".

O anúncio do encontro foi feito em 5 de fevereiro de 2016, em um comunicado conjunto. "A Santa Sé e o Patriarcado de Moscou têm a alegria de anunciar que, com a graça de Deus, Sua Santidade o Papa Francisco e Sua Santidade o patriarca Cirilo de Moscou e de toda a Rússia se encontrarão em 12 de fevereiro. O encontro acontecerá em Cuba, onde o papa fará uma escala antes de sua viagem ao México e onde o patriarca estará em visita oficial. Ele compreenderá um colóquio pessoal no aeroporto internacional José Martí de Havana e se concluirá com a assinatura de uma declaração comum. Este encontro dos primazes da Igreja Católica e da Igreja Ortodoxa Russa, de há muito preparado, será o primeiro na história e marcará uma etapa importante nas relações entre as duas Igrejas. A Santa Sé e o Patriarcado de Moscou fazem votos de que seja também um sinal de esperança para todos os homens de boa vontade. Convidam todos os cristãos a rezar fervorosamente a fim de que Deus abençoe este encontro, que possa produzir bons frutos."

Alguns dias antes do anúncio oficial, Francisco informa o patriarca ecumênico de Constantinopla, Bartolomeu, acerca do encontro iminente. Ele responde com uma carta, exprimindo "sua satisfação e sua alegria".

Enquanto no Vaticano a notícia é divulgada, na sala de imprensa do Departamento de Relações Exteriores do Patriarcado de Moscou o metropolita Hilarion recorda que o encontro vinha sendo preparado "havia quase vinte anos", mas que a realização desse evento histórico havia sido acelerada pelo "genocídio de cristãos" pelas mãos do terrorismo. Hilarion afirma ainda que o primeiro encontro histórico entre o patriarca ortodoxo russo e o papa terá lugar em Cuba, e não na Europa, porque a ilha caribenha é, ao mesmo tempo, "território neutro" e onde "o cristianismo se desenvolve", enquanto a Europa é o continente onde se consumaram os "conflitos" entre as duas Igrejas, cujas relações são ainda marcadas por problemas não resolvidos, como o dos greco-católicos da Ucrânia. "O tema das perseguições a cristãos será central", informa Hilarion. "A situação que tem lugar agora no Oriente Médio, no África do Norte e Central e em algumas outras regiões onde extremistas cometem um verdadeiro genocídio da população cristã requer medidas urgentes e mais ainda em estreita colaboração entre as Igrejas cristãs. Essa situação é trágica: é preciso deixar de lado o desacordo interno e unir os esforços para salvar o cristianismo nas regiões onde sofre perseguições crudelíssimas."

Assim chega o dia 12 de fevereiro de 2016. O A330 da Alitalia deixa Fiumicino às 8h24 e aterrissa, depois de doze horas, em Havana, às 14h pela hora local. O sol é escaldante. O presidente Raúl Castro está na pista para receber o pontífice pela segunda vez em cinco meses.

O encontro com o patriarca acontece em uma salinha do aeroporto internacional José Martí, diante de um grande crucifixo de madeira pintada. "*Hermano*, irmão! Finalmente! *Somos hermanos*, somos irmãos!", diz Francisco, abraçando Cirilo. "Agora as coisas estão mais fáceis", responde o patriarca. "É a vontade de Deus", responde o papa. Cai um muro de separação que durou quase mil anos.

No colóquio, além dos dois chefes religiosos e dos respectivos intérpretes, encontram-se o cardeal Koch e o metropolita Hilarion. Fala-se de problemas abertos entre as duas Igrejas, mas, sobretudo, dos problemas do mundo e dos cristãos no mundo. É um diálogo franco e sincero. O texto da declaração conjunta que Francisco e Cirilo firmam ao final do colóquio foi preparado e polido com antecedência. Mas até o último momento, a pedido da Igreja russa, não foi divulgado aos jornalistas. É o fruto de um trabalho longo e paciente, que viu os ortodoxos russos imporem diversas condições e que, em certas passagens, parece se contrapor à agenda geopolítica de Vladimir Putin.

"Nestes tempos difíceis, o futuro da humanidade depende em grande parte da nossa capacidade conjunta de darmos testemunho do Espírito de verdade", lê-se em uma das passagens-chave da declaração, composta de trinta parágrafos. O papa e o patriarca sentem "mais fortemente a necessidade de um trabalho comum", não obstante as divisões e as feridas dos conflitos passados e as divergências herdadas. O objetivo final é o "restabelecimento da unidade".

As comunidades cristãs vítimas de perseguições no mundo suscitam particular preocupação: "Em muitos países do Oriente Médio e do Norte da África, os nossos irmãos e irmãs em Cristo veem exterminadas as suas famílias, aldeias e cidades inteiras". Na Síria, no Iraque e em outros países do Oriente Médio, "constatamos, com amargura, o êxodo maciço dos cristãos". Por isso, Francisco e Cirilo pedem "a ação urgente da comunidade internacional para prevenir uma nova expulsão dos cristãos do Oriente Médio", conscientes, além disso, das "tribulações sofridas pelos fiéis de outras tradições religiosas, também eles vítimas da guerra civil, do caos e da violência terrorista". Os dois líderes pedem à comunidade internacional "pôr fim à violência e ao terrorismo" na Síria e no Iraque. "Elevamos as nossas súplicas a Cristo, Salvador do mundo, pelo restabelecimento da paz no Oriente Médio."

Depois se menciona aquilo que Francisco ama definir como "ecumenismo do sangue". "Curvamo-nos perante o martírio daqueles que, à custa da própria vida, testemunham a verdade do

Evangelho, preferindo a morte à apostasia de Cristo. Acreditamos que estes mártires do nosso tempo, pertencentes a várias Igrejas mas unidos por uma tribulação comum, são um penhor da unidade dos cristãos." "Nenhum crime pode ser cometido em nome de Deus", recordam o papa e o patriarca.

Outro ponto crítico destacado pelos dois líderes diz respeito à liberdade religiosa, em relação à qual "a transformação de alguns países em sociedades secularizadas, alheias a qualquer referência a Deus e à sua verdade, constitui uma grave ameaça". Particular inquietude causa a limitação de direitos dos cristãos ou até mesmo sua discriminação "quando algumas forças políticas, guiadas pela ideologia de um secularismo frequentemente muito agressivo, procuram relegá-los para a margem da vida pública".

Francisco e Cirilo convidam a "manter-se vigilantes contra uma integração que não seja respeitadora das identidades religiosas. Embora permanecendo abertos à contribuição de outras religiões para a nossa civilização, estamos convencidos de que a Europa deve permanecer fiel às suas raízes cristãs".

Escoltadas por esses valores, "as Igrejas cristãs são chamadas a defender as exigências da justiça, o respeito pelas tradições dos povos e uma autêntica solidariedade com todos os que sofrem". Porque não é possível ficar indiferentes nem diante da "sorte de milhões de migrantes e refugiados que batem à porta dos países ricos" nem do "consumo desenfreado" que está "esgotando os recursos do nosso planeta".

Algumas passagens muito claras são dedicadas à família e à vida. A família "funda-se no matrimônio, ato de amor livre e fiel entre um homem e uma mulher. [...] Lamentamos que outras formas de convivência já estejam postas ao mesmo nível desta união, ao passo que o conceito, santificado pela tradição bíblica, de paternidade e de maternidade como vocação particular do homem e da mulher no matrimônio seja banido da consciência pública". A vida é um direito inalienável, que deve ser respeitado e preservado: "Milhões de crianças são privadas da própria possibilidade de nascer no mundo. A *voz do sangue* das crianças não nascidas *clama a Deus*".

Preocupações análogas se dirigem também à "chamada eutanásia", que "faz com que as pessoas idosas e os doentes comecem a sentir-se um peso excessivo para as suas famílias e a sociedade em geral", e ao desenvolvimento de técnicas de reprodução assistida, "porque a manipulação da vida humana é um ataque aos fundamentos da existência do homem, criado à imagem de Deus".

Não só a tradição da Igreja no primeiro milênio, portanto, une católicos e ortodoxos, mas também "a missão de pregar o Evangelho de Cristo no mundo de hoje". "Esta missão exige o respeito mútuo entre os membros das comunidades cristãs e exclui qualquer forma de proselitismo. Não somos concorrentes, mas irmãos: por esta certeza, devem ser guiadas todas as nossas ações recíprocas e em benefício do mundo exterior." Por isso não é possível aceitar "o uso de meios desleais para incitar os crentes a passar de uma Igreja para outra".

Significativo, enfim, o destaque dado à guerra ucraniana: "Convidamos todas as partes do conflito à prudência, à solidariedade social e à atividade de construir a paz. Convidamos as nossas Igrejas na Ucrânia a trabalhar por se chegar à harmonia social, abster-se de participar no conflito e não apoiar ulteriores desenvolvimentos deste". Os católicos ucranianos do rito oriental haviam expressado, justo nas semanas precedentes, fortes temores pelo encontro entre o papa e o patriarca.

Foi só o tempo dos cumprimentos e apertos de mão, e Francisco já estava subindo a escada do avião para prosseguir rumo ao México.

A bordo, o papa volta a falar com os jornalistas, que já havia cumprimentado quando da saída de Roma. Não obstante a jornada cansativa, não deixa de comunicar suas primeiras impressões sobre o acontecido. "Falamos com toda a franqueza, como irmãos. Senti uma alegria interior...", conta, visivelmente feliz pelo encontro com Cirilo. "Penso que, com a declaração que recebestes, tendes trabalho para toda a noite e também para amanhã!", diz, brincalhão. "Mas gostaria de vos dizer os meus sentimentos."

Em primeiro lugar, "o sentimento de acolhimento e de disponibilidade do presidente Castro". "Eu tinha falado com ele deste encontro, da outra vez", isto é, quando da viagem a Cuba em setembro de 2015, "e ele se pôs à disposição para o que fosse necessário".

"Com Cirilo", acrescenta Bergoglio, "foi uma conversação entre irmãos. Pontos claros, que preocupam a ambos, falamos deles. Com toda a franqueza. Eu senti-me diante de um irmão, e também ele me disse o mesmo. Antes de tudo, dois bispos que falam da situação das suas Igrejas; em segundo lugar, sobre a situação do mundo, das guerras, guerras que agora correm o risco de não ser tanto 'aos pedaços', mas que envolvem tudo; e sobre a situação da ortodoxia, do próximo Sínodo Pan-Ortodoxo... Mas eu digo-vos, deveras, sentia uma alegria interior que era própria do Senhor. Ele falava livremente e eu também. Sentia-se a alegria".

Francisco revela, além disso, que durante o encontro fizeram "um programa de possíveis actividades em comum, porque a unidade faz-se caminhando". "Certa vez eu disse que, se a unidade se faz no estudo, estudando a teologia e o resto, talvez o Senhor venha e nós ainda estamos a fazer a unidade. A unidade faz-se caminhando, caminhando: que pelo menos o Senhor, quando vier, nos encontre a caminho."

Por fim, o Papa Bergoglio faz um aceno à declaração conjunta: "Não é uma declaração política, não é uma declaração sociológica, é uma declaração pastoral, até quando se fala do secularismo e de coisas explícitas, da manipulação biogenética e de todo o resto. Mas é pastoral: de dois bispos que se encontraram com preocupação pastoral. E eu fiquei feliz. Agora esperam-me 23 quilômetros de papamóvel aberto...".

Na chegada à Cidade do México, não há discursos, mas uma acolhida triunfal e muito cenográfica, com dezenas de bailarinos, luzes e uma grande multidão à espera nas arquibancadas. Aguarda por Francisco o jovem presidente Enrique Peña Nieto, acompanhado de sua mulher, a atriz Angélica Rivera, casada com ele em segundas núpcias, após ter obtido a anulação matrimonial da Igreja, em um processo que hoje é contestado por alguns.

Não faltam no país as profundas contradições que, de resto, caracterizam todo o continente latino-americano. O povo vive em um "estado de guerra" permanente, com violências e sequestros. O número de pessoas desaparecidas no arco dos últimos dez anos é da ordem de diversos milhares: entre eles, estão os 43 estudantes de Ayotzinapa sequestrados e massacrados em 26 de setembro de 2014. A Igreja também é vítima de violências. O clero mexicano tem um grande número de mártires, não somente no século passado, da época das notórias perseguições dos anos 1920, mas também contemporâneos: só na última década, foram mortos 41 sacerdotes. Segundo os dados do Centro Multimídia Católico, nos últimos 25 anos foram registradas 52 agressões contra membros da Igreja Católica: a maior parte dos crimes é perpetrada contra padres (78%), seguidos de sacristãos (10%), seminaristas (8%), diáconos (2%) e jornalistas católicos (2%). Sem esquecer o assassinato do cardeal Juan Jesús Posadas Ocampo, arcebispo de Guadalajara, em maio de 1993. Mas o México é também o país "*siempre fiel*": aquele das multidões entusiasmadas por João Paulo II, de tradição laicíssima, mas com uma população profundamente católica, ligada sobretudo ao culto de Nossa Senhora de Guadalupe, a Virgem de traços mestiços que se tornou símbolo de identidade do continente americano. A imagem mariana que miraculosamente se imprimiu num tecido rústico pertencente ao índio Juan Diego em 1531, depois de uma série de aparições ocorridas ao camponês no monte Tepeyac, é venerada por milhões de pessoas todos os anos.

Ao sair da nunciatura, onde está hospedado, Bergoglio encontra uma grande multidão à sua espera. Será assim a cada chegada e saída sua. Mulheres, jovens, crianças, velhos, doentes: são muitos os que ficam ali o dia inteiro, com a esperança de algum gesto não programado, que o papa a cada vez termina por conceder, aproximando-se, abraçando, abençoando.

O primeiro dia mexicano da viagem, o único inteiramente dedicado à capital federal, tem início com um evento de valor simbólico. Pela primeira vez um papa é recebido com todas as honras no palácio presidencial da Cidade do México, que domina um lado da Praça da Constituição, uma das maiores do mundo, popularmente chamada "*el Zócalo*" e considerada o centro da identidade nacional mexicana.

Quando João Paulo II chegou, em janeiro de 1979, foi acolhido no aeroporto como "senhor Karol Wojtyła". O país, de fato, ainda se ressentia de uma impostação fortemente laicista, e seus bispos estavam acostumados a usar trajes civis. Nas muitas visitas sucessivas – a última das quais em 2002 –, mesmo se uma notável mudança de clima se registrara, o pontífice polonês jamais seria recebido como um chefe de Estado. Bento XVI, em 2012, havia visitado outra zona do país, o estado de Guanajuato, sem passar pela capital federal. Agora, Francisco pela primeira vez cruza a soleira do Palácio Nacional. Depois dos hinos no pátio e do encontro privado, o papa e o presidente dos Estados Unidos Mexicanos descem ao grande pátio central, onde são aguardados por mil pessoas, entre as quais autoridades políticas e diversas personalidades da sociedade civil.

Bergoglio se apresenta como "missionário de misericórdia e de paz, mas também como um filho que quer prestar homenagem à sua mãe, a Virgem de Guadalupe, e deixar-se olhar por Ela". No discurso, tece loas ao povo mexicano, recordando que o país é como uma "encruzilhada das Américas", com suas culturas indígena, mestiça e crioula que lhe dão "uma identidade própria". "A sabedoria ancestral que o seu multiculturalismo traz consigo é, de longe, um dos seus maiores recursos humanos."

Francisco fala, então, dos jovens, "principal riqueza do México", dado que "um pouco mais da metade da população é composta de jovens". "Isto permite pensar e projectar um futuro, um amanhã." E para um futuro de esperança são necessários "homens e mulheres justos, honestos, capazes de comprometer-se com o bem comum, aquele 'bem comum' que neste século XXI não é muito apreciado. A experiência demonstra-nos que, quando se busca o caminho do privilégio ou do benefício para poucos em detrimento do bem de todos, mais cedo ou mais tarde, a vida em sociedade transforma-se num terreno fértil para a corrupção, o tráfico de drogas, a exclusão das culturas diferentes, a violência e até o tráfico humano, o sequestro e a morte, que causam sofrimento e travam o desenvolvimento".

Aos responsáveis pela vida social, cultural e política "compete de modo especial trabalhar para oferecer a todos os cidadãos a oportunidade de serem dignos protagonistas do seu destino na família e em todos os âmbitos onde se desenvolve a socialidade humana, ajudando-os a ter acesso efetivo aos bens materiais e espirituais indispensáveis: moradia adequada, trabalho digno, alimentação, justiça real, uma segurança eficaz, um ambiente são e pacífico".

Do Palácio Nacional à antiga Catedral Metropolitana é um caminho breve. Bastam poucas centenas de passos. O que impressiona, percorrendo-o, são os grandes vazios na praça. Por motivos de segurança, os acessos foram limitados, e a Conferência Episcopal distribuiu um número reduzido de ingressos.

A catedral, dedicada à Assunção de Maria, é um triunfo da arte barroca. Construída em pedra cinza, tem o interior dividido em cinco naves e conta com dezesseis capelas. Do lado de dentro, não esperam pelo papa somente os fiéis, mas 150 bispos mexicanos. O que se anuncia diante deles é talvez a fala mais importante da viagem, destinada a deixar também alguma marca de polêmica.

Entre os relevos e as grandes colunas revestidas de veludo vermelho-escuro, o papa fala pacatamente. O fio condutor de sua mensagem à Igreja mexicana é o olhar maternal de Nossa Senhora de Guadalupe, "a Virgem Moreninha", a qual nos ensina "que a única força capaz de conquistar o coração dos homens é a ternura de Deus". E, no entanto, diversas passagens são cortantes: "Inclinai-vos, irmãos, com delicadeza e respeito, sobre a alma profunda do vosso povo, debruçai-vos com atenção e decifrai o seu rosto misterioso... É necessário um olhar capaz de refletir a ternura de Deus. Por isso, sede bispos de olhar límpido, alma transparente, rosto luminoso; não tenhais medo da transparência; a Igreja não precisa da obscuridade para trabalhar. Vigiai para que os vossos olhares não se cubram com as penumbras da névoa do mundanismo; não vos deixeis corromper pelo vulgar materialismo nem pelas ilusões sedutoras dos acordos feitos por baixo da mesa; não ponhais a vossa confiança nos 'carros e cavalos' dos faraós de hoje".

O discurso de Bergoglio não é circunstancial, mas manifesta, de forma evidente, sua preocupação precisa com a realidade mexicana: "Não percais tempo e energias nas coisas secundárias, nas críticas e intrigas, em projetos vãos de carreira, em planos vazios de hegemonia, nos clubes estéreis de interesses ou compadrios. Não vos deixeis paralisar pelas murmurações e maledicências". São palavras nas quais se intui uma clara referência a processos e dinâmicas existentes no interior do episcopado.

"Peço-vos que não subestimeis o desafio ético e anticívico que o narcotráfico representa para a sociedade mexicana inteira, inclusive a Igreja. A amplitude do fenómeno, a complexidade das suas causas, a imensidade da sua extensão como metástase devoradora, a gravidade da violência que desagrega e suas conexões transtornadas não consentem que nós, pastores da Igreja, nos refugiemos em condenações genéricas, mas exigem uma coragem profética e um projeto pastoral sério e qualificado... Só começando das famílias; aproximando-nos e abraçando a periferia humana e existencial das áreas desoladas das nossas cidades; envolvendo as comunidades paroquiais, as escolas, as instituições comunitárias, a comunidade política, as estruturas de segurança; só assim será possível libertar-se totalmente das águas onde, infelizmente, se afogam tantas vidas, seja a vida de quem morre como vítima, seja a de quem diante de Deus terá as mãos sempre manchadas de sangue, mesmo que tenha os bolsos cheios de dinheiro sórdido e a consciência anestesiada."

Uma outra passagem da importante fala do papa diz respeito ao tema dos povos indígenas: "Nunca compreenderemos suficientemente o fato de Deus ter tecido, com os fios mestiços do nosso povo, o rosto com que Se deu a conhecer! Nunca Lhe agradeceremos bastante... Peço-vos um olhar de singular delicadeza para os povos indígenas, para eles e suas fascinantes e não raro massacradas culturas. O México tem necessidade das suas raízes ameríndias, para não ficar um enigma sem solução... O vosso passado é um poço de riquezas por escavar, que pode inspirar o presente e iluminar o futuro. Ai de vós se vos deixais adormentar sobre os louros!". E é necessário, para os pastores, "vencer a tentação da distância e do clericalismo, da frieza e da indiferença, do triunfalismo e da autorreferencialidade". Porque somente uma Igreja "que saiba proteger o rosto dos homens que vêm bater à sua porta será capaz de lhes falar de Deus. Se não decifrarmos os seus sofrimentos, se não nos dermos conta das suas necessidades, nada poderemos oferecer. [...] Não há necessidade de 'príncipes', mas de uma comunidade de testemunhas do Senhor".

Na tarde de 13 de fevereiro de 2016, o papa celebra uma missa no grande santuário de Nossa Senhora de Guadalupe, aos pés da imagem mariana mais venerada do mundo. A *tilma* do índio Juan Diego, um humilde poncho tecido de *ayate*, uma fibra rústica, e que se conserva há séculos encastoada em uma grande moldura prateada, que se move sozinha. O quadro, se necessário, pode ser girado no interior de uma pequena câmara, o *camarín*, que permite ao visitante uma visão aproximada. A grande igreja em estilo moderno transborda de fiéis.

Na homilia, o papa fala de Maria, que visitou sua prima para ajudá-la, como conta o Evangelho, e que de forma semelhante quis "visitar os habitantes desta terra da América na pessoa do índio São Juan Diego", acompanhando "a gestação desta abençoada terra mexicana".

Naquela madrugada de dezembro de 1531, quando acontece o primeiro milagre de Guadalupe, "Deus despertou a esperança de seu filho Juan, a esperança dum povo". "Naquele amanhecer, Deus despertou e desperta a esperança dos mais humildes, dos atribulados, dos deslocados e marginalizados, de quantos sentem que não têm um lugar digno nestas terras. Naquele amanhecer, Deus aproximou-Se e aproxima-Se do coração atribulado mas resistente de tantas mães, pais, avós que viram os seus filhos partir, viram-nos perdidos ou mesmo arrebatados pela criminalidade."

São Juan Diego, o índio profeta, canonizado nessa mesma basílica por João Paulo II, em 2002, "mais do que uma vez disse à Virgem que ele não era a pessoa certa; antes, se Ela queria levar por diante aquela obra, deveria escolher outros, porque ele não tinha instrução, não era formado, nem pertencia ao grupo daqueles que poderiam realizá-la. Maria, decididamente – com a decisão que nasce do coração misericordioso do Pai –, não aceita: ele seria o seu mensageiro".

O papa convida os peregrinos a fazerem silêncio, a olharem a Virgem, "intensamente e com calma", para poder ouvir sua voz, que “nos repete mais uma vez: ‘Que tens, meu filho, o menor de todos? O que é que entristece o teu coração? Porventura não estou aqui Eu, Eu que tenho a honra de ser tua mãe?’”. “Ela diz-nos que tem a ‘honra’ de ser nossa mãe. Isto dá-nos a certeza de que as lágrimas daqueles que sofrem não são estéreis. São uma oração silenciosa que sobe até ao céu e que, em Maria, encontra sempre lugar sob o seu manto. Nela e com ela, Deus faz-Se irmão e companheiro de estrada, carrega conosco as cruzes para não deixar as nossas dores esmagar-nos… ‘Sê o meu mensageiro’ – diz-nos – ‘dando de comer aos famintos, de beber aos sedentos; oferece um lugar aos necessitados, veste os nus e visita os doentes. Socorre os prisioneiros, não os deixes sozinhos, perdoa a quem te fez mal, consola quem está triste, tem paciência com os outros e sobretudo implora e invoca o nosso Deus’.”

Ao fim da cerimônia, despido das vestes litúrgicas, o papa sobe ao *camarín*. Do lado de fora, no lugar do quadro que encerra a *tilma*, a multidão de fiéis vê, como em um camafeu, a imagem de Francisco absorto em oração diante da efígie da Virgem.

“Porventura não sou tua mãe? Não estou Eu aqui? Não te deixes vencer pelas tuas dores, pelas tuas tristezas…”.

O primeiro bispo de Roma nascido na América Latina pode, finalmente, olhar de perto nos olhos da Virgem de Guadalupe. Ou, melhor, pode finalmente deixar-se olhar por ela.

Desde o segundo dia da visita ao México, a capital federal se transforma para Francisco em um ponto de apoio, o lugar ao qual retornará de noite, enquanto de dia visita algumas zonas do país. Em 14 de fevereiro de 2016, primeiro domingo da Quaresma, Francisco celebra missa em Ecatepec, começando o dia com um ato não programado e que se tornaria uma tradição. Saindo da nunciatura, o papa se encontra circundado por dezenas de milhares de pessoas que querem cumprimentá-lo, tantas a ponto de parar o papamóvel. Ele desce, se aproxima de um grupo de monjas de clausura que o esperam diante do portão de seu mosteiro. Então abençoa e abraça alguns enfermos.

Ecatepec, "colina ventosa", em língua nauatle, é uma cidade-satélite conurbada à periferia da capital federal. A maioria de seus habitantes faz diariamente o trajeto de ida e volta para trabalhar na Cidade do México. Na área campestre do Centro de Estudos Superiores, alocaram-se cerca de 300 mil pessoas. Alguma coisa deu errado na distribuição dos ingressos gratuitos impressos pela Conferência Episcopal: foram distribuídos menos do que o lugar podia acomodar: "Na minha paróquia, em Toluca, nos deram somente 100", conta Angélica Gómez, uma senhora idosa envolta em um poncho marrom, que passou a noite sobre a terra poeirenta da esplanada no aguardo do encontro com o papa. "Muitíssima gente ficou em casa." A segurança impediu que as pessoas levassem alimentos e água à esplanada, e muitas pessoas dormiram ao relento, sob uma temperatura que, durante a madrugada, pode descer aos 3°.

Uma gigantesca estrutura branca recobre o palco papal, e uma grande cruz prateada engastada num painel de madeira escura lhe serve de fundo. Mais abaixo, uma série de vívidas decorações florais e geométricas, em estilo indígena, delimita o palco.

Na homilia, Bergoglio explica: "O nosso Pai é pai de uma grande família: é Pai nosso. Sabe ter um amor, mas não gerar e criar 'filhos únicos'. É um Deus que Se entende de família, de fraternidade, de pão partido e partilhado". Mas esse sonho "se encontra continuamente ameaçado pelo pai da mentira, por aquele que quer separar-nos, gerando uma família dividida e conflituosa. Uma sociedade de poucos e para poucos". Aqui, o papa cita as três tentações de Cristo no deserto, as mesmas que "o cristão enfrenta diariamente". A primeira é a riqueza, isto é, apropriar-se "de bens que foram dados para todos, usando-os só para mim ou para 'os meus'. É conseguir o pão com o suor alheio ou até com a vida alheia. Tal riqueza é pão que sabe a tristeza, amargura e sofrimento". A segunda tentação é a vaidade, isto é, "a busca de prestígio baseada na desqualificação contínua e constante daqueles que 'não são ninguém'". A terceira é o orgulho, ou seja, "colocar-se num plano de superioridade de qualquer tipo, sentindo que não se partilha 'a vida comum dos mortais' e rezando todos os dias: 'Dou-Vos graças, Senhor, porque não me fizestes como eles'".

"Escolhemos Jesus, e não o diabo", explica Francisco. "Com o demônio não se dialoga, não se pode dialogar", acrescenta, levantando a voz de repente, antes de recordar que o período da Quaresma é um convite à conversão.

No *Angelus*, Bergoglio menciona algumas das chagas do país: convida "a fazer desta abençoada terra mexicana uma terra de oportunidades; onde não haja necessidade de emigrar para sonhar; onde não haja necessidade de se deixar explorar para ter emprego; onde não haja necessidade de fazer do desespero e da pobreza de muitos ocasião para o oportunismo de poucos".

Antes de retornar à capital, Bergoglio faz uma parada para o almoço no seminário de Ecatepec, ficando um pouco encabulado – como confidenciará a seus colaboradores – pelo excesso de suntuosidade dos víveres e das preparações. De tarde, na Cidade do México, Bergoglio visita o hospital pediátrico público Federico Gómez, de 212 leitos, que atende às crianças mais pobres afetadas por patologias graves e cujos pequenos pacientes provêm de todo o país. Aqui também havia parado João Paulo II em sua primeira visita ao México, em janeiro de 1979. Uma grande patrocinadora da visita é a primeira-dama, Angélica Rivera. A mulher do presidente Enrique Peña Nieto acompanha o papa no local. Francisco saúda uma a uma as dezenas de crianças doentes sentadas ao lado de seus pais. "Saiba que continuaremos a rezar por Sua Santidade", lhe diz a primeira-dama.

"Agradeço a Deus, que me dá a oportunidade de vir visitar-vos, de me encontrar convosco e com as vossas famílias", diz Bergoglio, tomando brevemente a palavra. Recorda "uma passagem no Evangelho que nos narra a vida de Jesus quando era criança. Era ainda muito pequeno, como alguns de vós. Um dia os seus pais, José e Maria, levaram-No ao Templo para O apresentarem a Deus. E lá encontram um ancião que se chamava Simeão; o velhinho, ao ver o Menino, com muita determinação, grande alegria e gratidão, toma-O nos braços e começa a bendizer a Deus. Ao ver o menino Jesus, duas coisas nasceram nele: um sentimento de gratidão e o desejo de bendizer".

"Simeão", explica Francisco, "é o 'avô' que nos ensina estas duas atitudes fundamentais da vida: agradecer e bendizer. Aqui sinto-me (e não só pela idade) muito identificado com estes dois ensinamentos de Simeão".

Francisco repete uma série de "obrigados". "Obrigado pelo carinho com que me recebeis; obrigado pelo afeto com que sois cuidados aqui, pelo afeto com que vos acompanham. Obrigado pelo esforço de muitos que estão a dar o seu melhor para poderdes recuperar-vos rapidamente." Ao mesmo tempo, acrescenta, "quero abençoar-vos. Quero pedir a Deus que vos abençoe, que acompanhe a vós e aos vossos familiares, a todas as pessoas que trabalham nesta casa e procuram que estes sorrisos continuem a crescer cada dia; a todas as pessoas que, não só com medicamentos, mas com a 'carinhoterapia', ajudam para que este tempo seja vivido com maior alegria. É muito importante a 'carinhoterapia'!".

Bergoglio pergunta depois aos pequenos doentes se conhecem o índio Juan Diego, o vidente de Guadalupe. "Quando o tio de Juanito caiu doente, este ficou muito preocupado e angustiado. Naquele momento, aparece a Virgem de Guadalupe e diz-lhe: 'Não se perturbe o teu coração, nem te inquiete coisa alguma. Não estou aqui eu, que sou tua Mãe?'. Que o Senhor e a Virgem de Guadalupe sempre vos acompanhem. Muito obrigado! E, por favor, não vos esqueçais de rezar por mim."

Ao fim da saudação, enquanto crianças e pais repetiam "Gostamos de você", o papa doa ao hospital um quadro representando Maria com o Menino Jesus que a abraça.

Enfim, de forma mais privada, longe das câmeras de TV, sobe ao segundo andar do hospital, onde passa um longo tempo com os pequenos internados na seção de hematologia oncológica. Recebe abraços, cartas, desenhos, bilhetinhos com flores de papel. Em troca, dá autógrafos, carinhos e bênçãos.

Um dos momentos mais emocionantes é quando cumprimenta uma menina. A garota, que usa um turbante azul para esconder a cabeça sem cabelos por causa da quimioterapia, se levanta da cadeira e fala ao ouvido do papa. Quer cantar-lhe uma canção. Então volta a se sentar e entoa a *Ave Maria* de Schubert com uma belíssima voz. Francisco escuta, absorto, em silêncio, e depois a abraça de novo.

O dia 15 de fevereiro é o da visita a San Cristóbal de Las Casas, no estado de Chiapas, de alta densidade indígena, no sul do México. As paisagens são espetaculares, e a natureza, exuberante. E, ao mesmo tempo, Chiapas é uma das zonas mais pobres e problemáticas do país. As populações indígenas vivem em extrema pobreza, a maior parte delas não tem acesso a água potável e suas terras sofreram sucessivos confiscos por parte do governo central. Os indígenas que vivem nos centros urbanos são muitas vezes vítimas de racismo, têm dificuldade para achar trabalhos dignos e com frequência não têm acesso a saneamento. Suas tradições e sua cultura não são reconhecidas, suas línguas não são estudadas em nenhuma escola pública.

Bem aqui, em novembro de 1983, nasceu o Exército Zapatista de Libertação Nacional (EZLN), protagonista do levante de 1º de janeiro de 1994, dia em que entrou em vigor o North American Free Trade Agreement (Nafta), o tratado de livre comércio entre Estados Unidos, Canadá e México. Sete municípios de Chiapas foram simbolicamente ocupados por uma noite, na maior parte dos casos com o desarmamento do Exército e quase sem disparar nenhum tiro. Em alguns centros ocupados, porém, houve confrontos. Entre as cidades sitiadas estava San Cristóbal de las Casas, onde o líder dos insurgentes, o subcomandante Marcos, leu a primeira declaração reivindicando direitos e justiça para as populações indígenas. A retirada dos rebeldes viria depois de um só dia, mas o EZLN obteve uma grande vitória política, conquistando visibilidade e ressonância mundial que impediram represálias violentas por parte do Exército federal.

O papa celebra a missa ao ar livre no centro esportivo municipal, que pode acolher 100 mil pessoas. Nem todos os que desejavam participar puderam fazê-lo, principalmente devido aos custos de transporte. Mas, como já acontecera nos dias precedentes, também neste caso se verificarão diversos desvios estranhos. O próprio bispo Felipe Arizmendi Esquivel o reconhecerá, erguendo a voz em nome de tantos que não puderam nem mesmo se aproximar do papa nos momentos previstos para a população em geral: "Cerca de 10 mil pessoas, indígenas e mestiças, que tinham ingressos e chegaram cedo, não puderam entrar na missa. Não sabemos se se tratou somente de desorganização do Estado-Maior presidencial, responsável pela entrada, ou se houve outras intenções perversas e excludentes".

E ainda assim tantos vieram, até da vizinha Guatemala, enfrentando longas horas de viagem, com os filhos pequenos e pequeníssimos. Têm o rosto descascado do sol e mãos que falam da fadiga de viver. "Fizemos cinco horas de viagem para poder receber a bênção de Francisco", contam Clemente e Bárbara, jovens em seus 20 anos, com seu bebê de dois meses. Ernestina Figueroa Pérez chegou de Huitiupán de madrugada e tem lágrimas nos olhos: "Queria estar ali, ao lado dele no altar, queria abraçá-lo. Para nós essa visita é uma grande esperança, uma esperança de mudança e de paz".

Na coloridíssima liturgia, alternam-se as antigas línguas locais. O próprio Francisco repete em língua indígena as palavras do salmo lido antes: "*Li smantal Kajvaltike toj lek*", "A lei do Senhor é perfeita, reconforta a alma".

O papa cita também um célebre texto indígena, o *Popol Vuh*: "A aurora veio sobre todas as tribos reunidas. E logo a face da terra foi purificada pelo sol". E acrescenta: "A aurora veio para os povos que sucessivamente caminharam sob as mais variadas trevas da história. Nesta frase, há um anseio de viver em liberdade; um anseio que tem o sabor da terra prometida, onde a opressão, os maus-tratos e a degradação não sejam moeda corrente... De muitas maneiras e de muitas formas se procurou silenciar e cancelar esse anseio, de muitas maneiras procuraram anestesiar-nos a alma, de muitas formas pretenderam pôr em letargo e adormecer a vida das nossas crianças e jovens com a insinuação de que nada pode mudar ou trata-se de sonhos impossíveis".

Diante dessas formas, explica o papa, "a própria Criação sabe levantar a sua voz: esta irmã", a Terra, "'clama contra o mal que lhe provocamos por causa do uso irresponsável e do abuso dos bens que Deus nela colocou. Crescemos a pensar que éramos seus proprietários e dominadores, autorizados a saqueá-la. A violência, que está no coração humano ferido pelo pecado, vislumbra-se nos sintomas de doença que notamos no solo, na água, no ar e nos seres vivos".

Para Bergoglio, não é mais possível fazer de conta que não é nada diante da pior crise ambiental da história, e "nisto vós tendes muito a ensinar-nos, a ensinar à humanidade. Os vossos povos sabem relacionar-se harmoniosamente com a natureza, que respeitam como fonte de alimento, casa comum e altar do compartilhar humano". E ainda assim essa tradição e essa cultura foram quase anuladas. "Muitas vezes, os vossos povos acabaram incompreendidos e excluídos da sociedade. Alguns consideram inferiores os vossos valores, a vossa cultura e as vossas tradições. Outros, fascinados pelo poder, o dinheiro e as leis do mercado, espoliaram-vos das vossas terras." "Que tristeza!", comenta o papa. "Como nos seria útil a todos fazer um exame de consciência e aprender a pedir perdão! O mundo de hoje, espoliado pela cultura do descarte, necessita de vós." Quanto aos jovens, "expostos a uma cultura que tenta suprimir todas as riquezas e características culturais tendo em vista um mundo homogêneo, estes jovens precisam que não se perca a sabedoria dos vossos anciãos. O mundo de hoje, prisioneiro do pragmatismo, tem necessidade de voltar a aprender o valor da gratuidade".

Ao fim da missa, um representante das comunidades indígenas agradece a "*Tatik Francisco*": "Obrigado por nos haver visitado! Apesar de muitos nos desprezarem, você quis vir aqui e nos levou em conta, como a Virgem de Guadalupe fez com São Juan Dieguito. Leve-nos no seu coração, com a nossa cultura, com a nossa alegria e com os nossos sofrimentos, as injustiças que padecemos... Mesmo que você viva longe, em Roma, o sentimos muito perto de nós. Continue a contagiar-nos com a alegria do Evangelho e continue a ajudar-nos a proteger nossa irmã e mãe Terra, que Deus nos deu".

"Muito obrigado", concluiu, "por novamente ter autorizado o pedido do diaconato permanente indígena e ter aprovado o uso de nossas línguas na liturgia".

À espera da chegada de Bergoglio, ao microfone se repetia: "Viva o papa dos pobres e da luta, o papa da Igreja que nasce do povo!".

A passagem de Francisco por essa terra deixa sinais concretos. "Em lembrança da visita do papa a San Cristóbal de las Casas, no Ano da Misericórdia, construiremos dois albergues para imigrantes, ao mesmo tempo que não se fecha a passagem para quantos, provenientes de várias partes do sul, sobretudo de Honduras, El Salvador e Guatemala, procuram chegar aos Estados Unidos, arriscando a própria vida", anuncia o bispo Arizmendi, sublinhando como esses migrantes estão "sujeitos a extorsões, rapinas, estupros, enganos, sequestros e todo tipo de abuso".

Antes de deixar San Cristóbal, o papa realiza um último gesto significativo, parando para orar diante do túmulo do monsenhor Samuel Ruiz, grande defensor dos indígenas, que foi bispo dessa cidade de 1960 a 2000.

De tarde, Francisco se encontra com famílias no estádio Víctor Manuel Reyna, em Tuxtla Gutiérrez, capital de Chiapas e cidade mais importante da região. O sol bate em cheio nas arquibancadas de cimento quando Bergoglio faz sua entrada no papamóvel, acolhido com comovente entusiasmo pelos mexicanos.

O papa reitera claramente qual é o modelo de família de sua predileção. "Prefiro uma família ferida que a cada dia procura harmonizar o amor a uma família e uma sociedade enfermiças pelo confinamento ou a comodidade do medo de amar. Prefiro uma família que procura uma vez e outra recomeçar a uma família e uma sociedade narcisistas e obcecadas com o luxo e o conforto." E, enfim: "Prefiro uma família com o rosto cansado pelos sacrifícios à família com rostos maquiados que não se entendem de ternura e compaixão". "Prefiro", diz de improviso, "famílias com o rosto enrugado e cicatrizes, frutos de um amor fiel, a coisa mais bonita que um homem e uma mulher podem se dar!". E cita as palavras de uma atriz latino-americana a quem haviam aconselhado fazer cirurgia plástica: "A sua resposta foi muito clara: 'Estas rugas custaram-me muito trabalho, muito esforço, são os vestígios da minha história'". "No casal", observa o papa, "acontece o mesmo".

Uma vez mais, Bergoglio mostra que não fica indiferente aos testemunhos dos fiéis chamados ao palco. Apesar de os discursos preparados de antemão levarem em conta essas contribuições, no momento em que ele escuta as pessoas falarem, conhece sua história, se vê cara a cara com eles e com suas lágrimas, muitas vezes e de bom grado abandona o texto escrito e reage improvisando. São os encontros nos quais melhor se expressa.

Entre os núcleos familiares que contam sua experiência diante de Francisco está o de Humberto e Lucy. O casal, casado no civil há dezesseis anos, explica ao papa que Humberto era solteiro e Lucy era divorciada, com três filhos. Depois tiveram um menino, que "agora tem 11 anos e é coroinha". Há três anos, fazem parte de um grupo de divorciados que voltaram a casar e estão percorrendo o caminho eclesial. "Como divorciados que voltaram a se casar, não podemos receber a eucaristia, mas podemos comungar por meio do irmão que passa necessidade, do irmão doente, daquele privado de liberdade... É maravilhoso ter um matrimônio e uma família no centro dos quais está Deus."

Manuel, um adolescente que desde os 5 anos está preso a uma cadeira de rodas por causa da distrofia muscular, fala de sua experiência, de seu desencorajamento inicial: "Depois eu encontrei Deus, e tudo mudou... Há tantos jovens sós, desanimados, e eu me sinto feliz de poder evangelizar, aqui na minha cadeira de rodas". Francisco, visivelmente comovido pelo seu relato, exclama: "Manuel, obrigado pelo teu testemunho e sobretudo pelo teu exemplo... Começaste a encher-te de vontade para a vida, encher de vontade a tua família, encher de vontade os teus amigos e encheste-nos de vontade a todos nós aqui reunidos. Acho que isto é o que o Espírito Santo quer fazer sempre no meio de nós: encher-nos de vontade, dar-nos motivos para continuar a apostar na família, sonhar, construir uma vida com sabor de casa e de família". Agradece também ao pai e à mãe do rapaz: "Vedes como é bela esta imagem? Os pais de joelhos diante do filho, que está enfermo. Não vos esqueçais desta imagem". Depois, volta-se a eles e diz, brincando: "É possível que uma vez ou outra os dois briguem. Qual é o marido e qual é a esposa que não? Pior ainda quando a sogra mete o bedelho... mas deixemos isso para lá! A verdade é que se amam e provaram-nos que se amam, e, pelo amor que se têm, são capazes de se pôr de joelhos diante do seu filho enfermo".

É tocante também o testemunho de uma família de Tapachula: avós, filhos, netos. Os avós celebram seu cinquentenário de matrimônio: "Passados mais de cinquenta anos", diz Bergoglio, "continuam a amar-se... é preciso ter paciência, é preciso perdoar-se. Mas assim é o amor verdadeiro; e o filho aprendeu a lição, pois fazem 25 anos de casados".

O momento mais comovente do encontro é quando Francisco distingue entre os jovens ao pé do palco um menino doente em uma cadeira de rodas. Ele se aproxima e, com o auxílio dos gendarmes e dos guardas suíços, o pequeno é içado com sua cadeira de rodas para o palco, de modo que o papa possa abraçá-lo.

"Hoje", diz Francisco, "julgando a família um modelo já ultrapassado e sem lugar nas nossas sociedades, e, a pretexto de modernidade, favorece-se cada vez mais um sistema baseado no modelo do isolamento". Hoje há uma "colonização ideológica" que danifica a família, querendo exportar certos modelos considerados símbolos da modernidade.

Beatriz, mãe solteira e enfermeira, fala do sentimento de abandono – "A luta sempre foi difícil, por causa da precariedade, da incerteza e da solidão" – e da tentação do aborto como falsa solução para os problemas: "Teria podido abortar muitas vezes. Eu me sentia só, apontada por todos, mas Deus me ajudou e hoje experimento a presença de Cristo na Igreja que me acolheu".

"Foste corajosa, obrigado", responde Francisco, e explica: "Pode-nos desesperar a precariedade, a escassez, ver-se privado muitas vezes do mínimo indispensável; pode fazer-nos sentir uma forte ansiedade, por não sabermos o que fazer para continuar... e mais ainda quando há filhos para criar. A precariedade ameaça não só o estômago (e isto é já muito!), mas pode ameaçar também a alma, pode desmotivar-nos, tirar-nos a força e tentar-nos para caminhos ou alternativas com solução só aparente que, no fim de contas, não resolve nada. Há uma precariedade que pode ser muito perigosa e pode insinuar-se em nós sem nos darmos conta: é a precariedade que nasce da solidão e do isolamento; e o isolamento é sempre um mau conselheiro".

A solidão, portanto, leva consigo uma perigosa tentação. Uma atitude que, como uma traça, "nos deixa a alma deserta". Mas como se pode combater essa precariedade e esse isolamento que nos fazem vulneráveis a tantas "soluções aparentes"? Há duas maneiras: "Uma das formas é por meio de leis que protejam e garantam o mínimo necessário para cada família e cada pessoa poderem crescer através do estudo e de um trabalho digno". A outra é o empenho pessoal: "Leis e compromisso pessoal são um binômio muito útil para romper a espiral de precariedade".

Em 16 de fevereiro, Francisco toma o avião para Morélia, em Michoacán, um dos estados no litoral do Pacífico. O problema mais grave dessa terra é o narcotráfico. A insegurança e a violência aumentaram de modo exponencial, devido à forte presença de traficantes de armas e de drogas. Michoacán se tornou, de fato, um porto importante para o transporte de substâncias ilícitas para os Estados Unidos. A grande fertilidade do terreno e a frágil vigilância das autoridades permitiram a diversos cartéis de drogas – os "Caballeros Templarios", a "Familia Michoacana", os "Guerreros Unidos", os "Viagra" – implantar o cultivo de opiáceos, com graves danos à agricultura local. A pobreza na qual se encontra grande parte da população deixa poucas vias de escape aos jovens. Em Michoacán, vivem cerca de 4,5 milhões de pessoas, a maioria com idade entre 14 e 24 anos. A taxa de analfabetismo é muito alta: cerca de 10% da população não sabe ler e escrever. O desemprego se expande.

O arcebispo de Morélia é um pastor que o papa conhece há tempos e que quis incluir no Colégio Cardinalício durante o consistório de fevereiro de 2015, manifestando assim não só apreço por seu trabalho mas também proximidade com a Igreja local. Alberto Suárez Inda, de 77 anos, estava para se aposentar quando soube que receberia a púrpura cardinalícia. Ele nunca deixa de sorrir, mas reconhece que uma parte dos problemas se deve "ao descrédito geral da autoridade, que está em crise". "E a uma falta de coerência de vida entre os próprios homens da Igreja", além da "cumplicidade, tolerância, passividade e conivência" de muitos governos mexicanos com as injustiças e com o crime. Ao mesmo tempo, contudo, reconhece que há "elementos muito belos, muito positivos na região. Isto é: não vivemos em um inferno! Normalmente, vivemos em um ambiente muito humano, mesmo que sustos não faltem".

No estádio Venustiano Carranza, em Morélia, num dia esplendidamente ensolarado e quente, o papa celebra a missa para religiosos e religiosas, convidando-os a não se renderem diante da corrupção, do tráfico de drogas, do desprezo pela dignidade das pessoas. Aos sacerdotes, às irmãs e aos frades vindos de todo o México, Bergoglio pede que não cedam à tentação de considerar esse "sistema irremovível", caindo assim em uma das armadilhas "preferidas do demônio": a resignação. Uma resignação que não só nos "atemoriza, mas também nos entrincheira nas nossas sacristias" e "nos trava na hora de arriscar e transformar".

Para resistir à resignação, o papa recorda o exemplo do primeiro bispo de Michoacán, Vasco Vázquez de Quiroga, que viveu ali no século XVI: "Convosco quero lembrar este evangelizador, 'o espanhol que se fez índio'... A realidade vivida pelos índios purépechas – que ele descreve como 'vendidos, vexados e errando pelos mercados a recolher os restos que se jogavam fora' –, longe de o fazer cair na tentação da acídia e da resignação, moveu a sua fé, moveu a sua vida, moveu a sua compaixão e estimulou-o a realizar várias iniciativas que permitissem 'respirar' no meio desta realidade tão paralisante e injusta. A amargura do sofrimento dos seus irmãos fez-se oração, e a oração fez-se resposta concreta. E isso valeu-lhe, entre os índios, o nome de 'Tata Vasco', que, na língua purépecha, significa 'papai'".

O último grande compromisso do dia é com os jovens. No começo da tarde, depois ter visitado a catedral, Francisco se dirige a outro estádio, o José María Morelos y Pavón, onde o aguardam mais de 100 mil jovens, a metade deles reunida do lado de fora para seguir o encontro em telões. Assim que chega, o papa passa em meio a eles para cumprimentá-los.

O encontro com os jovens, acompanhado de vistosas coreografias, se transforma em uma grande desta com os já habituais gestos fora do programa, como quando aproximam do papa duas garotas com síndrome de Down, que ele abraça longamente.

Bergoglio recebe vários presentes e cumprimentos de quatro jovens mexicanos vindos dos quatro cantos do país, que lhe fazem três perguntas: como recuperar "o sonho de ter uma família", como obter a paz em um México marcado pela corrupção e pelo narcotráfico; como reforçar as esperanças. Francisco toma notas e já daí se entende que ele não se limitará a ler o texto preparado. Então cumprimenta a multidão e começa sua fala partindo da última pergunta que lhe foi feita.

"Uma pessoa não pode pressentir o amanhã se antes não consegue estimar-se, se não consegue sentir que a sua vida, as suas mãos, a sua história têm valor. A esperança nasce quando se pode experimentar que nem tudo está perdido, mas para isso é necessário exercitar-se começando por si mesmo." Depois, improvisando, acrescenta: "Peço-vos agora um momento de silêncio, para que cada um se questione no próprio coração: É verdade que nem tudo está perdido? Eu valho? Valho pouco, valho muito?". Porque "a principal ameaça à esperança são os discursos que te desvalorizam, que te fazem sentir-se um ser de segunda classe, se não mesmo de quarta. A principal ameaça à esperança é quando sentes que ninguém se importa contigo, ou que te puseram de lado. Isso acontece, sim ou não? E isso mata, isso aniquila-nos e é porta de entrada para tanta amargura".

Mas não é tudo. "Há outra ameaça, igualmente importante, à esperança, e é fazer-te crer que começas a valer qualquer coisa, quando te mascaras com roupas de marca, do último grito da moda, ou que ganhas prestígio, te tornas importante por teres dinheiro, mas, no fundo do teu coração, não crês ser digno de carinho, digno de amor… A principal ameaça é quando uma pessoa sente que tudo aquilo de que precisa é ter dinheiro para comprar tudo, inclusive o carinho dos outros... é crer que, pelo fato de ter um grande carro, és feliz." "Será verdade isto? Por teres um grande carro, és feliz?", pergunta à queima-roupa, e os jovens respondem: "Nããão!".

"Vós sois a riqueza do México, vós sois a riqueza da Igreja", retoma Francisco. "Compreendo que muitas vezes se torna difícil sentir-se tal riqueza, quando nos vemos continuamente sujeitos à perda de amigos ou familiares nas mãos do narcotráfico, das drogas, de organizações criminosas que semeiam o terror. É difícil sentir-se a riqueza de uma nação quando não se tem oportunidades de trabalho digno, possibilidades de estudo e formação, quando não se sentem reconhecidos os direitos levando-vos depois a situações extremas." Apesar de tudo isso, "não me cansarei de dizer: vós sois a riqueza do México".

O papa quer que fique claro: "E não penseis que vos digo isso porque sou bom ou porque já vejo tudo claro! Digo-vos isso, e digo--o convencido, sabeis por quê? Porque, como vós, creio em Jesus Cristo. E é Ele que renova continuamente em mim a esperança, é Ele que renova continuamente o meu olhar. É graças a Ele que sempre podemos recomeçar; é graças a Ele que podemos dizer: é mentira que a única forma possível de viver, de poder ser jovem seja deixar a vida nas mãos do narcotráfico ou de todos aqueles cuja única coisa que fazem é semear destruição e morte".

A palavra de esperança que Bergoglio deixa aos jovens mexicanos, portanto, "se chama Jesus Cristo". "Quando tudo vos parecer pesado, quando parecer que o mundo vos cai em cima, abraçai-vos à Sua cruz, abraçai-vos a Ele e, por favor, nunca largueis a Sua mão... E, se alguma vez cairdes, deixai-vos levantar por Ele. Os alpinistas têm uma canção muito bonita: 'Na arte de subir, o triunfo não está em não cair, mas em não ficar caído'."

O papa convida os jovens a não se deixarem dominar: "Não vos deixeis desvalorizar, não vos deixeis tratar como mercadoria. Jesus deu-nos um conselho: 'Sede prudentes como as serpentes e simples como as pombas'. As duas coisas: prudentes, mas simples, amáveis. É certo que, por esse caminho, talvez não tenhais à porta o último modelo de carro, que não tenhais a carteira cheia de dinheiro, mas tereis algo que ninguém vos poderá jamais roubar: a experiência de vos sentirdes amados, abraçados e acompanhados".

Jesus "nunca nos convidaria a ser sicários, mas chama-nos discípulos, chama-nos amigos. Jesus nunca nos mandaria à morte, mas tudo Nele é convite à vida: uma vida em família, uma vida em comunidade; uma família e uma comunidade a favor da sociedade... Nunca, nunca ponhais de lado a família; a família é a pedra fundamental da construção de uma grande nação... Vós sonhais ter uma família?". "Sim!", respondem em coro os jovens, com um rumor que faz o estádio tremer.

O sol começa a se pôr na quente tarde mexicana, quando Francisco faz os últimos cumprimentos. E, por um momento, alguém consegue fazer com que perca a paciência e tirar-lhe momentaneamente o sorriso do rosto. Na primeira fila, ao pé do palco, há alguns jovens doentes ou com deficiências. O papa passa para abraçá-los e dá a cada um uma coroa do rosário. A certo ponto, detrás de um jovem em cadeira de rodas, alguém tenta segurar o rosário arrastando para si a mão do pontífice, que assim quase cai sobre o rapaz deficiente. "Não sejais egoístas", exclama Bergoglio em espanhol a quem o desequilibrou. Mas é coisa de poucos instantes, e em seguida ele mergulha de novo, sorridente, no entusiasmo dos jovens.

Chega a última noite transcorrida na nunciatura da Cidade do México, onde a cada tarde e a cada noite, voltando para casa, Francisco sempre encontrava muitíssima gente a sua espera e nunca se furtou aos cumprimentos. No dia 17 de fevereiro, o papa deixa a capital federal rumo a Ciudad Juárez. É a última etapa da viagem mexicana: de lá Bergoglio voltará, na mesma noite, a Roma.

Ciudad Juárez, na fronteira com os Estados Unidos, é um símbolo dos sofrimentos dos imigrantes. Muitos perderam a vida na tentativa de chegar a El Paso, a cidade norte-americana que surge do outro lado.

As autoridades dos Estados Unidos colocaram uma grua detrás das cercas metálicas, a fim de levantar e deixar bem visível sua enorme bandeira listrada e estrelada. Também o compromisso que encerrará essa jornada, a missa papal, deve acontecer à beira da fronteira, na parte mexicana. Francisco, como já foi mencionado, teria gostado de entrar nos Estados Unidos por aqui, quando de sua visita em setembro de 2015. Por vários motivos isso não foi possível. O principal, já se disse, dizia respeito a fazer uma parada somente em Ciudad Juárez, sem visitar a capital mexicana e, sobretudo, a Virgem de Guadalupe.

Além disso, entrar nos Estados Unidos por Ciudad Juárez teria representado, sem dúvida, um gesto de impacto, quase um soco no estômago da parte desse papa latino-americano que, na Casa Branca, diante de Barack Obama, com suas primeiras palavras pronunciadas publicamente nos Estados Unidos havia recordado ser um "filho de imigrantes".

Assim que aterrissa, Francisco vai visitar o Centro de Readaptación Social Estatal nº 3, uma prisão onde cumprem pena cerca de 3 mil detentos. É desnecessário dizer que se trata de um compromisso muito valioso para ele. Essa prisão faz parte de um projeto de requalificação de institutos penais recém-lançado pelo estado mexicano de Chihuahua, que obteve créditos por respeitar os padrões internacionais em matéria carcerária.

Na capela do instituto, 700 presos assistem ao discurso do papa. Bergoglio saúda pessoalmente 50. Um deles se dirige a ele com estas palavras: "A sua presença é um chamado a todos aqueles que perderam as esperanças na nossa reabilitação e aos que esqueceram que aqui há seres humanos. Quando recebemos o veredito, o que fazemos é chorar. Sentimos angústia e desespero. E nos fazemos perguntas para as quais não queremos ter resposta: 'Quando vou sair? A minha família me ama? Terá me esquecido?'. Nós nos sentimos expostos, vulneráveis e sozinhos".

O pontífice escuta em silêncio. Comovido. O assunto principal de seu discurso é a misericórdia: Bergoglio lembra que "não há lugar" aonde a misericórdia de Deus "não possa chegar, não há espaço nem pessoa que ela não possa tocar".

Mas a fala papal trata também do tema da reinserção social ao fim da pena: uma reinserção, explica Francisco, que "começa com a frequência da escola por todos os nossos filhos e com um emprego digno para as suas famílias". Depois critica o sistema atual: "Já se perderam várias décadas pensando e crendo que tudo se resolve isolando, separando, encarcerando, livrando-nos dos problemas... Esquecemo-nos de concentrar-nos naquilo que realmente deve ser a nossa verdadeira preocupação: a vida das pessoas; as suas vidas, as das suas famílias, as daqueles que também sofreram por causa deste ciclo vicioso da violência". Eis por que às vezes temos a sensação de que as prisões "se proponham mais impedir as pessoas de continuar a cometer delitos do que promover processos de reinserção que permitam enfrentar os problemas sociais, psicológicos e familiares que levaram uma pessoa a determinada atitude. O problema da segurança não se resolve apenas encarcerando, mas é um apelo a intervir para enfrentar as causas estruturais e culturais da insegurança que afetam todo o tecido social".

O papa conclui: "Sabemos que não se pode voltar atrás, sabemos que o que foi feito feito está; mas eu quis celebrar convosco o Jubileu da Misericórdia para que fique claro que isso não significa que não haja a possibilidade de escrever uma página nova daqui para a frente... Não vos esqueçais, porém, de que tendes ao vosso alcance também a força da ressurreição, a força da misericórdia divina que faz novas todas as coisas... A partir daqui de dentro, lutai para inverter as situações que geram mais exclusão. Falai com os vossos entes queridos, contai-lhes a vossa experiência, ajudai a travar o ciclo vicioso da violência e da exclusão. Quem sofreu o máximo da amargura a ponto de poder afirmar que 'experimentou o inferno' pode tornar-se um profeta na sociedade. Trabalhai para que esta sociedade que usa e joga fora as pessoas não continue a fazer mais vítimas".

Os detentos prepararam, como presente para o pontífice, um bastão pastoral de madeira, decorado no alto por um crucifixo. O bastão, com 1,90 metro de altura, pode ser dividido em quatro partes. Outros presos se organizaram em uma pequena orquestra batizada "Livres na Música", para oferecer a Francisco um pequeno número musical. Também nessa ocasião há espaço para abraços, longos silêncios e lágrimas aos quais não é possível ficar indiferente.

Depois da prisão, chega o momento do mundo do trabalho: empreendedores, operários, sindicalistas. São 3 mil presentes para escutar Francisco no Colegio de Bachilleres do estado de Chihuahua.

As palavras do papa, uma vez mais, são fortes: "Um dos maiores flagelos a que estão expostos os jovens é a falta de oportunidades de instrução e trabalho sustentável e rentável, que lhes permitam lançar-se na vida; isso gera em muitos casos – tantos casos – situações de pobreza e marginalização. E essa pobreza e marginalização tornam-se o terreno favorável para cair na espiral do narcotráfico e da violência. Um luxo que hoje não nos podemos conceder…".

"Infelizmente, o tempo em que vivemos impôs o paradigma da utilidade econômica como princípio das relações pessoais... A mentalidade dominante coloca o fluxo de pessoas a serviço do fluxo de capitais, provocando em muitos casos a exploração dos trabalhadores, como se fossem objectos para usar e jogar fora. Deus pedirá contas aos escravagistas dos nossos dias, e nós devemos fazer todo o possível para que essas situações não ocorram mais. O fluxo do capital não pode determinar o fluxo e a vida das pessoas."

"Que mundo queremos deixar aos nossos filhos?", pergunta Francisco, em conclusão. "Eles são precisamente o nosso horizonte, são a nossa meta: por eles, hoje, devemos unir-nos e trabalhar." Queremos deixar "uma recordação de exploração, de salários insuficientes, de pressão laboral", ou "a memória da cultura de um trabalho digno, um teto decente e terra para trabalhar?". "Em qual cultura queremos ver nascer aqueles que virão depois de nós? Que atmosfera vão respirar? Um ar contaminado pela corrupção, a violência, a insegurança e a desconfiança ou, pelo contrário, um ar capaz de gerar alternativas, gerar renovação ou mudança?... Sei que aquilo que proponho não é fácil, mas sei também que é pior deixar o futuro nas mãos da corrupção, da brutalidade e da falta de equidade… O lucro e o capital não são um bem superior ao homem, mas estão a serviço do bem comum. E, quando o bem comum é forçado a estar a serviço do lucro e o único a ganhar é o capital, isto tem um nome, chama-se exclusão."

A última etapa da viagem é uma das mais comoventes. O papa chega sozinho à linha fronteiriça. Seu olhar fixa em silêncio a espessa rede metálica envernizada de cinza, além do rio Bravo, o pequeno curso de água que separa o México dos Estados Unidos. À sua espera, do outro lado das cercas, em solo norte-americano, há um grupo de representantes dos imigrantes.

Francisco olha longe, além daquela fronteira que tantos sonham atravessar a fim de fugir da miséria e da violência. A viagem se conclui com uma oração em memória dos milhares de migrantes mortos na tentativa de perseguir o sonho de uma vida melhor. Conclui-se em um lugar símbolo de nosso tempo. E o silêncio do papa, que sobe a uma plataforma coroada por uma grande cruz negra bem visível também do outro lado do rio, faz lembrar sua oração muda diante do mar de Lampedusa, durante a primeira e inesperada viagem de seu pontificado.

Não muito longe dali fica o estádio onde Bergoglio celebra a última missa dessa viagem mexicana, diante de 200 mil pessoas; outras 50 mil se reuniram no estádio Sun Bowl de El Paso, a cidade norte-americana do outro lado do rio Bravo. Estamos no coração do território desértico onde bandos de criminosos disputam a gestão do tráfico de drogas e de pessoas para os Estados Unidos: um negócio cujo valor é estimado entre 25 bilhões e 30 bilhões de dólares ao ano.

O altar de onde Francisco se dirige aos presentes surge a menos de 90 metros da fronteira. "Aqui em Ciudad Juárez, como noutras áreas fronteiriças", exorta, "concentram-se milhares de imigrantes da América Central e de outros países, sem esquecer tantos mexicanos que procuram também passar para 'o outro lado'. Uma passagem, um caminho carregado de injustiças terríveis: escravizados, sequestrados, objetos de extorsão, muitos irmãos nossos acabam vítimas do tráfico humano... Esta tragédia humana que é a migração forçada tornou-se um fenômeno global." Essa crise que se pode medir em números, mas que queremos medir "por nomes, por histórias, por famílias". "São irmãos e irmãs que partem, forçados pela pobreza e a violência, pelo narcotráfico e o crime organizado."

E essa injustiça "se radicaliza ainda mais contra os jovens", explica o papa: "Como carne de canhão, eles veem-se perseguidos e ameaçados quando tentam sair da espiral de violência e do inferno das drogas. E que dizer de tantas mulheres a quem arrebataram injustamente a vida?".

Clama Francisco: "Peçamos ao nosso Deus o dom da conversão, o dom das lágrimas. Peçamos-Lhe a graça de ter o coração aberto. Não mais morte nem exploração!". "São as lágrimas que podem abrir o caminho à transformação; são as lágrimas que podem abrandar o coração, são as lágrimas que podem purificar o olhar e ajudar a ver a espiral de pecado em que muitas vezes se está enredado. São as lágrimas que conseguem sensibilizar o olhar e a atitude endurecida, e sobretudo adormecida, perante o sofrimento alheio. São as lágrimas que podem gerar uma ruptura capaz de nos abrir à conversão."

Com o olhar dirigido à fronteira, enquanto a noite cai e um pouco de ar fresco finalmente permite respirar, após um dia muitíssimo quente, Francisco conclui a homilia instando a ver os pontos positivos: "Há sinais que se tornam luz no caminho e anúncio de salvação. Conheço o trabalho de muitas organizações da sociedade civil em favor dos direitos dos migrantes. Estou a par também do trabalho generoso de muitas irmãs religiosas, de religiosos e sacerdotes, de leigos votados ao acompanhamento e à defesa da vida... Com a sua vida, são profetas de misericórdia, são o coração compreensivo e os pés da Igreja que acompanha, que abre os seus braços e apoia".

Percorrendo uma última vez com o papamóvel o terreno poeirento do estádio, enquanto a aeronave que o levará de volta a Roma está para esquentar as turbinas, Bergoglio conclui sua viagem ao México "*siempre fiel*".

LESBOS, UMA SACUDIDA NA CONSCIÊNCIA EUROPEIA

Uma visita-relâmpago, de só cinco horas, vem recordar que refugiados e imigrantes são nossos próximos e que não podemos lhes dar as costas. Uma viagem organizada em poucos dias, somada rapidamente a uma agenda já densa em compromissos, para chamar de volta o Velho Continente, aquela Europa cada vez menos "mãe" e mais "vovó", às responsabilidades decorrentes de suas raízes. A primeira visita totalmente ecumênica de um papa, que, durante sua breve permanência na ilha grega de Lesbos, se desloca sempre na companhia do patriarca ecumênico de Constantinopla, Bartolomeu I, e do arcebispo de Atenas, Jerônimo, sem dedicar momentos específicos à pequena comunidade católica.

Esse décimo terceiro deslocamento internacional de Francisco se liga, em modalidade e significado, à sua primeira saída de Roma, a viagem-relâmpago a Lampedusa, posto avançado da Itália e da Europa no Mediterrâneo, além de meta almejada pelos desesperados que ocupam as barcaças de imigrantes. A sua presença em Lesbos, ilha próxima da Turquia e primeiro ponto em que aportam os refugiados que fogem da guerra e do desespero, é um ato de encorajamento a quem acolhe e ajuda essa humanidade dolorida, feita de crianças, mulheres, homens de carne e osso, que não podem ser reduzidos a dados estatísticos.

Desde 11 de janeiro de 2016, em um encontro com o corpo diplomático credenciado no Vaticano, Francisco havia falado das responsabilidades da Europa: "Perante a imensidão dos fluxos e os problemas inevitavelmente relacionados, surgiram muitas dúvidas sobre as reais possibilidades de recepção e adaptação das pessoas, sobre a mudança do meio cultural e social dos países de acolhimento, bem como a redefinição de alguns equilíbrios geopolíticos regionais. Relevantes são igualmente os temores pela segurança, exacerbados desmedidamente pela difusa ameaça do terrorismo internacional. A vaga migratória atual parece minar as bases daquele 'espírito humanista' que a Europa ama e defende desde sempre". Todavia, acrescentou, não podemos nos "dar ao luxo de perder os valores e os princípios de humanidade, de respeito pela dignidade de cada pessoa, de subsidiariedade e de mútua solidariedade, mesmo que, em alguns momentos da história, possam constituir um fardo difícil de levar. Por isso, desejo reiterar a minha convicção de que a Europa, ajudada pelo seu grande patrimônio cultural e religioso, possui os instrumentos para defender a centralidade da pessoa humana e encontrar o justo equilíbrio entre estes dois deveres: o dever moral de tutelar os direitos dos seus cidadãos e o dever de garantir a assistência e o acolhimento dos migrantes".

Naquela ocasião, Francisco havia observado que "desde há muito tempo que se poderia ter enfrentado grande parte das causas das migrações; e, desse modo, teria sido possível prevenir tantas desgraças ou, pelo menos, mitigar as suas consequências mais atrozes". "E hoje, antes que seja tarde demais, muito se pode fazer para impedir as tragédias e construir a paz. Mas isso significaria pôr em discussão hábitos e práticas consolidadas, a começar pelas problemáticas relacionadas com o comércio dos armamentos, até ao problema da conservação de matérias-primas e energia, aos investimentos, às políticas de financiamento e apoio ao desenvolvimento, até à grave chaga da corrupção. Além disso, devemos estar cientes da necessidade que há, no tema da migração, de estabelecer projetos de médio e longo prazo que ultrapassem a resposta de emergência."

A atenção do Papa Bergoglio, portanto, já havia muito se lançara sobre esse dramático e não resolvido nó sociopolítico e sobre suas imensas repercussões em escala global.

No fim de fevereiro de 2016, o metropolita Emmanuel, da França, um dos mais estreitos colaboradores do patriarca de Constantinopla, encontra-se reservadamente com Francisco no Vaticano e lhe entrega uma mensagem que contém o convite de Bartolomeu. A missiva é escrita em francês. Nela se fala da crise humanitária que atinge vários países, em particular a Grécia, e da "opção preferencial pelos pobres", da qual falaram os papas: "Convidamo-lo a vir conosco a uma ilha de nossa jurisdição no mar Egeu, para oferecer nosso apoio aos tantos migrantes que chegam e aos que os acolhem no espírito do Evangelho. É preciso responder às súplicas humanas com gestos também humanos, segundo a inspiração do coração".

"O papa quis pensar", explica um de seus colaboradores. "Depois, diante das notícias e das imagens que continuavam a dar conta do drama dos refugiados, resolveu aceitar o convite." Também se mostra delicada a etapa da escolha do lugar. É necessário não ferir a sensibilidade e os equilíbrios internos da Igreja Ortodoxa. Do ponto de vista administrativo, Lesbos está sob a influência da Igreja da Grécia, mas, do ponto de vista espiritual, depende do patriarcado de Constantinopla.

Depois de algumas semanas, em 21 de março de 2016, o papa recebe a visita do bispo Gavril, de Nea Ionia, pertencente à Igreja Ortodoxa da Grécia, que, por sua vez, formaliza o convite. A audiência, a primeira daquela manhã, é comunicada no boletim diário da sala de imprensa da Santa Sé (nº 207), mas depois a notícia é suprimida e desaparece da versão que hoje está disponível on-line. Gavril foi enviado para discutir com Francisco, em caráter reservado, alguns detalhes de uma visita que encontra certa oposição da ala mais conservadora da Igreja Ortodoxa Grega, e por isso prefere-se não divulgar o encontro, eliminando-o também dos pedidos de entrevistas de jornalistas. O anúncio, primeiro feito e depois retirado, é minimizado como um erro de protocolo, mas, naquele momento, ninguém é capaz de intuir as razões do encontro.

A notícia só é divulgada no dia 6 de abril, mas com uma data hipotética errada (indica o 15 de abril, quando de fato só acontecerá no dia 16). No mesmo contexto são divulgadas as declarações contrárias de três bispos gregos, os metropolitas de Glifada, Pireu e Kalavryta, que protestam porque o convite ao pontífice não foi decidido numa assembleia de todos os bispos, mas pelo Sínodo Permanente, isto é, o organismo administrativo para o qual se elegem, a cada ano, representantes do episcopado. Os três metropolitas não são estranhos a esse tipo de contestação no âmbito de qualquer abertura ecumênica, e são já conhecidas suas tomadas de posição radicais. O bispo de Kalavryta, por exemplo, havia apoiado publicamente o Aurora Dourada, partido grego de extrema direita com traços neonazistas. O protesto público dos três líderes hierárquicos ortodoxos não é considerado, portanto, particularmente representativo da inclinação da Igreja da Grécia. Nem em Atenas, nem em Istambul, nem em Roma. Passaram-se quinze anos da peregrinação jubilar do Papa Wojtyła em solo grego, ocorrida em maio de 2001. Na ocasião, João Paulo II venceu a frieza do arcebispo ortodoxo Christodoulos e do Sínodo Permanente, definindo como fruto do *mysterium iniquitatis* a cruzada de 1204 que saqueou Constantinopla, evento ocorrido oito séculos antes, mas ainda vivíssimo na memória dos ortodoxos.

Desta vez, porém, o objetivo não é a capital, e não estão previstos encontros com membros de instituições religiosas ou políticas. Diversos avanços já se deram a essa altura. Ortodoxos e católicos trabalham juntos na acolhida aos refugiados, e a ilha mitológica de Lesbos, com a generosidade de seus habitantes, se tornou um símbolo para aquela Europa que não se resigna a ser somente um grande mercado comum capaz de sacudir regras econômicas, mas que quer recordar e manter vivos seus valores fundamentais. A viagem se destina, assim, a se tornar exemplo daquele "ecumenismo do avental" que vê cristãos de diversas confissões empenhados lado a lado a serviço de quem sofre.

A peregrinação não tem, portanto, características de visita de Estado, e a presença do presidente da República não está no programa. Quem receberá o papa será o premiê Alexis Tsipras, que, no entanto, não fará nenhum discurso oficial. Como reitera o porta-voz do Vaticano, padre Federico Lombardi, a viagem papal à ilha grega será de natureza unicamente humanitária e sem laivos políticos. Francisco irá a Lesbos porque foi convidado por seus irmãos ortodoxos.

Na manhã de 16 de abril de 2016 bem cedo, o voo papal está pronto para decolar. Pouco depois da partida, como de hábito, Francisco se dirige ao fundo do avião para cumprimentar os jornalistas. Tem o rosto mais sério do que de costume quando diz: "É uma viagem um pouco diversa das outras. Esta é uma viagem marcada pela tristeza, uma viagem triste. Vamos encontrar a maior catástrofe humanitária depois da Segunda Guerra Mundial. Vamos encontrar tantas pessoas que sofrem, não sabem para onde ir, tiveram de fugir. E iremos também a um cemitério – o mar –, visto que inúmeras pessoas nele afogaram. Digo isso não para vos amargurar, nem por amargura, mas para que também o vosso trabalho de hoje possa transmitir, nos vossos meios de comunicação, o estado de espírito com que faço esta viagem".

Na chegada ao aeroporto de Mitilene, em Lesbos, Francisco encontra à sua espera o patriarca Bartolomeu, o arcebispo Jerônimo e o premiê Alexis Tsipras. O chefe de governo grego se reúne com o papa por alguns instantes em uma salinha. Tsipras lhe agradece por suas "mensagens contra a guerra" e por suas "palavras acolhedoras, em um momento no qual outros líderes cristãos da Europa erguem barreiras".

Logo depois, Bergoglio sobe numa van branca com Bartolomeu e Jerônimo. Dirigem-se ao campo de refugiados de Moria, um dos cinco *hotspots* europeus nas ilhas gregas, onde vivem aglomeradas 2.500 pessoas. À sua chegada, fazem um longo e lento passeio para cumprimentar os refugiados amontoados ao longo de um alambrado. Muitos deles são menores que perderam os pais e ficaram sozinhos no mundo. Em seus rostos queimados do sol se lê sua dor. O papa, com seus "irmãos" ortodoxos, acaricia os menores e cumprimenta as mães de família. Pega no colo um recém-nascido, depois que Bartolomeu fizera o mesmo. Algumas vezes se abaixa, quase desaparece da vista das câmeras de TV, para tocar as mãos estendidas que as crianças enfiam pela base do alambrado. "Enquanto estávamos juntos cumprimentando todo mundo", contou Bergoglio em entrevista a Stefania Falasca para o jornal cristão *Avvenire*, "eu me inclinei na direção de um menino. Mas eu não captei o interesse dele, que olhava para trás de mim. Eu me virei e vi por quê: Bartolomeu estava com os bolsos cheios de balas e as distribuía a umas crianças".

O campo está inundado de sol, faz muito calor. Francisco, Bartolomeu e Jerônimo chegam a uma grande tenda branca, onde os esperam mais de 250 refugiados. O papa cumprimenta um por um, passando lentamente em meio a eles. Um jovem muçulmano cai de joelhos e desata a chorar copiosamente, pedindo a bênção. "*Father, bless me*", repete. Bergoglio fica tocado, apoia as mãos sobre sua cabeça e reza, sem que o homem deixe de chorar. Ele tem duas crianças a seu lado. Balbucia entre lágrimas a sua história. Ele, de fé islâmica, era casado com uma jovem cristã. Os fundamentalistas a degolaram porque não queria se converter ao islã. Uma mártir.

Uma menina se joga por terra e fica aos pés de Francisco, que faz de tudo para levantá-la, depois escuta sua mãe, que, com a cabeça coberta pelo véu, lhe conta sua história. Pedem ajuda e proteção. O papa fala longamente com elas, e a mulher ao final lhe agradece em árabe, "*shukrán*". Um idoso chora falando aos três religiosos sobre seus filhos mortos na travessia marítima. Um menino vestindo uma regata azul e branca estende a Francisco um desenho que mostra jovens detrás de uma rede metálica. "Isso é para mim? Você que fez? E qual é você?", pergunta o papa, com o auxílio de um intérprete, indicando uma das figuras. Azadi, o menino, aponta o personagem que o representa, com um lenço em volta da cabeça e uma bandeira que diz "*HELP*", "ajuda". "Sou eu com meus amigos no campo", diz. O papa está a seu lado. Azadi toma a mão de Francisco e diz: "Que bom que você esteja aqui".

Pouco depois, outro menino, vestindo um abrigo azul, também oferece um desenho ao papa. Nele um sol chora lágrimas cor de sangue, e há adultos e crianças se afogando. O Papa Bergoglio o olha, impactado. "Este desenho é um símbolo", diz ao patriarca Bartolomeu. Agradece ao menino e passa a folha a um de seus colaboradores: "Não o percam! Quero colocar na minha escrivaninha!". No voo de volta a Roma, o papa vai querer mostrar os desenhos aos jornalistas, durante a entrevista coletiva.

Assim que saem da tenda, uma mulher se aproxima de Francisco e se joga diante dele, de joelhos, desesperada, apertando forte sua mão. O papa continua em silêncio, visivelmente comovido.

Esse encontro feito de abraços, saudações, bênçãos e escuta dura uma hora e meia. Depois Francisco, Bartolomeu e Jerônimo se dirigem a um pequeno palco para pronunciar breves discursos de saudação.

O arcebispo de Atenas diz ao papa: "Consideramos fundamental a sua presença no território da Igreja na Grécia. Essencial, porque apresentamos conjuntamente ao mundo, cristão e mais além, a tragédia atual da crise dos refugiados. Não é necessário proferir muitas palavras. Somente quem fita os olhos das crianças que se encontram nos campos de refugiados consegue reconhecer imediatamente, na sua totalidade, a 'falência' da humanidade e da solidariedade demonstrada pela Europa ao longo dos últimos anos a estas pessoas".

Dirigindo-se aos refugiados, o patriarca Bartolomeu diz: "Viemos aqui para fitar os vossos olhos, para ouvir a vossa voz e para pegar nas vossas mãos. Viemos aqui para vos dizer que nos interessamos por vós. Viemos aqui porque o mundo não se esqueceu de vós". "Choramos ao ver o mar Mediterrâneo tornar-se um cemitério para os vossos entes queridos. Choramos ao ver a compaixão e a sensibilidade dos habitantes de Lesbos e de outras ilhas. No entanto, choramos também ao constatar a dureza de coração dos nossos irmãos e irmãs – dos vossos irmãos e irmãs – que fecharam os seus confins e olharam para o outro lado". O mundo, conclui, "será julgado pela maneira como vos tiver tratado".

Enfim, Francisco toma a palavra: "Desejei vir estar convosco hoje. Quero dizer-vos que não estais sozinhos". "Vim aqui com os meus irmãos, o patriarca Bartolomeu e o arcebispo Jerônimo, apenas para estar convosco e ouvir os vossos dramas. Viemos a fim de chamar a atenção do mundo para esta grave crise humanitária e implorar a sua resolução. Como pessoas de fé, desejamos unir as nossas vozes para falar abertamente em vosso nome. Esperamos que o mundo preste atenção a estas situações de trágica e verdadeiramente desesperada necessidade e responda de modo digno da nossa humanidade comum.

"Deus criou o género humano para ser uma única família; quando sofre algum dos nossos irmãos ou irmãs, todos nos ressentimos.

Todos sabemos por experiência como é fácil, para algumas pessoas, ignorar as tribulações dos outros e até aproveitar-se da sua vulnerabilidade; mas sabemos também que estas crises podem fazer despontar o melhor de nós mesmos. Viste-lo em vós próprios e no povo grego, que, apesar de imerso nas suas próprias dificuldades, respondeu generosamente às vossas necessidades... Esta é a mensagem que, hoje, vos quero deixar: não percais a esperança! O maior presente que podemos oferecer uns aos outros é o amor".

Francisco, Bartolomeu e Jerônimo assinam uma declaração conjunta que soa como um forte apelo à comunidade internacional: "A opinião mundial não pode ignorar a crise humanitária colossal, criada pelo incremento de violência e conflitos armados, a perseguição e deslocamento de minorias religiosas e étnicas e o desenraizamento de famílias dos seus lares, violando a sua dignidade humana, os seus direitos humanos fundamentais e liberdades. A tragédia da migração e do deslocamento forçados afeta milhões de pessoas e é, fundamentalmente, uma crise da humanidade, clamando por uma resposta feita de solidariedade, compaixão, generosidade e um compromisso econômico imediato e prático. Daqui, de Lesbos, fazemos apelo à comunidade internacional para responder com coragem a esta maciça crise humanitária e às causas que lhe estão subjacentes, por meio de iniciativas diplomáticas, políticas e caritativas e através de esforços de cooperação simultaneamente no Médio Oriente e na Europa".

Os três líderes religiosos reconhecem os "esforços que já se vão fazendo para fornecer ajuda e assistência aos refugiados, migrantes e requerentes de asilo" e apelam "a todos os líderes políticos para que usem todos os meios possíveis a fim de garantir que os indivíduos e as comunidades, incluindo os cristãos, permaneçam nos seus países de origem e gozem do direito fundamental de viver em paz e segurança".

Na declaração pedem também, de forma solene, "o fim da guerra e da violência no Médio Oriente, uma paz justa e duradoura e o regresso honroso daqueles que foram forçados a abandonar as suas casas". Requerem ainda que as comunidades religiosas "aumentem os seus esforços para receber, assistir e proteger os refugiados de todas as crenças" e que todos os países "alarguem o asilo temporário, ofereçam o estatuto de refugiado a quantos se apresentarem idôneos, ampliem os seus esforços de socorro e colaborem com todos os homens e mulheres de boa vontade para um rápido fim dos conflitos em curso".

Escrevem Francisco, Bartolomeu e Jerônimo: "Hoje, a Europa enfrenta uma das suas crises humanitárias mais sérias desde o fim da Segunda Guerra Mundial. Para vencer este grave desafio, fazemos apelo a todos os seguidores de Cristo". E, citando as palavras de Jesus – "Eu tive fome e destes-me de comer, tive sede e destes-me de beber" –, recordam que, para os cristãos, "a reconciliação envolve a promoção da justiça social dentro de e entre todos os povos. Juntos, faremos a nossa parte para oferecer aos migrantes, refugiados e requerentes de asilo uma recepção humana na Europa".

"Instamos a comunidade internacional a fazer da proteção das vidas humanas uma prioridade e a apoiar, em todos os níveis, políticas inclusivas que se estendam a todas as comunidades religiosas."

Enquanto os três líderes religiosos assinam a declaração, começam a circular os primeiros rumores quanto ao desejo de Francisco de realizar um gesto importante: levar consigo, no voo de volta a Roma, alguns dos refugiados abrigados na ilha. Fontes gregas ligadas à agência grega de coordenação da política migratória (Somp) falam nisso. A ideia fora sugerida alguns dias antes ao papa por um de seus colaboradores mais próximos, o substituto da Secretaria de Estado para Assuntos Gerais, Giovanni Angelo Becciu. Os canais diplomáticos foram ativados, e pediu-se a voluntários da Comunidade de Santo Egídio presentes na ilha grega que selecionassem três famílias. Os selecionados são cristãos e muçulmanos. Mas já quase na última hora se descobriria que os cristãos não tinham os documentos para a expatriação, uma vez que chegaram a Lesbos depois do fim do acordo da União Europeia com a Turquia. Então procuram-se outras pessoas com a documentação em ordem.

No meio-tempo, o papa, que adora falar com gestos, almoça ao lado de seus irmãos ortodoxos no interior de um contêiner do campo, em companhia de oito refugiados ali abrigados.

O tempo corre, e tudo está pronto em um banquinho do porto de Mitilene. O sol está a pino, o ar limpíssimo, e do outro lado do mar se vê a Turquia. O último compromisso dessa breve visita papal é dedicado à memória e à oração por aqueles que não conseguiram atravessar e morreram entre as ondas enquanto perseguiam desesperadamente uma esperança de salvação. Uma pequena multidão espera Francisco, Bartolomeu e Jerônimo. O primeiro a chegar é Tsipras. Depois, enfim, aparece a van branca com os três líderes religiosos.

Na saudação aos cidadãos de Lesbos e à comunidade católica, o papa expressa sua admiração pelo povo grego, que, apesar das graves dificuldades, "soube manter abertos os corações e as portas". "Muitas pessoas simples puseram à disposição o pouco que tinham, partilhando-o com quem estava privado de tudo. Deus recompensará essa generosidade."

Francisco fala também dos medos que o fenômeno migratório produz: "As preocupações das instituições e da população, aqui na Grécia como noutros países da Europa, são compreensíveis e legítimas. Mas nunca devemos esquecer que, antes de ser números, os migrantes são pessoas, são rostos, nomes, casos". Como aqueles rostos e aqueles casos que ainda lhe enchem o coração após os encontros no campo de Moria. "A Europa é a pátria dos direitos humanos, e toda pessoa que ponha pé em terra europeia deverá poder experimentá-lo; assim tornar-se-á mais consciente de dever, por sua vez, respeitá-los e defendê-los. Infelizmente, alguns, entre eles muitas crianças, nem sequer conseguiram chegar: perderam a vida no mar, vítimas de viagens desumanas e sujeitos às tiranias de ignóbeis algozes."

Francisco, como de costume, não fecha os olhos para as razões que nos trouxeram a esta situação e, para resolvê-la, propõe caminhos baseados em um saudável realismo. "Para sermos verdadeiramente solidários com quem é forçado a fugir da sua própria terra, é preciso trabalhar para remover as causas desta dramática realidade: não basta limitar-se a resolver a emergência do momento, é preciso desenvolver políticas de amplo respiro, não unilaterais. Em primeiro lugar, é necessário construir a paz nos lugares aonde a guerra levou destruição e morte e impedir que este câncer se espalhe noutros lugares. Para isso, é preciso opor-se firmemente à proliferação e ao tráfico das armas e às suas teias muitas vezes ocultas; há que privar de todo e qualquer apoio quantos perseguem projetos de ódio e violência. Por outro lado, promova-se incansavelmente a colaboração entre os países, as organizações internacionais e as instituições humanitárias, não isolando, mas sustentando quem enfrenta a emergência."

Depois chega o momento da oração, que o papa recita em memória das vítimas: "Deus de misericórdia, pedimo-Vos por todos os homens, mulheres e crianças que morreram depois de ter deixado as suas terras à procura de uma vida melhor. Embora muitos dos seus túmulos não tenham nome, cada um é conhecido, amado e querido por Vós. Que nunca sejam esquecidos por nós".

Francisco lembra que Deus não abandonou seu Filho "quando foi levado para um lugar seguro por Maria e José. Assim agora mantende-Vos perto destes vossos filhos e filhas através da nossa ternura e proteção". É uma passagem importante, que recorda como o Deus cristão, o Deus feito homem, foi também migrante e refugiado. Migrante, porque nasceu na precariedade de um estábulo, longe de sua cidade. Refugiado e fugitivo no Egito para escapar às espadas dos soldados do sanguinário rei Herodes.

A oração se encerra com uma vibrante invocação: "Deus de misericórdia e Pai de todos, acordai-nos do sono da indiferença, abri os nossos olhos às suas tribulações e libertai-nos da insensibilidade, fruto do bem-estar mundano e do confinamento em nós mesmos. Dai inspiração a todos nós, nações, comunidades e indivíduos, para reconhecer que quantos atingem as nossas costas são nossos irmãos e irmãs... reconhecer que juntos, como uma única família humana, somos todos migrantes, viajantes de esperança rumo a Vós".

Enfim, depois de um minuto de silêncio, os três chefes religiosos lançam ao mar, ao mesmo tempo, em homenagem àqueles que perderam a vida na travessia, coroas de louro enfeitadas com flores brancas e amarelas, que haviam sido entregues a Francisco, Bartolomeu e Jerônimo por três crianças. Esse gesto tocante e cheio de sentido serve de epílogo à visita.

Enquanto a cerimônia no porto vai chegando ao fim, longe de olhares indiscretos outro pequeno comboio se dirige ao aeroporto de Mitilene. Leva três famílias de refugiados sírios, todos muçulmanos. Doze migrantes, homens, mulheres e crianças, que Francisco quer ter consigo no voo de regresso a Roma e que receberão acolhida nas estruturas da Comunidade de Santo Egídio, à custa do Vaticano. Assim que chegam à base, são embarcados no Airbus A320 da Alitalia e acomodados no setor central da aeronave, onde ficam os lugares destinados ao séquito papal. Quando as aeromoças lhes servem um refresco, não conseguem acreditar.

Pouco depois, se dá um episódio revelador do medo que essas pessoas acumularam. O papa e seu séquito estão para chegar ao pequeno aeroporto. Explicam aos doze refugiados que eles devem descer a escadinha e esperar por Bergoglio ao pé do avião, para cumprimentá-lo e subir novamente com ele. Mas alguns deles se recusam a deixar a aeronave: temem não conseguir partir, estão angustiados, pensam que pode haver algum empecilho burocrático de última hora. É preciso muita paciência para convencê-los, mas, ao fim, todos descem, e o papa os encontra diante de si.

Hasan traz nos braços o filho de 2 anos. Sua mulher, Nouri, olha a seu redor. "Há uma hora estávamos num campo de refugiados, agora estamos voltando à vida", explica o homem, comovido. Traz nos olhos o terror dos bombardeios e o sofrimento por ter sido obrigado a deixar Damasco, a casa, os afetos. As lembranças reabrem feridas. "Vimos morrer muitos parentes e amigos sob os escombros, fugimos porque na Síria não tínhamos mais esperanças. Correr risco de morte a cada instante faz a existência ficar frágil, insegura, destrói os sonhos, torna impossível imaginar um futuro. Escapamos para a Turquia. Fizemos isso sobretudo por nosso filho." Foi quando a parte mais difícil parecia vencida que a odisseia quase se tornou uma tragédia. "O bote que pegamos para chegar a Lesbos estava sobrecarregado com pessoas como nós, que fugiram da guerra", conta Hasan, que traz ainda impressos na memória a escuridão, o mar de ondas revoltas, o medo de afundar. "Quando chegamos a Lesbos, entendemos que estávamos presos em um lugar de onde não poderíamos sair, uma armadilha, uma prisão." Até o voo com o papa. "Nossa salvação." Uma salvação inesperada.

Wafa é uma mãe angustiada. Isso se depreende de como ela coloca no centro de cada fala seu filho de 6 anos. Em um dos "contínuos bombardeios" acontecidos nos últimos meses em Zamalka, região periférica da capital síria, não só sua casa foi destruída. Sob aqueles escombros, ficou o sorriso do menino que ela agora traz pela mão. "Desde então fala muito pouco, por muito tempo não saiu nem uma só palavra de sua boca: muitas vezes se fecha num silêncio impenetrável", explica a mulher. "Ainda hoje acorda todas as noites, e não conseguimos convencê-lo a brincar com a irmã de 8 anos e com as outras crianças." Wafa e seu marido, Osama, vivem para seus filhos e, para tirá-los da guerra, abandonaram tudo. Fariam tudo de novo. "Uma casa destruída se reconstrói, mas na Síria não havia mais resquício de vida normal. Tivemos de queimar as pontes com nosso passado, mas sabemos que escolhemos o caminho certo." Lesbos foi uma zona cinzenta. "Os dias não passavam. Quando nos disseram que podíamos ir embora, não acreditávamos", diz Wafa. "Foi Francisco quem nos devolveu a vida."

Ramy tem o sorriso triste de quem se esforça, mas sabe que nada será como antes. Aos 51 anos, tem de recomeçar do zero. Sua mulher, Suhila, e seus três filhos não se separam nunca dele. "Fui professor a vida inteira em Deir el-Zor, e aí o EI chegou, destruiu nossa casa e arrasou tudo. Sempre transmiti aos meus alunos os valores de convivência pacífica e de compreensão mútua. Ter agora de fugir da minha terra é uma dor imensa, que não vai desaparecer nunca." O homem se pergunta, angustiado, que fim terão tido seus alunos. "A guerra destruiu pontes, edifícios e escolas, mas, sobretudo, a possibilidade de aproveitarmos as melhores inteligências das novas gerações." E confessa que o futuro lhe parece nebuloso: "Debatemos em família e não sabemos como nos imaginar daqui a algum tempo. Não sabemos se nossa vida vai poder recomeçar na Europa, ou se poderemos voltar a uma Síria sem guerra e violência". Para quem dedicou toda a sua energia aos jovens, "o maior sofrimento é não senti-los projetar no futuro suas aspirações". "Mas, graças ao papa, agora estamos aqui e saberemos fazer por merecer essa oportunidade e esse seu oferecimento."

Depois da partida do avião, Francisco se encontra com os jornalistas para a habitual entrevista coletiva. Fez que um dos gendarmes lhe trouxesse os desenhos recebidos no campo de Moria. O papa ficou abalado, nota-se que deu muita importância a eles. Talvez espere uma pergunta sobre a emoção suscitada pelos encontros do dia. E, uma vez que ela não chega, a certo ponto ele mesmo toma a iniciativa de falar. "Quero dizê-lo hoje – e que vistes vós próprios naquele campo de refugiados... vem-nos vontade de chorar! As crianças... Trouxe comigo para vos fazer ver: as crianças ofereceram-me muitos desenhos." Francisco mostra as folhas, uma por uma. "Que querem as crianças? Paz, porque sofrem"... "Verdadeiramente, hoje, o caso era de chorar... Estas crianças têm isto na memória! E precisarão de tempo para se habituar. Este: o sol que vê e chora. Mas, se o sol é capaz de chorar, também nós: alguma lágrima far-nos-á bem."

ARMÊNIA, MEMÓRIA PELA RECONCILIAÇÃO

Ao entrar na catedral metropolitana de Buenos Aires, no terceiro altar à esquerda de uma das naves laterais se topa com uma lápide de mármore em forma de arco, suspensa por quatro pequenas colunas. Ali está representado São Gregório Iluminador batizando o rei Tiridates, ato que fez da Armênia, em 301 d.C., a primeira nação a se tornar cristã. Mais abaixo há uma cruz armênia esculpida na pedra. Na tarja de latão, já um pouco gasta, lê-se: "Em memória dos armênios vitimados pelo primeiro genocídio do século xx, 1915-1923". Quem quis cravar no muro da catedral essa homenagem oferecida pela Igreja Apostólica Armênia da Argentina foi o cardeal Jorge Mario Bergoglio. É preciso voltar a essa lápide para compreender a forte relação que une o Papa Francisco e a comunidade armênia, através do conhecimento, amizade e colaboração com os armênios argentinos, sejam aqueles da Igreja Católica, sejam os da Igreja Apostólica Armênia.

A viagem à Armênia, de 24 a 26 de junho de 2016, é uma das poucas que, em seu coração, Francisco havia decidido fazer desde as primeiras semanas de seu pontificado. Em 3 de junho de 2013, o Papa Bergoglio havia recebido o patriarca armênio da Cilícia, Nerses Bedros XIX. Quatro dias mais tarde, em 7 de junho, Mikayel Minasyan, primeiro embaixador da República Democrática da Armênia na Santa Sé, entregava ao papa suas credenciais. Fora este último, justamente, quem tornara público o fato de que, durante seu encontro com o patriarca Nerses Bedros, Francisco havia se referido ao genocídio. As palavras do embaixador, consideradas uma indiscrição, uma vez que davam detalhes de um colóquio privado, não foram desmentidas pela Santa Sé, porque, efetivamente, o papa havia se expressado nesses termos. E essa indiscrição por parte do embaixador havia bastado por si só para que o Ministério das Relações Exteriores da Turquia exprimisse seu desagrado tanto à embaixada da Santa Sé em Ancara quanto ao Vaticano.

Os colaboradores mais próximos da Secretaria de Estado haviam explicado a Francisco como a palavra "genocídio" era problemática do ponto de vista da diplomacia, por causa da hipersensibilidade da Turquia ao tema e de sua recusa a enfrentar aquela página trágica e terrível de sua história. E, no entanto, aquela palavra já havia sido usada, com todas as letras, por outro papa. Em 9 de novembro de 2000, João Paulo II e o *catholicos* Karekin II, chefe da Igreja Apostólica Armênia, assinaram um comunicado conjunto no qual se falava explicitamente do "genocídio armênio": "Os chefes das nações já não temiam a Deus nem sentiam vergonha diante do gênero humano. O século XX foi-nos marcado por uma violência extrema. O genocídio armênio, no início do século, constituiu um prólogo dos horrores que se seguiriam. Duas guerras mundiais, inúmeros conflitos regionais e campanhas de extermínio deliberadamente organizadas sacrificaram milhões de fiéis". Na época, obviamente, a iniciativa já havia suscitado uma reação duríssima da diplomacia turca.

No ano seguinte, durante sua viagem à Armênia, o Papa Wojtyła evitou, nos discursos públicos, o uso direto da palavra "genocídio", mas utilizou na oração recitada a expressão "*Metz Yeghern*", "grande mal", a mesma usada pelo povo armênio para definir a tragédia acontecida no início do século XX. Era 26 de setembro de 2001, e João Paulo II, em visita ao memorial de Tzitzernakaberd, complexo arquitetônico construído em Ierevan em recordação das vítimas armênias caídas em 1915, rezou com estas palavras: "Ó Juiz dos vivos e dos mortos, tem piedade de nós! Ouve, ó Senhor, a lamentação que se eleva deste lugar, a invocação dos mortos do abismo de *Metz*

Yeghern, o brado do sangue inocente que implora como o sangue de Abel, como Raquel que chora os seus filhos que já não vivem".

Depois, ao fim da visita à Armênia, João Paulo II e Karekin II assinaram uma nova declaração conjunta, na qual se lia esta expressão: "O extermínio de 1,5 milhão de armênios cristãos, naquilo que geralmente se considera como o primeiro genocídio do século xx". Pela segunda vez em dois anos, portanto, ainda que, em um texto assinado pelo chefe da Igreja Católica e pelo da Igreja Apostólica Armênia, aparecia a palavra "genocídio" usada com referência aos massacres de 1915.

Bento XVI, por sua vez, nunca usou a palavra "genocídio" durante seu pontificado. Ao receber o patriarca Nerses Bedros XIX Tarmouni, em 20 de março de 2006, o Papa Ratzinger mencionou, em seu discurso público, os sofrimentos padecidos pelo povo armênio "em nome da fé cristã nos anos da terrível perseguição que permanece na história com o nome tristemente significativo de *Metz Yeghern*, o grande mal".

Assim chegamos ao dia 12 de abril de 2015, centenário do começo do extermínio, que teve início com a prisão e a morte da elite armênia de Constantinopla. Durante a mensagem com que abriu a missa em São Pedro, na presença do presidente armênio e do *catholicos* Karekin II, o Papa Francisco insere a descomunal tragédia de 1915 no contexto dos extermínios em massa do século xx, citando não só o nazista e o stalinista mas também aqueles muito mais próximos de nós, ocorridos na Ásia e na África. E define a primeira das "inauditas tragédias" do século passado com estas palavras: aquele que é considerado como "o primeiro genocídio do século xx", que "atingiu o vosso povo arménio – a primeira nação cristã – juntamente com os sírios católicos e ortodoxos, os assírios, os caldeus e os gregos. Foram mortos bispos, sacerdotes, religiosos, mulheres, homens, idosos e até crianças e doentes indefesos".

No texto escrito da saudação papal, logo depois da frase – não por acaso entre aspas – sobre o "primeiro genocídio do século xx", aparece a fonte da citação: "JOÃO PAULO II e KAREKIN II, *Declaração comum*, Etchmiadzin, 27 de setembro de 2001". Vale dizer, a declaração conjunta de catorze anos antes. Dessa forma, o Papa Francisco usou a palavra "genocídio", mas, ao mesmo tempo, a pronunciou citando um predecessor seu hoje feito santo.

Ao reler o texto dessa saudação e, sobretudo, a homilia e a mensagem ao povo armênio no fim da liturgia, nota-se facilmente que o reconhecimento do extermínio armênio não comporta, na ótica do pontífice, nenhuma reivindicação ou culpabilização da Turquia como um todo pelos fatos trágicos ocorridos um século antes. No entanto, como era previsível, a reação turca foi duríssima. O ministro das Relações Exteriores, Mevlüt Çavuşoğlu, define como "inaceitáveis" as frases do papa e afirma que suas palavras revelam uma "discriminação dos muçulmanos e dos turcos diante dos cristãos". Mehmet Pacaci, embaixador da Turquia junto à Santa Sé, é chamado a Ancara para consultas, enquanto o núncio apostólico Antonio Lucibello é convocado pelo ministério das Relações Exteriores turco, onde lhe é transmitida toda a irritação do governo. Uma nota da embaixada turca na Santa Sé afirma que falar de genocídio representa uma "calúnia" e que, com as declarações do pontífice, "a história foi instrumentalizada para fins políticos". O ministério das Relações Exteriores define as palavras de Francisco como "distantes da realidade legal e histórica", e o papa é acusado de ter ignorado os sofrimentos padecidos pelos turcos e muçulmanos durante os acontecimentos de 1915, quando – segundo a versão de Ancara – ao menos meio milhão de pessoas foram mortas pelos armênios. Mais tarde, à noite, chega um novo e duro golpe desferido pela Turquia contra Francisco, por meio do ministro turco dos Assuntos Europeus, Volkan Bozkir, que afirma que o pontífice se expressou dessa maneira porque veio da Argentina, um país que "acolheu os nazistas, os perpetradores do Holocausto contra os judeus". O ministro, citado pela agência Anadolu, sublinha além disso que a diáspora armênia é "dominante" no mundo dos negócios e da mídia na América do Sul. Deve-se dizer que há muitos anos a Turquia transformou um tema histórico em controvérsia político-diplomática, intervindo a cada declaração pública acerca do "genocídio armênio". Essa crise diplomática se arrastaria até 2016. O embaixador turco junto à Santa Sé retorna a Roma, e o clima se tranquiliza.

É esse o contexto que cabe mencionar quando se enquadra o aspecto mais delicado e controverso da viagem papal à Armênia. Nos dias imediatamente precedentes à peregrinação, dois novos elementos se somam ao tema diplomaticamente candente do genocídio. O primeiro é representado pelas palavras que o próprio Francisco pronuncia, em um diálogo improvisado com jovens da Villa Nazareth, em Roma, abrigo fundado pelo cardeal Domenico Tardini e conduzido por seus sucessores e colaboradores. Aqui Bergoglio afirma não amar a palavra "genocídio": "A tragédia das comunidades cristãs espalhadas pelo mundo: isto é verdade. Mas é o destino dos cristãos: o testemunho até em situações difíceis. Eu não gosto, e pretendo dizê-lo claramente, quando se fala de um genocídio dos cristãos, por exemplo no Oriente Médio: isto é um reducionismo. A verdade é uma perseguição que leva os cristãos à fidelidade, à coerência na própria fé. Não façamos reducionismo sociológico daquilo que é um mistério da fé: o martírio". A citação diz respeito aos cristãos perseguidos e sobretudo à sorte daqueles no Oriente Médio, vítimas principalmente do EI mas também das guerras em curso há anos em toda a região. O aceno do pontífice parece, aqui, mais um distanciamento do tom de algumas campanhas internacionais que, concentrando-se somente no sofrimento dos cristãos, arriscam reduzir a complexidade do que acontece no cenário meso-oriental e, em particular, nas terras do califado islâmico, onde o mais alto número de vítimas se registra entre os muçulmanos, sunitas moderados e xiitas, perseguidos e mortos com pessoas de outras minorias religiosas, como os cristãos e os yazidis. O caso armênio é diferente, não somente pelas cifras mas também pelo fato de que, na origem dos extermínios iniciados em 1915, não estava apenas um motor religioso, mas também, e sobretudo, motivações étnicas e políticas. Todas igualmente aberrantes.

O fato, contudo, de que Francisco, a cinco dias da partida para Ierevan, diga que não gosta muito da palavra "genocídio" é considerado quase como uma antecipação de que a palavra não será utilizada na viagem à Armênia. O costumeiro briefing que o diretor da sala de imprensa da Santa Sé, padre Federico Lombardi, faz aos jornalistas na terça, 21 de junho, às vésperas da partida, reforça essa hipótese.

Naquele dia, durante o encontro com a imprensa, o padre Lombardi utiliza o termo "*Metz Yeghern*", "Grande Mal". A uma pergunta específica sobre isso, o porta-voz do Vaticano explica: "Respondo, como me disse um amigo armênio meu, que a expressão '*Metz Yeghern*' é ainda mais forte do que o expressado pela palavra 'genocídio', e eu prefiro usar essa palavra justamente para não cair na armadilha de perguntas que nada mais fazem além de girar em torno do uso de uma palavra. Ninguém entre nós nega que tenham acontecido massacres horríveis, sabemos muito bem disso e o reconhecemos, e vamos ao memorial para recordá-lo, mas não queremos fazer disso uma armadilha da discussão político-sociológica, porque nos importa a substância".

O monsenhor Antranig Ayvazian, chefe da eparquia católico-armênia de Qamishli, também presente ao encontro, intervém para esclarecer: "Como armênio, perdi toda a minha família, só sobrou meu pai, que se tornou muçulmano, e, quando falamos do genocídio, usamos o termo '*Metz Yeghern*', que significa uma grande erradicação da população de sangue". O líder armênio reitera que o país espera da Turquia o reconhecimento desse "erro histórico" e sublinha que "a Santa Sé tem uma presença universal e deve ser neutra com relação a todos os povos, ainda que sejam inimigos entre eles, pois assim poderá ser portadora de paz e de convivência entre os povos, que é a sua missão. O ponto, portanto, não é a palavra 'genocídio', que de resto a Santa Sé usou várias vezes, mas que não é necessário repetir".

Um segundo elemento a levar em conta é a declaração conjunta. É tradição que, em caso de visitas importantes a países onde existam Igrejas cristãs não em comunhão com a de Roma, o papa e o chefe da Igreja local firmem um documento comum. Isso havia sido feito, como já vimos, por João Paulo II e Karekin II em 2001. O mesmo deve fazer Francisco quinze anos mais tarde. Mas, durante o briefing, o padre Lombardi explica que, por ora, tal texto não está previsto. Como veremos, ao final a declaração será efetivamente firmada, mas naquele 21 de junho as tratativas não parecem chegar a um termo. Provavelmente porque a Roma fora enviada uma proposta cuja formulação, nas passagens dedicadas ao genocídio, foi considerada muito forte.

No dia seguinte, 22 de junho, foi transmitida uma mensagem em vídeo do pontífice ao povo armênio, na qual Bergoglio, entre outras coisas, afirma: "Não permitamos que as recordações dolorosas se apoderem do nosso coração; até diante dos reiterados assaltos do mal, não nos rendamos... Desejo visitar-vos como servo do Evangelho e mensageiro de paz, para apoiar todos os esforços no caminho da paz e compartilhar os nossos passos na vereda da reconciliação, que gera a esperança". Será esse o *leitmotiv* da viagem: a memória do passado deve se converter em caminho de reconciliação e de paz, e não permanecer refém de suas terríveis recordações.

Chegamos, pois, à manhã de sexta, 24 de junho de 2016. O despertar, para os jornalistas que subirão ao voo papal, se dá ao amanhecer, e com uma notícia que marca o fim de uma era: o povo britânico votou a favor do "*Brexit*", isto é, a saída da União Europeia. Na noite anterior, quando se fechavam as urnas, as pesquisas davam a vitória ao grupo do "*Remain*", daqueles que desejavam ficar na União. Mas as enquetes se mostraram pouco verídicas. Assim, entre os colegas à espera para partir no terminal 3 de Fiumicino, questiona-se se seria possível pedir a Francisco um comentário quente. O papa, como é notório, não dá entrevistas e não faz conferências de imprensa durante o voo de ida ao país visitado, limitando-se a uma breve saudação ao microfone e, depois, ao contato pessoal com todos os repórteres, *cameramen* e fotógrafos presentes. Desta vez, porém, seria válida uma exceção, e a questão se apresenta ao padre Lombardi. É ele quem avisa ao papa sobre o resultado do referendo. Assim, após a decolagem, quando Francisco faz uma visita rápida ao fundo da aeronave, onde viajam os setenta jornalistas que o acompanham, aceita fazer dois comentários. O primeiro versa sobre outra importante notícia do dia anterior, isto é, o acordo a que chegaram, em Cuba, os guerrilheiros das Farc e o governo colombiano, após cinquenta anos. O segundo se refere ao clamoroso resultado da votação britânica.

"A propósito da primeira pergunta, sinto-me feliz por esta notícia que recebi ontem: mais de cinquenta anos de guerra, de guerrilha, tanto sangue derramado... Foi uma boa notícia, e espero que os países que trabalharam para fazer a paz e dão garantias de que é para durar 'blindem' isso de tal modo que nunca mais se possa voltar – nem de dentro nem de fora – a um estado de guerra. Felicito vivamente a Colômbia, que agora dá este passo. Quanto à segunda questão: soube o resultado final aqui, no avião, pois, ao sair de casa, dei uma vista de olhos ao jornal *Il Messaggero* e ainda não era definitivo. Falou a vontade do povo, e isto exige de todos nós uma grande responsabilidade para garantir o bem do povo da Grã-Bretanha e igualmente o bem e a convivência de todo o continente europeu."

Na chegada a Ierevan, em um dia ensolarado e seco, Francisco é recebido pelo *catholicos* armênio. A primeiríssima etapa da viagem é simbólica e importante. O papa faz uma parada na catedral apostólica de Etchmiadzin, o "Vaticano armênio", a sede de Karekin II. É aqui que se hospedará por três dias e duas noites, como de resto já acontecera por ocasião da visita de João Paulo II, em 2001. É um gesto de hospitalidade significativo, que vai bem além da falta de lugares aptos em ambiente católico. Desde as primeiras falas dessa viagem, com efeito, é palpável uma atmosfera de amizade muito sentida, não somente graças às posições teológicas muito próximas entre a Igreja Católica e a Apostólica Armênia. O que torna o clima tão ameno talvez seja também a ausência de incompreensões seculares, de excomunhões recíprocas, de episódios dolorosos como o saque de Constantinopla pelos cruzados em 1204.

A Igreja Apostólica Armênia pertence ao ramo das igrejas definidas como "pré-calcedonianas", ao lado da Copta Ortodoxa e da Síria Ortodoxa. Essas Igrejas antigas, nascidas em regiões fora da órbita cultural e política do Império Romano, haviam recusado algumas definições cristológicas do Concílio de Calcedônia, acontecido em 451. Aquele concílio, com o acordo das Igrejas de Roma e de Bizâncio, definiu as duas naturezas de Cristo, a divina e a humana, reunidas em uma só pessoa. A Igreja Alexandrina recusou essa definição, insistindo, em oposição a ela, na unidade de Cristo segundo a fórmula de São Cirilo de Alexandria e proclamando que Cristo não tem mais do que uma só natureza e que ela é, ao mesmo tempo, plenamente divina e humana, "sem misturas e sem confusão". Em substância, as Igrejas "pré-calcedonianas" definiam como "natureza" aquilo que para as Igrejas Romana e Bizantina era a "pessoa". Mas as motivações para o dissenso e a separação eram também políticas, vale dizer, o crescente interesse das Igrejas de Roma e de Bizâncio pelas questões ligadas à vida do Império. A consequência dessas divergências foi o cisma entre Bizâncio e Roma e as Igrejas Alexandrina, Apostólica Armênia Ortodoxas da Síria, da Etiópia e da Índia. Mas os desacordos não eram realmente substanciais, dizendo respeito principalmente à terminologia utilizada para expressar certas verdades da fé. Hoje muitas daquelas dúvidas seriam esclarecidas e resolvidas graças a declarações comuns com a Igreja Católica.

Na Catedral de Ierevan, em seu discurso, Francisco apresenta o ecumenismo não apenas como um caminho que envolve as confissões cristãs, mas como um sinal para o mundo e pela paz mundial: "Quando a nossa atividade é inspirada e movida pela força do amor de Cristo, crescem o conhecimento e a estima recíprocas, criam-se melhores condições para um caminho ecuménico frutuoso e, ao mesmo tempo, mostra-se a todas as pessoas de boa vontade e à sociedade inteira um caminho concreto que se pode percorrer para harmonizar os conflitos que dilaceram a vida civil e cavam divisões difíceis de curar". A unidade dos cristãos, portanto, tem um valor que vai bem além das relações entre Igrejas. É um testemunho para todos.

Na chegada ao arco de Tiridates, o papa trazia os sapatos encobertos. Então, ao som dos sinos, faz seu ingresso na catedral ao lado do *catholicos*, enquanto o coro entoa o hino *Hrashapar*, dedicado a São Gregório Iluminador, o grande santo armênio graças ao qual o rei que o havia feito prisioneiro por treze anos se converteu, fazendo a nação toda ser cristã. Francisco e Karekin II são recebidos por duas alas de bispos armênios, com seus inconfundíveis hábitos pretos e roxos e o capuz pontudo de pano. Ao chegarem diante do altar da Descida do Unigênito, que se encontra no centro da nave central, "Alegrei-me com os que me disseram: 'Vamos à casa do Senhor!'. Nossos pés já se encontram dentro de tuas portas, ó Jerusalém!". No interior, nas naves laterais, a multidão de fiéis não para de fazer fotos e vídeos com seus smartphones.

Primeiro toma a palavra o *catholicos*, que assim saúda o pontífice: "A vossa visita é um testemunho renovado das relações fraternas e da colaboração entre nossas Igrejas e é um encorajamento recíproco para as fés das Igrejas Armênia e Católica".

Quando lhe toca falar, usando uma ampla estola vermelha e dourada sobre a veste talar branca, Francisco diz que cruzou "comovido" o limiar da catedral e agradece a Karekin II por tê-lo querido hospedar em sua residência, um "sinal de amor", que "exprime, de maneira muito mais eloquente que as palavras, o que significam a amizade e a caridade fraterna". Então recorda que a fé cristã não foi para a Armênia "uma espécie de vestido que se põe ou tira segundo as circunstâncias e conveniências, mas um elemento constitutivo da sua própria identidade". A Armênia foi de fato a primeira nação do mundo "a acolher o cristianismo como sua religião, numa época em que grassavam ainda as perseguições no Império Romano".

Francisco recapitula em poucas frases a história das boas relações e do diálogo cada vez mais fecundo entre as duas Igrejas, indicando uma vez mais a via do ecumenismo que vê os cristãos unidos no serviço: "O mundo está, infelizmente, marcado por divisões e conflitos, bem como por graves formas de pobreza material e espiritual, entre elas a exploração das pessoas, mesmo de crianças e idosos, e espera dos cristãos um testemunho de estima mútua e colaboração fraterna, que faça resplandecer diante de cada consciência o poder e a verdade da ressurreição de Cristo". O espírito ecumênico, explica o Papa Bergoglio, "adquire valor exemplar mesmo fora das fronteiras visíveis da comunidade eclesial, constituindo para todos uma forte chamada a compor as divergências através do diálogo e da valorização de tudo aquilo que une".

No palácio presidencial de Ierevan, uma construção erguida em 1951 para abrigar o conselho dos ministros da República Soviética Armênia, o papa é acolhido pelo presidente Serž Sargsyan; nascido em 1954, o filólogo foi ministro da Defesa e primeiro-ministro. É chefe de Estado desde 2008. Assim que chega, Francisco é conduzido a um amplo salão de paredes cor-de-rosa para o colóquio com o presidente. Sentados lado a lado em duas poltronas forradas de vermelho e ouro, com a lareira ao fundo e as bandeiras de rigor, o papa e Sargsyan dialogam amavelmente graças à ajuda de dois intérpretes, Depois, Francisco encontra a família do presidente. Então se desloca até o adjacente Salão dos Representantes, com sua abóbada decorada com relevos dourados, onde é esperado por autoridades políticas e diplomáticas do país.

Os jornalistas que viajaram com o pontífice a Ierevan receberam o texto de seu discurso antes da partida de Roma. Sabem que nele fala dos massacres iniciados em 1915, mas sem jamais usar a palavra "genocídio". Diante das premissas e afirmações feitas pelo padre Lombardi no briefing à imprensa antes da viagem, a sensação entre o restrito grupo de repórteres admitidos à sala, bem como entre aqueles que acompanham o evento da sala de imprensa de Ierevan, é que Francisco se limitará a ler o texto preparado, sem acréscimos ou improvisos, de resto raríssimos nos discursos oficiais proferidos em cerimônias de recepção na presença de autoridades do país anfitrião.

Mas algo acontece. No seu discurso, o presidente Sargsyan pronuncia palavras fortes, mesmo sem jamais citar a Turquia. Fala do genocídio, diz que é "um fato histórico e uma realidade inegável" e que "a falsificação e a negação começam a oscilar diante da justiça histórica". Mas logo depois acrescenta palavras que tocam Francisco: "Nós não buscamos culpados, nós não espalhamos acusações. Queremos somente que as coisas sejam chamadas pelo nome que têm, para que isso permita a dois povos vizinhos seguir em frente rumo a uma genuína reconciliação e um futuro comum através do reconhecimento do passado, do perdão e de uma consciência limpa".

É uma chave de leitura que agrada ao papa. É aquilo que ele próprio veio transmitir na Armênia. Uma memória compartilhada, convertida em fator de paz e reconciliação, certamente não de vingança. É exatamente naquele momento que Francisco – conforme confidenciará mais tarde a seus colaboradores – decide acrescentar a palavra "genocídio" ao seu discurso.

Bergoglio relembra sobretudo a coragem com a qual a Armênia deu testemunho de sua fé, sofrendo muito, mas voltando sempre a renascer, e cita o "comovido" amor dos armênios por sua pátria valendo-se de versos do poeta Yeghishe Charents: "O nosso céu turquesa, as águas límpidas, o lago de luz, o sol de verão e, de inverno, o galhardo vento norte, [...] a pedra dos milénios, [...] os livros gravados com o estilete, feitos oração". Então, remetendo à celebração de abril de 2015 em São Pedro, menciona o massacre de 1,5 milhão de armênios com estas palavras: "Naquela ocasião, comemorou-se o centenário do *Metz Yeghern*, o 'Grande Mal', que atingiu o vosso povo e causou a morte de uma multidão enorme de pessoas. Aquela tragédia, aquele *genocídio*", acrescenta, de improviso, levantando os olhos do papel e frisando bem a palavra, "marcou o início, infelizmente, do triste elenco das imensas catástrofes do século passado, tornadas possíveis por aberrantes motivações raciais, ideológicas ou religiosas, que ofuscaram a mente dos verdugos até ao ponto de visarem o intuito de aniquilar povos inteiros". Aqui faz uma breve interrupção para dar lugar a outro acréscimo improvisado: "Como é triste", diz, referindo-se ao genocídio dos judeus e aquele cometido pelo stalinismo, "que neste caso, como nos outros dois, as grandes potências virassem a cara para o outro lado!".

Segundo o papa, a própria menção àquela imensa tragédia faz olhar a situação de hoje: "Tendo diante dos nossos olhos os resultados nefastos a que conduziram, no século passado, o ódio, o preconceito e a ambição desenfreada de domínio, espero vivamente que a humanidade saiba tirar daquelas experiências trágicas a lição de agir, com responsabilidade e sabedoria, para evitar os perigos de recair em tais horrores".

Depois um convite, aliás, um verdadeiro apelo a todos os fiéis: "É de importância vital que quantos declaram a sua fé em Deus unam as suas forças para isolar quem quer que use a religião para levar a cabo projetos de guerra, opressão e perseguição violenta, instrumentalizando e manipulando o Santo Nome de Deus".

Francisco conclui sua fala chamando as autoridades civis a "verificar constantemente" que na Armênia "nunca se falte aos imperativos morais de justiça igual para todos e de solidariedade para com os fracos e os menos afortunados". E convida também a um "maior esforço por identificar estradas úteis para superar as tensões com alguns países vizinhos". Tensões ainda presentes seja na fronteira com a Turquia, seja naquela com o Azerbaijão.

O segundo dia da viagem, sábado, 25 de junho, começa bem cedo. O papa precisa ir de avião a Gyumri, a segunda maior cidade do país, que dista pouco mais de 100 quilômetros de Ierevan. Mas antes, na capital armênia, está prevista uma oração no memorial do genocídio.

É o momento mais comovente da viagem. Mais que de palavras, é composto de olhares, de longos silêncios, do som tocante das flautas e da dor ainda gravada no rosto dos filhos e dos netos dos sobreviventes. O ar está limpo na "colina das andorinhas", no memorial de Tzitzernakaberd, o mausoléu circular formado por doze lajes de basalto inclinadas, número das províncias vitimadas pelo genocídio de cem anos antes, onde arde a céu aberto a "Chama Eterna". Ao fundo se recorta, imponente e nevado, o lendário monte Ararat, hoje do outro lado da fronteira turca.

Francisco presta homenagem ao 1,5 milhão de armênios exterminados. Está recolhido, comovido, participa do sofrimento que marcou de modo indelével a história de um povo inteiro. Depois de haver percorrido a pé com o *catholicos* Karekin II o último trecho da avenida que conduz ao memorial, circundado de crianças que levam cartazes retratando os mártires, Francisco deposita uma coroa de flores e se detém por muito tempo em silêncio. Parece quase mergulhar na oração, descuidado do comportamento menos recolhido de quem lhe está próximo. Não faz discursos. Fala com seu silêncio.

As palavras do *Hrashapar*, o hino às vítimas do holocausto armênio, são dilacerantes, "imagens autênticas do Cordeiro de Deus" que, "conduzidas ao massacre, foram sacrificadas" e "estavam diante dos esquartejadores bestializados pelo ímpeto irracional, e ainda assim não abriram sua boca, nem para renegar o Senhor, nem a pátria". Flautas fazem o acompanhamento do canto. A dor ainda ardente pelo extermínio perpetrado um século antes se percebe e se respira.

Percorrendo o jardim, Bergoglio rega uma árvore em memória de sua visita. Depois se senta ao ar livre para assinar o "livro de honra", sobre o qual escreve palavras carregadas de comoção: "Aqui peço em oração, com dor no coração, que não mais haja tragédias como esta, que a humanidade não esqueça e saiba vencer o mal com o bem; Deus conceda ao amado povo armênio e ao mundo inteiro paz e consolação. Deus guarde a memória do povo armênio. A memória não deve ser suprimida nem esquecida; a memória é a fonte da paz e do futuro".

E os rostos, tantos rostos da memória, estão ali, a seu lado, bem naquele momento. Está ali, por exemplo, o irmão do bispo católico armênio de Gyumri, Raphaël Minassian; seu pai era um dos órfãos do genocídio, e foi salvo e abrigado ao lado de outras centenas de crianças em Castel Gandolfo, em 1919, por desejo de Bento XV. Esse papa implorou ao sultão turco que protegesse os armênios. Não havia dado as costas à enormidade do que estava acontecendo. Por isso é recordado com uma lápide engastada na parede onde se recorda que, no momento da tragédia, não esqueceu a humanidade.

Depois da parada no memorial, com pouco mais de meia hora de voo, Francisco e Karekin II chegam a Gyumri, a poucos quilômetros da fronteira com a Turquia, onde vive a mais numerosa comunidade católica da Armênia. Em 1988, um violento terremoto destruiu a região, matando cerca de 25 mil pessoas e provocando uma verdadeira queda demográfica. Nas estradas adjacentes à praça Vartanànts, veem-se ainda alguns casarios em ruínas.

Uma multidão de milhares de pessoas espera a chegada do pontífice desde cedo, protegendo-se do sol com sombrinhas. Há grupos vindos da vizinha Geórgia. Com os muitos católicos, chegaram também diversos fiéis da Igreja Apostólica.

O papa faz sua entrada na procissão ao lado de Karekin II, vestindo uma casula e uma mitra brancas com uma cruz armênia. Na homilia, recorda o sismo que destruiu aquela que era a cidade mais industrializada do país: "Depois das devastações terríveis do terremoto, estamos aqui hoje para dar graças a Deus por tudo o que foi reconstruído. Mas poderíamos também questionar-nos: que nos convida o Senhor a construir hoje na vida? E sobretudo: sobre que alicerce nos chama a construir a nossa vida?". O papa responde propondo três alicerces.

O primeiro é a memória: "Uma graça que devemos pedir é a de saber recuperar a memória, a memória daquilo que o Senhor realizou em nós e por nós". Mas há ainda outra memória pela qual zelar, a do povo. "Os povos têm uma memória, como as pessoas. E a memória do vosso povo é muito antiga e preciosa. Nas vossas vozes, ressoam as dos santos sábios do passado; nas vossas palavras, há o eco de quem criou o vosso alfabeto, com a finalidade de anunciar a Palavra de Deus."

O segundo alicerce é a fé: "Há sempre um perigo que pode fazer esmorecer a luz da fé: é a tentação de a reduzir a algo do passado, algo importante mas próprio de outros tempos, como se a fé fosse um belo livro de miniaturas que se deve conservar num museu". Mas, se permanecer "encerrada nos arquivos da história, perde a sua força transformadora, a sua vivacidade, a sua abertura positiva aos outros. Ao contrário, a fé nasce e renasce do encontro vivificante com Jesus, da experiência da sua misericórdia que ilumina todas as situações da vida".

O terceiro é o amor misericordioso: "O amor concreto é o cartão de visitas do cristão... todos saberão que somos seus discípulos por isto: se nos amarmos uns aos outros". Deus, explica ainda Bergoglio, "habita no coração de quem ama; Deus habita onde se ama, especialmente onde se cuida, com coragem e compaixão, dos frágeis e dos pobres".

Há um exemplo concreto e significativo dessa atitude, que Karekin II cita em sua saudação. De frente para a praça fica a antiga catedral dedicada à Virgem das Sete Chagas. O edifício pertence à Igreja Apostólica Armênia, único local de culto cristão que permaneceu aberto na cidade durante a época soviética. Justo ali os apostólicos armênios abriram suas portas para consentir aos católicos e aos ortodoxos russos celebrar suas liturgias. O papa e o *catholicos* se detêm em oração ali, antes de tomar o avião de volta para a capital.

O sol ilumina ainda a ampla Praça da República, símbolo imponente da transformação de Ierevan em grande metrópole. Até 1992, esse vasto espaço era chamado de Praça Lênin e era dominado por uma gigantesca estátua do revolucionário soviético, demolida após a queda da URSS. É aqui que tem lugar o último compromisso do segundo dia do papa na Armênia. Diante de milhares de pessoas, Francisco e Karekin II se abraçam e rezam juntos pela paz.

Entram a pé na praça, ladeados pela multidão. Abençoam, cumprimentam as crianças, apertam mãos. Sobre seus rostos suados se lê todo o cansaço de uma longa e fatigante jornada. É o momento da oração ecumênica, da invocação pela paz. Mas o tom dos dois líderes difere entre si.

Na sua saudação, Karekin recorda que, apenas poucos anos antes, "saudávamos o terceiro milênio com a esperança de que ele teria sido o início da convivência solidária entre as nações", enquanto hoje "nos chegam a cada dia notícias preocupantes do aumento das atividades de guerra e dos atos de terrorismo, do indizível sofrimento humano e de perdas irreparáveis".

O *catholicos* cita, então, o genocídio armênio e acrescenta que "hoje também a nossa nação vive a difícil situação de uma guerra não declarada e deve proteger a paz dentro dos limites do nosso país a um alto preço e o direito do povo de Nagorno-Karabakh de viver em liberdade em sua terra mãe... Em resposta às aspirações pacíficas do nosso povo, o Azerbaijão violou o cessar-fogo e deu início às operações militares nos confins da República de Nagorno-Karabakh no mês de abril. Aldeias armênias foram bombardeadas e destruídas, soldados que protegiam a paz, assim como crianças em idade escolar, foram mortos e feridos, civis pacíficos e desarmados foram torturados".

Enfim, o chefe da Igreja Apostólica Armênia expressa seu desejo de que a Turquia saiba demonstrar coragem suficiente para "enfrentar sua história, pôr fim ao embargo ilegal à Armênia e cessar o apoio às provocações militares do Azerbaijão".

Quando é a vez de Francisco tomar a palavra, ele volta a falar dos massacres sofridos cem anos antes pelos armênios: "Não consigo deixar de pensar nas provações terríveis que o vosso povo experimentou: completou-se há pouco um século do 'Grande Mal' que se abateu sobre vós. Esse enorme e louco extermínio, esse trágico mistério de iniquidade que o vosso povo provou na própria carne, permanece impresso na memória e queima no coração. Quero reiterar que os vossos sofrimentos são nossos; recordá-los é não só oportuno, mas também forçoso: são uma advertência em todo o tempo, para que o mundo não volte jamais a cair na espiral de tais horrores".

Mas o papa insta a fazer com que "a memória, permeada pelo amor", torne-se "capaz de encaminhar-se por sendas novas e surpreendentes, onde as tramas de ódio se transformam em projetos de reconciliação". "Fará bem a todos comprometer-se por colocar as bases de um futuro que não se deixe absorver pela força ilusória da vingança." É a chave de leitura mais significativa de sua peregrinação armênia: a memória, a recordação do passado, é para a reconciliação. Para isso pede aos jovens que se tornem construtores de paz e deseja que "se retome o caminho de reconciliação entre o povo armênio e o povo turco, e possa a paz surgir também no Nagorno-Karabakh".

Enquanto Francisco e Karekin se fazem o sinal da paz, chega uma primeira reação da Turquia às palavras pronunciadas pelo papa naquela manhã no memorial de Ierevan. Durante uma conferência de imprensa, o vice-primeiro-ministro Nurettin Canikli, respondendo à pergunta de um jornalista, critica as palavras do pontífice: "É muito lamentável que o papa tenha feito tais observações... A atividade do papa e do papado trazem ainda traços da mentalidade de cruzada. Seus comentários não são imparciais, não têm nenhuma relação com a realidade".

São palavras certamente fortes, que, porém, não são nem de longe comparáveis às sérias tensões diplomáticas de abril de 2015. Não se abre, portanto, nenhuma nova crise entre o Vaticano e a Turquia.

Domingo, 26 de junho, último dia da viagem. A jornada começa com a divina liturgia da Igreja Apostólica Armênia. Na Santa Sé armênia de

Etchmiadzin, Francisco assiste à celebração presidida por Karekin II, assim como no dia anterior este último havia presenciado a missa católica de Gyumri. O longo e sugestivo rito se desenrola ao ar livre. O papa e o *catholicos* entram juntos, lado a lado, caminhando sob um dossel vermelho sustentado por quatro diáconos. Francisco, que usa uma estola vermelha que foi de Bento XVI, é convidado a subir ao presbitério. É a ocasião para um novo apelo à unidade, com um olhar que vai além do ecumenismo e se abre aos conflitos e às feridas agora abertas na carne do povo armênio e do mundo.

Na homilia, Karekin II fala da situação contemporânea: "A fé é posta à prova pelo extremismo e outros tipos de ideologia: xenofobia, dependências, paixões e lucros egocêntricos. Os processos de laicização vêm se intensificando, os valores espirituais e éticos são distorcidos, e a estrutura da família, estabelecida por Deus, é balançada. A raiz do mal nessa vida moderna reside na tentativa de construir um mundo sem Deus, de interpretar as leis e os mandamentos de Deus. Todavia, o mundo não cessa de ser o centro do amor e do cuidado de Deus. Nestes dias, junto de nosso irmão, o Papa Francisco, reconfirmamos que a Santa Igreja de Cristo está unida na difusão do Evangelho de Cristo no mundo, no cuidado da Criação, diante dos problemas comuns, e na missão vital da salvação do homem... A missão inseparável da Igreja de Cristo é reforçar a solidariedade entre as nações e os povos".

Depois o *catholicos* agradece ao pontífice: "Nós e nossa gente rezaremos sempre por vós, amado irmão, e por vossos esforços pela paz e a prosperidade da humanidade e rumo ao progresso da Igreja de Cristo".

O papa toma a palavra no fim do rito e começa falando da experiência dos dias de convivência em Etchmiadzin: "Encontramo-nos, abraçamo-nos fraternalmente, rezamos juntos, partilhamos os dons, as esperanças e as preocupações da Igreja de Cristo, da qual notamos em uníssono as pulsações do coração, e que acreditamos e sentimos ser una". É justamente "sob o signo dos Santos Apóstolos que nos encontramos. Os Santos Bartolomeu e Tadeu, que proclamaram pela primeira vez o Evangelho nestas terras, e os Santos Pedro e Paulo, que deram a vida pelo Senhor em Roma, ao mesmo tempo que reinam com Cristo no céu, certamente se alegram ao ver o nosso afeto e a nossa aspiração concreta à plena comunhão".

"Acolhamos o apelo dos santos", convida o pontífice. "Ouçamos a voz dos humildes e dos pobres, das inúmeras vítimas do ódio que sofreram e sacrificaram a vida pela fé; prestemos ouvidos às gerações mais jovens, que pedem um futuro livre das divisões do passado."

Enfim, Francisco pede a Karekin II que o abençoe e à Igreja Católica e a "esta nossa corrida rumo à plena unidade".

De tarde, antes de deixar o palácio apostólico, Francisco e Karekin assinam uma declaração conjunta. Os dois líderes cristãos agradecem a Deus pela "progressiva e crescente proximidade na fé e no amor entre a Igreja Apostólica Armênia e a Igreja Católica no seu testemunho comum à mensagem do Evangelho da salvação num mundo dilacerado por conflitos e desejoso de conforto e esperança". Cita-se novamente "o primeiro genocídio do século XX", então se volta a olhar o presente: "Infelizmente, porém, estamos a ser testemunhas de uma tragédia imensa que se desenrola diante dos nossos olhos: inúmeras pessoas inocentes que são mortas, deslocadas ou forçadas a um exílio doloroso e incerto devido a contínuos conflitos por motivos étnicos, económicos, políticos e religiosos no Oriente Médio e noutras partes do mundo".

Francisco e Karekin II dirigem um apelo aos responsáveis pelos Estados: "Imploramos aos líderes das nações que ouçam o apelo de milhões de seres humanos que anseiam pela paz e a justiça no mundo, que pedem respeito pelos seus direitos dados por Deus, que têm necessidade urgente de pão, não de armas. Infelizmente, estamos a ser testemunhas de uma apresentação fundamentalista da religião e dos valores religiosos, usando tal forma para justificar a difusão de ódio, discriminação e violência. A justificação de tais crimes com base em concepções religiosas é inaceitável". Além disso, "o respeito pelas diferenças religiosas é condição necessária para a convivência pacífica de diferentes comunidades étnicas e religiosas".

O papa e o *catholicos* afirmam que, "precisamente por sermos cristãos, somos chamados a buscar e implementar caminhos para a reconciliação e a paz. A propósito, expressamos também a nossa esperança de uma resolução pacífica das questões em torno de Nagorno-Karabakh". O papa e Karekin II pedem, ainda, "aos fiéis das nossas Igrejas que abram os seus corações e mãos às vítimas da guerra e do terrorismo, aos refugiados e suas famílias".

Uma passagem da declaração é dedicada à família. "A secularização de amplos setores da sociedade, a sua alienação das ligações espirituais e divinas leva inevitavelmente a uma visão dessacralizada e materialista do homem e da família humana. A este respeito, estamos preocupados com a crise da família em muitos países." As duas Igrejas "compartilham a mesma visão da família, fundada no matrimónio como ato de livre doação e de amor fiel entre um homem e uma mulher".

Enfim, o documento cita as relações entre armênios apostólicos e católicos. "Estamos convencidos da importância crucial de avançar nesta relação, promovendo uma colaboração mais profunda e decisiva, não somente na área da teologia, mas também na oração e na cooperação activa no nível das comunidades locais, com o objetivo de compartilhar a comunhão plena e expressões concretas de unidade." É do ecumenismo que Francisco gosta: estar juntos no serviço aos pobres, na ajuda aos refugiados, no testemunho do Evangelho.

A viagem armênia do Papa Bergoglio, quinze anos depois daquela de João Paulo II, está nos últimos momentos. Antes de chegar ao aeroporto para voltar a Roma, Francisco visita o mosteiro de Khor Virap. Dois pequenos lances de escadas conduzem à sala do poço de São Gregório, um dos lugares mais sagrados da Igreja Armênia. Estamos a menos de 50 quilômetros de Ierevan, perto da fronteira fechada com a Turquia, aos pés do monte Ararat. Aqui havia uma cidadela fortificada na qual São Gregório Iluminador foi preso e confinado num poço pelo rei Tiridates III. O lugar do cárcere de São Gregório se transformou em mosteiro e, no século XIII, hospedou um seminário de renome e um importante centro de estudos e formação. Em cima do poço, enterrado a 6,5 metros de profundidade no subsolo, foi construída uma igreja que se tornou objeto de peregrinações de todo o país.

Depois de serem acolhidos pelo superior do mosteiro, o papa e Karekin se encaminham pelas pequenas escadas até a sala do poço de São Gregório, onde acendem uma vela. Então se dirigem em procissão na capela adjacente, para recitar uma oração em armênio e uma em italiano. Por fim, saem ao terraço do belvedere, que dá para o Ararat, e ali soltam duas pombas em direção ao monte bíblico, do outro lado da fronteira.

POLÔNIA, O ABRAÇO DOS JOVENS E O SILÊNCIO DE AUSCHWITZ

A viagem papal à Polônia, no final de julho de 2016, por ocasião da Jornada Mundial da Juventude, coincide com um momento muito delicado e dramático para o Velho Continente. Os ataques terroristas de raiz fundamentalista islâmica das últimas semanas, em especial o massacre de Nice, suscitaram medo e ansiedade. Mas no pano de fundo há ainda as políticas restritivas do novo governo polonês na questão da imigração e a falta de sintonia – bastante notável – entre os muitos bispos da Polônia e o pontífice no que tange aos temas da família, da acolhida aos migrantes e da sobriedade de vida exigida ao clero.

Depois, na véspera da partida, em 26 de julho, a França foi profundamente perturbada pela degola de um velho sacerdote, o padre Jacques Hamel, barbaramente assassinado por dois muçulmanos enquanto celebrava a missa em sua paróquia – um fato inédito na Europa.

Na manhã seguinte, antes de partir, Francisco se dirige ao túmulo de João Paulo II para rezar, abraça um grupo de crianças doentes com suas famílias e recebe as saudações de alguns jovens refugiados.

Como se sabe, durante a viagem de ida o papa prefere ir cumprimentar pessoalmente os jornalistas da comitiva, deixando para o voo de volta a entrevista coletiva. Mas, assim como acontecera na viagem para a Armênia, iniciado sob o triste despertar de uma União Europeia sem Grã-Bretanha, também desta vez Bergoglio tem algo a dizer.

O padre Federico Lombardi, em sua última viagem como diretor da sala de imprensa da Santa Sé, pede a ele um comentário sobre o terrível homicídio do sacerdote francês. "Uma palavra que se repete muito é 'insegurança'", responde Francisco, "mas a palavra verdadeira é 'guerra'. O mundo está em guerra, guerra aos pedaços. Houve aquela de 1914, com os seus métodos; depois a de 1939 a 1945, outra grande guerra no mundo; e agora é esta. Talvez não seja tão orgânica (organizada, sim; digo... orgânica), mas é guerra. Este santo sacerdote, que foi morto mesmo no momento em que oferecia a oração por toda a Igreja, é um; mas quantos cristãos, quantos inocentes, quantas crianças... Pensemos na Nigéria, por exemplo. 'Mas aquela é a África...'. É guerra. Não tenhamos medo de dizer esta verdade: o mundo está em guerra, porque perdeu a paz".

Depois de cumprimentar cada um dos jornalistas, passando entre eles no avião, Francisco retoma o microfone, para não deixar espaço a mal-entendidos. "Gostaria ainda de dizer uma palavra para esclarecer. Quando falo de guerra, falo de guerra a sério, não de guerra de religião. Há guerra de interesses, há guerra por dinheiro, há guerra pelos recursos da natureza, há guerra pelo domínio dos povos: esta é a guerra. Alguém poderia pensar: 'Está a falar de guerra de religião'. Não. Nós, de todas as religiões, queremos a paz. A guerra, querem-na os outros. Entendido?".

Palavras que uma vez mais marcam o distanciamento com relação àqueles que, no Ocidente, gostariam de ver o pontífice encabeçar uma cruzada anti-islâmica e sonham com o armagedom do choque entre civilizações, às vezes por inconfessáveis motivos político-econômicos, terminando por ter uma visão análoga à dos terroristas do EI. Para o autoproclamado califado islâmico, com efeito, é fundamental tentar recrutar fiéis muçulmanos sunitas para a guerra santa contra os "cruzados" – fazendo assim com que se esqueça que a guerra atual é, sobretudo e antes de tudo, uma guerra no interior do islã, como atestam os dados, realidade imprescindível da qual, no entanto, muitas vezes e diligentemente, os "*maîtres à penser*" prescindem: mais de 90% das vítimas do fundamentalismo islâmico são muçulmanas.

Logo após a chegada ao aeroporto de Cracóvia, na tarde daquele 27 de julho, Francisco se dirige ao Castelo de Wawel, o palácio real que, com a antiga catedral, é um dos símbolos da identidade municipal e nacional. Aqui, no esplêndido pátio interno do palácio, sob uma chuva fina, mas insistente, o papa encontra as autoridades e o corpo diplomático.

Em seu breve discurso de boas-vindas, o jovem presidente polonês, Andrzej Duda, eleito em 2015, cita o Papa João Paulo II e expressa a esperança de que Francisco transmita e seja portador daquele bem do qual o mundo e a humanidade tanto necessitam. Não há acenos explícitos às questões mais candentes relacionadas à imigração na Europa.

Francisco, por sua parte, já em seu primeiro discurso em terras polonesas faz um chamamento pela acolhida aos migrantes e refugiados.

Os desafios do mundo contemporâneo, diz, "requerem a coragem da verdade e um compromisso ético constante, a fim de que os processos decisórios e operativos, bem como as relações humanas, sejam sempre respeitosos da dignidade da pessoa. E, com isto, está relacionada toda atividade, como a economia, a relação com o meio ambiente e a própria forma de gerir o complexo fenômeno migratório".

Francisco sabe que toca um ponto particularmente sensível ao país, formado no cristianismo e hospitaleiro – como demonstram a calorosa acolhida e o abrigo oferecido por famílias polonesas aos jovens, que recebem como se fossem seus filhos –, mas também palco de deploráveis fenômenos de xenofobia. Por isso, diante das autoridades, requisita "um suplemento de sabedoria e misericórdia, para superar os medos e produzir um bem maior", levando em conta seja quem deixou o país e quer retornar, seja aqueles que escapam dos conflitos e da miséria. "É preciso identificar as causas da imigração na Polónia, facilitando o regresso de quantos o queiram fazer. Simultaneamente é necessária a disponibilidade para acolher as pessoas que fogem das guerras e da fome; a solidariedade para com aqueles que estão privados dos seus direitos fundamentais, designadamente o de professar com liberdade e segurança a sua fé."

Enfim, Francisco dedica uma passagem à defesa da vida, recordando que ela "deve ser sempre acolhida e protegida". Acolher e tutelar não significa somente se debruçar sobre a grave questão do aborto, no centro do debate político polonês nos últimos meses, graças a uma proposta de lei que restringe a norma vigente. Significa tutelar a vida também depois do nascimento, durante todo o seu desenrolar. "Compete ao Estado, à Igreja e à sociedade acompanhar e ajudar concretamente quem está em situação de grave dificuldade, para que o filho não seja jamais sentido como um fardo, mas como um dom, e as pessoas mais frágeis e pobres não se vejam abandonadas."

Do pátio do castelo à catedral são apenas alguns passos. No interior da igreja estão reunidos 130 bispos poloneses. De início estava previsto um encontro público, mas depois o papa e a Conferência Episcopal preferiram um diálogo a portas fechadas, para permitir maior franqueza: não é a primeira vez que isso ocorre em uma viagem papal, e não será a última. Todavia, no dia 2 de agosto, já de regresso a Roma, depois de ter visto a transcrição do colóquio com os bispos e de ter expurgado umas poucas passagens nas quais se mencionavam situações pouco reconhecíveis, Bergoglio autorizará sua publicação.

Entre os temas que emergem do encontro está, como era previsto, a acolhida aos migrantes, junto de um chamamento a "tocar" a carne de quem sofre e a acompanhar o crescimento da fé em uma época de analfabetismo religioso.

Como resposta à descristianização, definida como "o problema mais grave" produzido pela secularização, Bergoglio indica o valor da "proximidade", do contato físico com a "carne sofredora de Cristo". Aproximação, concretude, consolação, gastar tempo na escuta. Uma proximidade que representa o oposto da cultura do descarte.

Sobre o papel das paróquias, Francisco fala sem meias palavras: não são uma estrutura a "jogar pela janela"; sua vocação é de ser "a casa do povo de Deus", é ser "acolhedora", tendo os movimentos eclesiásticos como apoio, e não como "alternativa" a ela. A paróquia "deve permanecer como um local de criatividade, referência, maternidade", e ainda ser uma "paróquia em saída", que saiba "penetrar nas dificuldades das pessoas", sem comportar-se como uma "paróquia-escritório". Um "elogio da paróquia" que desanca certas fantasias teológicas a respeito do desmanche dessa instituição e que fica a léguas de distância da lenga-lenga clerical de última geração, do discurso sobre a evangelização "2.0", conduzida a toque de esquetes midiáticos.

A última pergunta diz respeito ao acolhimento dos refugiados e imigrantes. O papa lembra uma vez mais o tráfico de armas como uma das causas principais das guerras e do consequente deslocamento em massa de pessoas. E não deixa de denunciar, novamente, a influência das "colonizações ideológicas", como a de "gênero", que se difundem graças ao dinheiro de instituições e "países influentes". A acolhida aos migrantes, explica, "depende da situação de cada país e também da cultura", mas é certo que, acrescenta, além de rezar muito, "todos podem ser generosos".

Naquela noite, outros dois compromissos esperam pelo papa no Palácio do Arcebispado de Cracóvia. Francisco aceitou fazer uma videoconferência com os 90 mil jovens italianos presentes à JMJ, para responder a algumas perguntas durante a festa deles. A uma moça que conta ter escapado por acaso de um terrível acidente ferroviário ocorrido poucos dias antes na região da Apúlia, o papa diz: "Alguns ficaram feridos no corpo e tu foste ferida na alma e no coração, e tua ferida se chama medo... Passaste um choque que não te deixa estar bem, te dói. Mas este choque te dá também oportunidade de te superares, de ires além. E, como acontece sempre na vida quando nos ferimos, ficam hematomas, ou cicatrizes, a vida é cheia de cicatrizes. Mas aprender a ser um homem sábio, ou uma mulher sábia, é isto: levar consigo as coisas belas e as coisas más da vida".

Uma moça de 15 anos, chegada à Itália seis anos antes, que tentou suicídio depois de ter sofrido com a bulimia e a discriminação, pergunta ao papa como perdoar completamente quem lhe fez mal: "Falas de um problema muito comum entre as crianças, e também entre os que não são crianças: a crueldade. Também as crianças são cruéis, vez ou outra, e têm a capacidade de ferir-te bem onde vai doer mais, de ferir-te no coração, na dignidade, e também na nacionalidade, como é teu caso, não? Não entendias bem o italiano, e troçavam de ti com a língua e as palavras. A crueldade é um comportamento humano que está na base de todas as guerras. A crueldade não deixa o outro crescer, ela mata o outro... Eu gosto de usar uma expressão quando falo dessa crueldade da língua: o falatório é um tipo de terrorismo. E como vencê-lo? Escolheste o caminho certo, o silêncio, a paciência, e terminaste com essa palavra tão bonita, o perdão. Mas perdoar não é fácil. Porque podemos dizer: 'Sim, eu perdoo, mas não esqueço'. E sempre levarás contigo essa crueldade... Há uma palavra em italiano que eu não conhecia. Aprendi das primeiras vezes que fui à Itália: 'extracomunitários', que são aquelas pessoas de outros países que vão lá viver. Mas é precisamente essa crueldade que faz com que tu, que vieste de outro país, te tornes 'extracomunitária': retiram-te da comunidade, não te acolhem. Que é algo que devemos combater muito. Foste corajosa! Mas é preciso lutar contra esse terrorismo da língua, do falatório, dos insultos e das coisas que ferem o coração. É possível perdoar totalmente? É uma graça que devemos pedir ao Senhor, nós, sozinhos, não conseguimos. Fazemos o esforço, tu o fizeste, mas é uma graça. Devemos fazer tudo o que for possível para perdoar. E há outra atitude contrária a esse terrorismo da língua: a moderação. Estar calado, tratar bem os outros, não responder com outra coisa feia. Vivemos num mundo onde um insulto se responde com outro, falta-nos moderação. Peçamos a graça da moderação, um caminho para o perdão".

Um rapaz do Vêneto conta que faz parte de um grupo que, quando já ia em direção a Cracóvia, teve de dar meia-volta por causa do atentado de Munique, antes de finalmente conseguir chegar à Polônia. "Como podemos, nós, os jovens, viver e propagar a paz neste mundo assim tão cheio de ódio?", pergunta ao papa. "Tu", responde Bergoglio, "disseste duas palavras-chave, paz e ódio". "A paz constrói pontes, o ódio ergue muros. Quando apertas a mão do teu amigo, de outra pessoa, fazes uma ponte humana. Já se atacas um outro, o insultas, constróis um muro. O ódio sempre cresce com os muros."

O último compromisso do dia é um mergulho na memória das viagens polonesas do Papa Wojtyła, que tinha por hábito sempre aparecer na sacada do Palácio do Arcebispado para saudar os jovens que o aclamavam, ficando acampados por horas sob sua janela. Com os jovens que o esperam, Francisco recorda um voluntário da JMJ, Maciej Cieśla, falecido de câncer no início de julho. Havia trabalhado muito pela Jornada Mundial e tinha desenhado o logo do evento. "Algum de vós poderia pensar: 'Este papa estraga-nos a noite!'. Mas é a verdade; e nós devemos habituar-nos às coisas boas e às coisas ruins. A vida é assim, queridos jovens. Mas há uma coisa da qual não podemos duvidar: a fé deste jovem, deste nosso amigo que tanto trabalhou para esta JMJ, levou-o para o Céu; e ele, neste momento, está com Jesus, que contempla a todos nós! E esta é uma graça. Uma salva de palmas para o nosso companheiro! Um dia encontrá-lo-emos também nós." Depois, finalmente, se despede, encerrando seu primeiro dia na Polônia: "Agora despeço-me. Ver-nos-emos amanhã; ver-nos-emos novamente. Vós, cumpri o vosso dever, que é fazer barulho toda a noite... para mostrar a vossa alegria cristã, a alegria que o Senhor vos dá por serdes uma comunidade que segue Jesus".

No segundo dia da viagem, o papa toma um helicóptero para Czestochowa, santuário da Nossa Senhora Negra de Jasna Góra. Mais de 4 milhões de peregrinos o visitam a cada ano, e é considerado o coração da Polônia católica, sinal da profunda ligação da nação com Maria. A imagem mariana, segundo diz a tradição, teria sido pintada por São Lucas, tendo como modelo a própria Virgem. Na realidade, trata-se de um ícone bizantino do gênero "Odigitria" ("Aquele que indica o caminho e nele nos guia"), com data estimada entre os séculos VI e IX e pintado sobre uma tábua de madeira. Representa o busto de Nossa Senhora com Jesus no colo. Todo o quadro é dominado pelo rosto de Maria, tanto que quem o olha termina quase inevitavelmente imerso em seu olhar. O ícone foi trazido até aqui desde a Ucrânia, em 1382, pelo príncipe Ladislau de Opole, que, naquele ano, mandou construir o mosteiro no alto da colina que se debruça sobre a cidade e chamou para que o ocupassem os monges da ordem húngara dos paulinos. Em 1430, durante as guerras dos hussitas, o ícone foi profanado a machadadas e ainda hoje são visíveis três profundas marcas na face esquerda, que fazem a imagem particular e inconfundível.

Bergoglio começa a visita orando diante da imagem mariana junto de cerca de 300 padres paulinos e oferece à Nossa Senhora Negra uma rosa de ouro. Então, em um palco erguido numa elevação do terreno que domina a esplanada do mosteiro, celebra a missa pelos 1.050 anos de batismo da Polônia, ao lado de muitos bispos e milhares de sacerdotes do país.

No início do rito, enquanto avança com o turíbulo em mãos, o papa não nota um degrau – a estrutura do palco, atapetada de vermelho, é um pouco insidiosa e irregular – e vai ao chão. Levanta-se em um piscar de olhos, com a ajuda dos ministros da liturgia, que não haviam conseguido evitar sua queda. No voo de volta a Roma, o jornalista argentino Hernán Reyes lhe solicita que explique a queda, e Francisco assim dirá: "Eu olhava para Nossa Senhora e esqueci-me do degrau. Estava com o turíbulo na mão... Quando me dei conta que caía, deixei-me cair e isso salvou-me, porque se tivesse feito resistência teria havido consequências. Nada. Estou muito bem".

A missa em Czestochowa oferece ao papa a possibilidade de refletir sobre o modo como Deus entrou na história do homem e, assim, por analogia, sobre os meios e os caminhos da evangelização. "Não há qualquer entrada triunfal, qualquer manifestação imponente do Todo-Poderoso. Não Se manifesta como um sol ofuscante, mas entra no mundo da forma mais simples, chega como uma criança através da mãe, como a menor das sementes que germina e cresce, na pequenez, na humildade."

Tampouco o primeiro milagre de Jesus, a transformação de água em vinho nas Bodas de Caná, é um "um gesto estrondoso realizado diante da multidão... Pelo contrário, numa pequena aldeia, tem lugar um milagre simples, que alegra o casamento de uma jovem família, completamente anônima". Um sinal do fato de que "o Senhor não Se mantém à distância, mas é vizinho e concreto, está no nosso meio e cuida de nós, sem decidir em nosso lugar nem Se ocupar de questões de poder. De facto prefere encerrar-Se no que é pequeno, ao contrário do homem, que tende a querer possuir algo sempre maior".

Observa ainda Francisco: "Deixar-se atrair pelo poder, a grandeza e a visibilidade é tragicamente humano, resultando uma grande tentação que procura insinuar-se por todo lado. Ao passo que é requintadamente divino dar-se aos outros, eliminando as distâncias, permanecendo na pequenez e habitando concretamente a cotidianidade".

Deus "salva-nos fazendo-Se pequeno, vizinho e concreto", "prefere os pequeninos, a quem é revelado o Reino de Deus", porque se opõem àquele "estilo de vida orgulhoso": são palavras significativas em qualquer latitude, mas destinadas a entrar em cheio na realidade eclesiástica da Polônia. O pontífice indica à Igreja polonesa os exemplos de "tantos filhos e filhas do vosso povo", dos mártires às "pessoas simples e, todavia, extraordinárias, que souberam testemunhar o amor do Senhor no meio de grandes provações". O Senhor "não quer ser temido como um soberano poderoso e distante". É, portanto, uma indicação concreta para a Igreja: "Somos chamados a ouvir, envolver-nos e tornar-nos vizinhos, partilhando as alegrias e as canseiras das pessoas". Um modelo distante de qualquer poder ou potência, de qualquer reivindicação de privilégios, de qualquer favorecimento.

Nossa Senhora "não é patroa nem protagonista, mas Mãe e serva. Peçamos a graça de assumir a sua sensibilidade, a sua imaginação ao servir quem passa necessidade, a beleza de gastar a vida pelos outros, sem preferências nem distinções". Porque, conclui o pontífice, "de pouco serve a passagem do antes ao depois de Cristo, se permanece uma data nos anais da história. Possa realizar-se, para todos e cada um, uma passagem interior, uma Páscoa do coração para o estilo divino encarnado por Maria: agir na pequenez e acompanhar de perto, com coração simples e aberto".

Depois de voltar ao Palácio do Arcebispado de Cracóvia, Francisco se prepara para o primeiro encontro com todos os jovens da JMJ. É um dia de chuva, e o centro da cidade está bloqueado. Os jovens já há muitas horas começaram a afluir à área do Parque Błonia. Muitos pontos do gramado se transformam rapidamente em extensões de lama. As medidas de segurança são altíssimas: na zona operam 12 mil policiais, e os membros das forças da ordem mobilizadas para a visita papal chegam a um total de 40 mil. Uma presença maciça e preparada, às vezes, com algum excesso de zelo: por exemplo, chega a acontecer um agente parar o carro no qual viajam o rabino-chefe da Polônia, Michael Schudrich, e o amigo argentino do pontífice, o rabino Abraham Skorka. Os dois se dirigiam ao edifício da Universidade de Ciência e Tecnologia AGH para um briefing sobre a visita que Bergoglio tem, na manhã seguinte, ao campo de concentração de Auschwitz-Birkenau. "As forças da ordem estão fazendo seu trabalho, mas por vezes exageram...", comentam os organizadores.

Na saída do arcebispado, Bergoglio recebe das mãos do prefeito as chaves da cidade. Então sobe a um bonde ecológico, pintado de branco e amarelo, as cores do Vaticano – o "bonde do papa", que leva essa escrita luminosa, em italiano, no lugar do número de linha. Entra no veículo com 15 jovens portadores de deficiências e seus acompanhantes. Entre eles deveria também estar o jovem falecido de câncer alguns dias antes.

Esperam-no cerca de 150 jovens. Cada grupo leva sua bandeira nacional: Polônia, Itália, Espanha, França, mas também Portugal, Estados Unidos, Líbano, Noruega, Croácia, Eslováquia, Moçambique, Geórgia, Canadá... E ainda outras, mais raras: Israel, China, Equador, Grécia, Brasil e Panamá. E depois a bandeira do arco-íris da paz, bandeiras sardas, até uma bandeira da Ferrari. Na primeira fila, bispos e cardeais se protegem da água brandindo grandes guarda--chuvas brancos. Os jovens, por sua parte, vestem as coloridas capas impermeáveis que compunham seu kit.

"Finalmente encontramo-nos!", diz Bergoglio no início de sua fala, no local onde o Papa Wojtyła por seis vezes celebrou missa, sempre com grande participação de fiéis.

O papa confessa que nos seus anos como bispo aprendeu que "não há nada mais belo do que contemplar os anseios, o empenho, a paixão e a energia com que muitos jovens abraçam a vida. Quando Jesus toca o coração de um jovem, de uma jovem, estes são capazes de ações verdadeiramente grandiosas. Hoje a Igreja olha-vos e quer aprender de vós".

A misericórdia "tem sempre um rosto jovem. Porque um coração misericordioso tem a coragem de deixar a comodidade; um coração misericordioso sabe ir ao encontro dos outros, consegue abraçar a todos. Um coração misericordioso sabe ser um refúgio para quem nunca teve uma casa ou perdeu-a, sabe criar um ambiente de casa e de família para quem teve de emigrar, é capaz de ternura e compaixão. Um coração misericordioso sabe partilhar o pão com quem tem fome, um coração misericordioso abre-se para receber o refugiado e o migrante".

Por outro lado, diz ainda Francisco, "entristece-me encontrar jovens que parecem 'aposentados' antes do tempo. Preocupa-me ver jovens que desistiram antes do jogo... São jovens essencialmente chateados... e chatos".

O papa se dirige à multidão como se falasse a cada um dos presentes: "Queres tu, quereis vós uma vida plena? Começa desde agora a deixar-te mover à compaixão! Porque a felicidade germina e desabrocha na misericórdia. Esta é a sua resposta, este é o seu convite, o seu desafio, a sua aventura: a misericórdia". "Queres tu, quereis vós uma vida plena? Começa desde agora a deixar-te mover à compaixão! Porque a felicidade germina e desabrocha na misericórdia. Esta é a sua resposta, este é o seu convite, o seu desafio, a sua aventura: a misericórdia. Agora, todos juntos, peçamos ao Senhor: Lançai-nos na aventura da misericórdia! Lançai-nos na aventura de construir pontes e derrubar muros."

Na sexta, 29 de julho, a manhã de Bergoglio é dedicada a um compromisso esperado e comovente: a visita aos campos de extermínio de Auschwitz e Birkenau. Silêncio e pranto interior são as expressões que Francisco escolhe para honrar as vítimas da *Shoah* no lugar onde o extermínio assumiu proporções barbaramente industriais. "Quero entrar sozinho e ficar em silêncio", pediu aos seus colaboradores. Não há palavras para expressar o estado de ânimo que se experimenta ao entrar no lugar onde o mal que há no homem se fez abissal. De resto, aquilo que havia a dizer já o haviam dito seus predecessores, escolhendo cada qual uma modalidade diferente para suas visitas a esse lugar de profundo sofrimento e de memória. João Paulo II, o primeiro pontífice a visitar esse campo, havia decidido celebrar uma missa do lado de fora do *lager*. Bento XVI ali pronunciou um discurso importante. Francisco considera que o silêncio comovido, a ausência de qualquer palavra, a oração mais íntima sejam o modo mais adequado para honrar as vítimas da barbárie. Por isso cruza como um peregrino solitário a entrada de Auschwitz, encimado pelo letreiro *ARBEIT MACHT FREI*, "o trabalho liberta". Os gendarmes do Vaticano tiveram de convencer os responsáveis pela segurança local, pedindo-lhes não impor uma presença muito visível ou próxima e deixarem espaço, solidão e silêncio ao papa.

Uma vez cruzado o umbral do campo, é como estar em outra dimensão. Mesmo quem está em um grupo se sente só. Francisco se senta num banquinho entre duas árvores, na praça do apelo, onde os prisioneiros eram enforcados. Aqui, exatamente, o padre Maximiliano Kolbe havia oferecido a vida para salvar a de um outro prisioneiro, pai de família. Uma gota de esperança num oceano de mal. Por quinze minutos, Francisco fica absorto em oração, com as mãos enlaçadas, tendo ao fundo o arame farpado quase como uma moldura. Quando se levanta, vai beijar um pedaço de madeira usado como patíbulo.

No bloco 11, cumprimenta doze sobreviventes, três dos quais centenários. Entre eles está Helena Dunicz, violinista polonesa nascida em Viena, a única sobrevivente da orquestra do *lager*. O papa aperta suas mãos e os abraça. Um deles lhe pede para assinar um álbum de fotografias. O último lhe dá uma vela com a qual Bergoglio caminha até o "muro da morte", onde as vítimas eram mortas com um tiro na nuca. Toca-o, ficando muito tempo imóvel, quase procurando um contato com o sofrimento, a dor, o sangue de que estão embebidas aquelas pedras. Sempre em silêncio, desce ao subterrâneo, deixando-se ficar, mudo, na cela de Kolbe, observando as inscrições feitas na parede, entre as quais se destaca uma grande cruz.

Saindo de Auschwitz, Francisco percorre os 3 quilômetros que o separam de Birkenau, o verdadeiro local símbolo da *Shoah*. Aqui funcionavam as câmaras de gás e os fornos crematórios, destruídos pelos nazistas em fuga na tentativa de apagar os rastros de seu crime incomensurável.

O papa para sob a torre de ingresso atravessada pelo trilho da morte, o caminho sem volta para mais de 1 milhão de homens, mulheres e crianças inocentes, a maior parte deles judeus. Então avança, a bordo de um carrinho de golfe branco, contemplando os galpões de tijolos vermelhos, os restos das câmaras de gás e dos fornos crematórios. Diante das lápides do monumento às vítimas das nações, com a cabeça baixa, reza novamente. A única voz que se eleva é a do rabino-chefe da Polônia, que canta em hebraico o Salmo 130, o *De Profundis*. Mil pessoas assistem a esse momento final. Não se ouve nem a respiração. Só um bebê de poucos meses, nos braços de seu pai, desafia o silêncio ensurdecedor e rompe em um pranto súbito e quase libertador.

No livro de honra, Francisco escreve, em espanhol: "Senhor, tem piedade de Teu povo! Senhor, perdão por tanta crueldade!". "Tem piedade." Não há outras palavras. E essas se limitam à escrita. Durante toda a visita ao campo de extermínio, não se ouviu uma só vez a voz do papa.

No começo da tarde, Bergoglio faz uma parada no hospital pediátrico universitário de Prokocim. A instituição havia recebido a visita de São João Paulo II, e hoje algumas relíquias do pontífice polonês se conservam na pequena igreja em seu interior. O capelão, padre Lucjan Szczepaniak, recebeu poucos anos antes o título de "samaritano da misericórdia" por seu trabalho com as crianças.

No átrio, Francisco encontra 50 pequenos internados e seus pais. Os meninos e meninas estão sentados em cadeiras de rodas, muitos deles exibem os sinais inconfundíveis dos tratamentos quimioterápicos. O papa lhes diz que "não podia faltar" a um encontro como esse, e que gostaria de poder ficar em silêncio ao menos por um pouco de tempo, ao lado de cada um dos pequenos doentes, em oração, "perante certas perguntas para as quais não há resposta imediata".

Depois recorda que mais de uma vez Jesus se encontrou com enfermos, acolheu-os e foi ao seu encontro, olhando-os "como uma mãe olha para o filho que não está bem e, dentro dEle, sente-Se movido à compaixão". "Como gostaria que nós, como cristãos, fôssemos capazes de permanecer ao lado dos doentes à maneira de Jesus, com o silêncio, com uma carícia, com a oração... Obrigado por este sinal de amor que nos ofereceis! O sinal da verdadeira civilização, humana e cristã, é este: colocar no centro da atenção social e política as pessoas mais desfavorecidas."

Bergoglio cumprimenta então, um por um, todos os pequenos presentes, acariciando seus rostos e dando-lhes a bênção. Uma menina dá um desenho seu ao papa. Francisco prossegue a visita de forma estritamente privada, dirigindo-se a algumas enfermarias da seção de emergências. E, antes de deixar o hospital, para na capela para rezar em silêncio diante do tabernáculo.

O dia culmina com o segundo encontro no Parque Błonia com os jovens da JMJ, para a Via-Sacra. Quando o papa chega, os jovens já há três horas acompanham testemunhos, vídeos, cantos e orações.

Francisco inicia sua meditação com uma série de perguntas "para as quais não existem respostas humanas". "Onde está Deus? Onde está Deus, se no mundo existe o mal, se há pessoas famintas, sedentas, sem abrigo, deslocadas, refugiadas? Onde está Deus, quando morrem pessoas inocentes por causa da violência, do terrorismo, das guerras? Onde está Deus, quando doenças cruéis rompem laços de vida e de afeto? Ou quando as crianças são exploradas, humilhadas, e sofrem – elas também – por causa de graves patologias?" E, depois de um dia transcorrido em contato com a memória dolorosa do passado e com os sofrimentos dos pequenos, explica que "podemos apenas olhar para Jesus, e perguntar a Ele. E a Sua resposta é esta: 'Deus está neles', Jesus está neles, sofre neles, profundamente identificado com cada um". Foi o próprio Jesus que "escolheu identificar-Se com estes nossos irmãos e irmãs provados pelo sofrimento e a angústia, aceitando percorrer o caminho doloroso para o calvário". "Abraçando o madeiro da cruz, Jesus abraça a nudez e a fome, a sede e a solidão, a dor e a morte dos homens e mulheres de todos os tempos."

O papa recorda, depois, as 14 obras da misericórdia: dar de comer a quem tem fome, dar de beber a quem tem sede, vestir os nus, dar pousada aos peregrinos, visitar os enfermos, visitar os presos, enterrar os mortos, dar bons conselhos, ensinar os ignorantes, corrigir os que erram, consolar os tristes, perdoar as injúrias, suportar com paciência as fraquezas do nosso próximo, rezar a Deus por vivos e defuntos. E acrescenta: "Somos chamados a servir Jesus crucificado em cada pessoa marginalizada, a tocar a Sua carne bendita em quem é excluído, tem fome, tem sede, está nu, preso, doente, desempregado, é perseguido, refugiado, migrante. Naquela carne bendita, encontramos o nosso Deus; naquela carne bendita, tocamos o Senhor". "A nossa credibilidade de cristãos é posta em jogo no acolhimento da pessoa marginalizada que está ferida no corpo, e no acolhimento do pecador que está ferido na alma. Não nas ideias, mas nisto!"

A noite tem ainda um último apêndice: o tradicional encontro com os jovens que pousam sob as janelas do Arcebispado de Cracóvia. É a ocasião para que Bergoglio relate as fortes emoções experimentadas durante o dia. "De manhã", diz, falando em italiano, "fui a Auschwitz, a Birkenau, para lembrar amarguras de há setenta anos. Quanto sofrimento, quanta crueldade! Mas será possível que nós, homens, criados à semelhança de Deus, consigamos fazer estas coisas? Bem! As coisas foram feitas... Não quero angustiar-vos, mas devo dizer a verdade. A crueldade não acabou em Auschwitz, em Birkenau, mas continua hoje: também hoje se torturam as pessoas; muitos prisioneiros são torturados, para obrigá-los a falar imediatamente... É terrível! Hoje há homens e mulheres em prisões superlotadas; vivem – desculpai a expressão – como animais. Hoje existe esta crueldade. Dizemos: é verdade, vimos a crueldade de setenta anos atrás, vimos como morriam fuzilados, enforcados, ou com o gás. Mas hoje, em muitos lugares do mundo onde há guerra, acontece o mesmo. A esta realidade desceu Jesus, para a carregar aos Seus ombros. E pede-nos para rezar. Rezemos por todos os Jesus que existem hoje no mundo: os famintos, os sedentos, os céticos, os doentes, os abandonados, aqueles que sentem o peso de muitas dúvidas e tantas culpas. Sofrem tanto... Rezemos por tantos meninos doentes, inocentes, que já de crianças carregam a cruz. E rezemos por tantos homens e mulheres que hoje são torturados em muitos países do mundo; pelos presos que vivem lá todos amontoados, como se fossem animais. É um pouco triste o que vos digo, mas é a realidade. Como é realidade também o fato de Jesus ter tomado sobre Si todas estas coisas... incluindo o nosso pecado".

A jornada de sábado, 30 de julho, é a mais intensa e carregada de compromissos. O papa visita o Santuário da Divina Misericórdia, em Łagiewniki, dedicado a Santa Faustina Kowalska, localizado na região onde o jovem Karol Wojtyła trabalhou como operário da Solvay. Aqui, Francisco confessa alguns jovens e atravessa a Porta Santa. Então celebra a missa, dedicada especialmente aos sacerdotes, seminaristas, religiosos e religiosas.

A homilia é mais uma ocasião para alertar a Igreja polonesa a não se entregar aos confortos e a evitar relações privilegiadas com o poder. Francisco exorta padres, frades e freiras a não permanecerem reclusos, "por medo ou comodidade", nos próprios âmbitos e a cuidar misericordiosamente "das chagas de Jesus nos nossos irmãos e irmãs que passam necessidade, tanto dos vizinhos como dos distantes, tanto do doente como do migrante, porque servindo quem sofre honra-se a carne de Cristo".

Jesus "não gosta das estradas percorridas pela metade, das portas entreabertas, das vidas com via dupla". "A vida dos seus discípulos mais íntimos, como nós somos chamados a ser, é feita de *amor concreto*, isto é, de *serviço* e *disponibilidade*; é uma vida onde não existem espaços fechados e propriedades privadas para a própria comodidade." Por isso, "quem escolheu configurar com Jesus toda a existência... não se ergue sobre os trêmulos pedestais dos poderes do mundo, nem se reclina nas comodidades que enfraquecem a evangelização; não perde tempo a projetar um futuro seguro e bem retribuído, para evitar o risco de ficar à margem e sombrio, fechado nos muros estreitos de um egoísmo sem esperança nem alegria".

Para o almoço, no arcebispado, Francisco se senta à mesa com 12 jovens provenientes de 8 países dos 5 continentes: Polônia, Brasil, Nova Zelândia, Vietnã, Colômbia, Zimbábue, Ucrânia e Canadá. O clima é relaxado, o menu é polonês (sopa, *pierogi*, arroz e carne, doce de leite e café). Os rapazes, alguns dos quais fazem parte do comitê organizador da JMJ, lhe fazem muitas perguntas sobre os temas mais variados, da evangelização à situação carcerária, sem evitar questões mais pessoais.

"Perguntamos como se confessa", contaria o brasileiro José Pasternak. "Ele nos disse que se confessa a cada quinze, vinte dias com um franciscano e frisou que não devemos ter vergonha de nossos pecados... Para ele, a confissão é como se entregar ao olhar amoroso de Deus, que tudo perdoa." Depois "nos disse que a cada vez que entra em uma prisão pensa que poderia ser ele no lugar dos prisioneiros e que só a graça de Deus lhe consentiu evitá-lo".

Uma moça ucraniana, católica do ramo grego, evoca a dramática situação de seu país e não consegue segurar as lágrimas. Mas há lugar também para as perguntas mais pessoais: que música escuta, qual seu prato favorito. "Não tenho um, mas gosto da culinária polonesa", responde Bergoglio.

Ao final do almoço, cumprimentos, abraços, *selfies*. E também algumas piadas: "Ele me perguntou quem era melhor, Pelé ou Maradona", diz o rapaz brasileiro. "Pensei um pouco e respondi: 'Messi'. O papa morreu de rir."

De tarde, antes de partir para chegar ao lugar da grande vigília da JMJ, Francisco recebe no arcebispado 28 jesuítas poloneses. Esses encontros com seus confrades se tornaram uma tradição. Entretém-se conversando com eles e, sobretudo, conta suas impressões sobre o almoço com os jovens, terminado pouco antes. A transcrição do diálogo é publicada no fim de agosto na revista *La Civiltà Cattolica*.

"Hoje, no almoço, me fizeram algumas perguntas... Me perguntaram até como me confesso! Eles não têm pudor. Fazem perguntas diretas. E a um jovem sempre se deve responder com a verdade. Uma moça me perguntou: 'Como se confessa?' e começou a me falar de si. Disse: 'No meu país houve escândalos ligados a padres, e nós não temos coragem de nos confessarmos com o tal padre que viveu esses escândalos. Eu não consigo'. Vede: dizem a verdade, por vezes te reprovam... Os jovens falam diretamente. Querem a verdade, ou ao menos um claro 'não sei como responder-te'. Mas o trabalho com eles requer também paciência, muita paciência. Um perguntou-me hoje: 'O que devo dizer a um amigo ou amiga que não crê em Deus para que passe a acreditar?'. Aí está: nota-se que, às vezes, os jovens precisam de 'receitas'. Então deve-se estar pronto para corrigir essa atitude que requer receitas e respostas prontas. Respondi: 'Vê, a última coisa que deves fazer é dizer algo. Começa por fazer algo. Depois será ele ou ela quem te pedirá explicações sobre como vives e por quê'. É isto: é preciso ser direto, direto com a verdade."

A passagem mais significativa do colóquio com os jesuítas poloneses, porém, é aquela em que se acena ao tema do discernimento, central nas páginas da exortação pós-sinodal *Amoris Laetitia* que tratam da acolhida e do acompanhamento das famílias feridas e "irregulares". "A Igreja hoje precisa crescer na capacidade de discernimento espiritual. Alguns planos de formação sacerdotal correm o risco de educar à luz de ideias demasiado claras e distintas e, assim, de agir com limites e critérios definidos rigidamente a priori e que prescindem das situações concretas: 'Deve-se fazer isto, não se deve fazer aquilo...'. E assim os seminaristas, feitos sacerdotes, acham-se em dificuldades para acompanhar a vida de muitos jovens e adultos. Porque muitos perguntam: 'Isto se pode ou não se pode?'. Tudo aqui. E muita gente sai do confessionário desiludida. Não porque o sacerdote seja mau, mas porque o sacerdote não tem a capacidade de discernir as situações, de acompanhar o discernimento autêntico. Não teve a formação necessária."

"Hoje a Igreja", continua Francisco, "precisa ampliar seu discernimento, a capacidade de discernir... Precisa formar os futuros sacerdotes não com ideias gerais e abstratas, que são claras e distintas, mas com esse fino discernimento do espírito, para que possam realmente ajudar as pessoas em sua vida concreta. É preciso realmente entender isto: na vida é tudo preto ou branco. Não! Na vida prevalecem os tons de cinza. Agora é necessário aprender a discernir em meio a esse cinza".

Antes de dirigir-se ao *Campus Misericordiae*, na periferia da cidade, o papa, de surpresa, acrescenta outro compromisso à agenda e visita a Igreja de São Francisco em Cracóvia, onde se veneram as relíquias de dois mártires franciscanos poloneses, Zbigniew Strzałkowski e Michał Tomaszek, mortos por guerrilheiros do Sendero Luminoso em 9 de agosto de 1991, em Pariacoto, no Peru, e beatificados em 5 de dezembro de 2015. É a ocasião para uma significativa oração pedindo a Deus que proteja o mundo do terrorismo. Depois de haver rezado pelas vítimas e pelos feridos, Francisco pede ao Espírito Santo Consolador que visite "as famílias das vítimas do terrorismo, famílias que sofrem sem terem culpa. Protege-as com o manto da Tua divina misericórdia. Faz com que reencontrem em Ti e em si mesmas a força e a coragem para continuarem a ser irmãos e irmãs para os outros, sobretudo para os imigrados, testemunhando com a sua vida o Teu amor". Mas a invocação não esquece nem mesmo quem comete o mal: "Toca o coração dos terroristas", pede Francisco, "para que reconheçam o mal das suas ações e voltem ao caminho da paz e do bem, do respeito pela vida e da dignidade de cada homem, independentemente da religião, da proveniência, da riqueza ou da pobreza".

Depois dessa pausa para a oração, Francisco chega finalmente à grande área verde entre a periferia de Cracóvia e a cidadezinha de Wieliczka, onde o espera mais de 1 milhão de jovens. Na área predeterminada para os dois encontros finais da JMJ, ergueram-se duas casas para a comemoração permanente do evento. Sinais tangíveis da misericórdia. A primeira é um abrigo diurno para idosos. A segunda é um centro da Caritas com um armazém de alimentos doados para os necessitados de diferentes paróquias.

À sua chegada, recebido pelo som de um sino de meia tonelada, Francisco atravessa a Porta Santa ao lado de cinco jovens. Depois os faz subir no papamóvel e com eles recomeça seu passeio entre a multidão. Então escuta os testemunhos e as perguntas de três deles.

O sol já está caindo, e o ar refresca. No momento de tomar a palavra, o papa cita o testemunho de Rand, uma jovem síria de 26 anos vinda da martirizada cidade de Aleppo: "Vimos de várias partes do mundo, de continentes, países, línguas, culturas, povos diferentes. Somos 'filhos' de nações que estão talvez em disputa por vários conflitos, ou até mesmo em guerra. Outros vimos de países que podem estar 'em paz', que não têm conflitos bélicos, onde muitas das coisas dolorosas que acontecem no mundo fazem parte apenas das notícias e da imprensa. Mas estamos cientes de uma realidade: hoje e aqui, para nós, provenientes de diversas partes do mundo, o sofrimento e a guerra que vivem muitos jovens deixaram de ser uma coisa anônima, para nós já não são uma notícia de imprensa, mas têm um nome, um rosto, uma história, fizeram-se-me vizinhos. Hoje a guerra na Síria é a dor e o sofrimento de tantas pessoas, de tantos jovens como a corajosa Rand, que está aqui entre nós e pede-nos para rezar pelo seu país amado. Há situações que nos podem parecer distantes, até ao momento em que, de alguma forma, as tocamos. Há realidades que não entendemos porque vemo-las apenas através de um monitor (do telemóvel ou do computador). Mas, quando tomamos contato com a vida, com as vidas concretas e já não pela mediação dos monitores, então algo mexe connosco: todos nos sentimos convidados a envolver-nos".

E esse "envolvimento" deve concretizar-se segundo os ensinamentos evangélicos: "Não queremos vencer o ódio com mais ódio, vencer a violência com mais violência, vencer o terror com mais terror. A nossa resposta a este mundo em guerra tem um nome: chama-se fraternidade, chama-se irmandade, chama-se comunhão, chama-se família. Que a nossa palavra melhor, o nosso melhor discurso seja unirmo-nos em oração".

O papa então convida os jovens a rezarem em silêncio por quem sabe que, saindo de casa, "pode não ver mais os seus entes queridos", por quem tem "medo de não se sentir apreciado e amado". O medo, explica, leva ao fechamento e anda "sempre na companhia da sua 'irmã gêmea', a paralisia".

Mas na vida há outra paralisia, que Francisco define como "ainda mais perigosa". É aquela que nasce "quando se confunde a felicidade com um sofá... o sofá-felicidade é a paralisia silenciosa que mais nos pode arruinar". Porque entorpece e adormece, "enquanto outros – talvez os mais vivos, mas não os melhores – decidem o futuro por nós". "Certamente, para muitos, é mais fácil e vantajoso ter jovens pasmados e entontecidos que confundem a felicidade com um sofá... Mas a verdade é outra! Queridos jovens, não viemos ao mundo para vegetar". Claro que as drogas fazem mal, comenta Bergoglio, "mas há muitas outras drogas socialmente aceitáveis, que acabam por nos tornar, em todo caso, muito mais escravos".

Jesus, por outro lado, "é o Senhor do risco, o Senhor do sempre 'mais além'. Jesus não é o Senhor do conforto, da segurança e da comodidade. Para seguir a Jesus, é preciso ter uma boa dose de coragem, é preciso decidir-se a trocar o sofá por um par de sapatos que te ajudem a caminhar por estradas nunca sonhadas e nem mesmo pensadas". O convite é, portanto, a "caminhar pelas estradas seguindo a 'loucura' do nosso Deus, que nos ensina a encontrá-Lo no faminto, no sedento, no maltrapilho, no doente, no amigo em maus lençóis, no encarcerado, no refugiado e migrante, no vizinho que vive só". Um Deus que "nos convida a ser atores políticos, pessoas que pensam, animadores sociais; que nos encoraja a pensar uma economia mais solidária".

"A vida de hoje", conclui Francisco, "diz-nos que é muito fácil fixar a atenção naquilo que nos divide, naquilo que nos separa. Querem fazer-nos crer que fechar-nos é a melhor maneira de nos protegermos daquilo que nos faz mal. Hoje nós, adultos – nós, adultos! –, precisamos de vós... Tende a coragem de nos ensinar que é mais fácil construir pontes do que levantar muros! Sede vós os nossos acusadores, se escolhermos o atalho dos muros, o atalho da inimizade, o atalho da guerra. Construir pontes... Sabeis qual é a primeira ponte a construir? Uma ponte que podemos realizar aqui e agora: um aperto de mão, darmo-nos as mãos. Coragem! Fazei-o agora. Fazei esta ponte humana, dai as mãos, todos vós: é a ponte primordial é a ponte humana, é a primeira, é o modelo... É a grande ponte fraterna, e podem aprender a fazê-la os grandes deste mundo... Não para a fotografia, mas para continuar a construir pontes cada vez maiores. Que esta ponte humana seja semente de muitas outras; será uma marca".

E centenas de mãos se apertam, enquanto a noite agora envolve o Campus da Misericórdia.

Depois do discurso do papa, vem a adoração eucarística, durante a qual cada jovem acende uma vela para rezar. A ampla área verde se transforma em um mar de luzes acesas a perder de vista.

No domingo, 31 de julho, Francisco retorna ao *Campus Misericordiae* para a missa de encerramento da JMJ e atravessa no papamóvel alguns setores da grande esplanada, saudado por milhares de bandeiras. Mais de 1 milhão de jovens dormiram ao relento e muitos passaram toda a noite em vigília de oração. A cantora israelense Noah está presente e se apresenta antes da cerimônia.

Na homilia, Francisco diz: "Podemos correr o risco de ficar a distância de Jesus, porque não nos sentimos à altura, porque temos uma baixa opinião de nós mesmos. Esta é uma grande tentação, que não tem a ver apenas com a autoestima, mas toca também a fé". Para Jesus, "ninguém é inferior e distante, ninguém é insignificante, mas todos somos prediletos e importantes: tu és importante!". E Deus "conta contigo por aquilo que és, não pelo que tens: a seus olhos, não vale mesmo nada a roupa que vestes ou o celular que usas; não Lhe importa se andas na moda ou não, importas-Lhe tu, assim como és. A Seus olhos, tu vales; e o teu valor é inestimável".

Francisco explica aos jovens que "Deus é fiel em amar-nos, até mesmo obstinado. Ajudar-nos-á pensar que Ele nos ama mais do que nos amamos nós mesmos, que crê em nós mais de quanto acreditamos nós mesmos, que sempre nos apoia como o mais irredutível dos nossos fãs".

Eis o convite que o papa faz aos jovens: "Não vos envergonheis de Lhe levar tudo, especialmente as fraquezas, as fadigas e os pecados na Confissão: Ele saberá surpreender-vos com o Seu perdão e a Sua paz". "Poderão rir-se de vós", diz ainda o papa, "porque acreditais na força mansa e humilde da misericórdia". "Poderão considerar-vos sonhadores, porque acreditais numa humanidade nova, que não aceita o ódio entre os povos, não vê as fronteiras dos países como barreiras e guarda as suas próprias tradições, sem egoísmos nem ressentimentos.

Não desanimeis! Com o vosso sorriso e os vossos braços abertos, pregais esperança e sois uma bênção para a única família humana, que aqui tão bem representais!"

Depois da partida do papa, no começo da tarde, um violento temporal desaba sobre a área do campus e toda a Cracóvia. O aeroporto do qual o avião papal deve decolar parece um lago. O último compromisso de Francisco é na Tauron Arena, para cumprimentar os milhares de voluntários que colaboraram para a realização da Jornada da Juventude. Bergoglio não quer ler o discurso preparado, que entrega aos bispos. Falando de improviso em espanhol, diz aos voluntários: "Sois a esperança do futuro, mas sob duas condições: ter memória do passado e coragem no presente". Depois, pensando na próxima edição da JMJ, que acontecerá no Panamá, em 2019, afirma: "Não sei se estarei no Panamá, mas posso garantir-vos uma coisa: Pedro estará e perguntar-vos-á se falastes com os avós, se falastes com os idosos; se tivestes coragem e se semeastes para o futuro. Obrigado a todos. Peço-vos que rezeis por mim".

Entre as bandeiras e as faixas dos jovens, em meio ao entusiasmo que não deixa transparecer o cansaço desses dias intensos, há um cartaz que diz: *POPE CALL ME*, e abaixo vem o número de telefone: "Santo Padre, me ligue", diz, na esperança de receber um dos célebres telefonemas do papa.

GEÓRGIA E AZERBAIJÃO: EM VISITA AO PEQUENO REBANHO

A visita que o Papa Francisco faz ao Cáucaso, entre 30 de setembro e 2 de outubro de 2016, passando pela Geórgia e pelo Azerbaijão, é uma viagem à fronteira entre Europa e Ásia. Uma viagem a terras periféricas, onde os católicos compõem exíguas minorias, frequentemente em meio a tensões e conflitos, como aquele ainda "quente" entre Armênia e Azerbaijão, na região do Nagorno-Karabakh, ou o já mais "frio" e latente – mas não menos sentido e bastante dramático para a vida das populações envolvidas – entre a Geórgia e a Federação Russa pelo controle da Abecásia e da Ossétia do Sul. Essa viagem papal é um complemento à de junho de 2016 à Armênia. O plano inicial era de que fosse uma única viagem, o que depois se revelou impossível, por vários motivos – também João Paulo II teve de visitar em viagens distintas a Armênia (2001) e o Azerbaijão (2002).

Assim que aterrissa em Tbilisi, capital da Geórgia, Francisco encontra à sua espera, na pista do aeroporto, o patriarca ortodoxo Elias II, de 83 anos, curvado e sofrido. Eleito em plena era soviética, ele é, desde 1977, o chefe da Igreja Ortodoxa Autocéfala Apostólica Georgiana. A Igreja da Geórgia é uma das ortodoxas menos ecumênicas: por exemplo, não reconhece o sacramento do batismo ministrado pelos católicos. Também acolhe o papa um pequeno grupo de fiéis, enquanto do lado de fora do aeroporto alguns extremistas ortodoxos carregam faixas nas quais se lê: "O Vaticano é um agressor espiritual" e "Papa, o senhor não é bem-vindo". No entanto é inegável que tenha havido avanços: em 1999, João Paulo II foi recebido pelos ortodoxos locais em um clima muito mais frio, e não somente do ponto de vista atmosférico.

Na véspera da viagem, o novo diretor da Sala de Imprensa do Vaticano, Greg Burke, anunciou que, na missa marcada para 1º de outubro, no estádio de Tbilisi, haveria uma delegação ortodoxa: um gesto inédito de amizade e abertura. No entanto, como se verá, no último minuto os ortodoxos recuariam de sua decisão.

A primeira etapa da viagem é o palácio presidencial; inteiramente recoberto de vidro, o projeto do italiano Michele De Lucchi se inspira no Reichstag de Berlim. Francisco é recebido pelo jovem presidente Giorgi Margvelashvili na entrada do belvedere e, depois de reunir-se com ele privativamente, sai ao pátio de honra para encontrar-se com autoridades. O atual presidente, filósofo, é o sucessor de Mikheil Saakashvili, líder da Revolução das Rosas que havia subido ao poder depois das manifestações públicas de 2003 que levaram à renúncia de Eduard Shevardnadze, ex-ministro das Relações Exteriores de Mikhail Gorbatchov. O governo nascido com a revolução, claramente simpatizante do Ocidente, cortou todos os laços com Moscou, abrindo o país à economia de mercado e aos investimentos estrangeiros, com um robustíssimo programa de privatizações que encheu – não sem alguma obscuridade – os caixas do Estado. Em agosto de 2008, um conflito contrapôs a Geórgia e a Federação Russa pelo controle da região da Ossétia do Sul, onde tropas georgianas haviam penetrado: os carros armados de Moscou saíram-se melhor, chegando a poucos quilômetros de Tbilisi. Feridas que permaneceram abertas, como recorda o discurso do presidente: "O país é ainda hoje vítima de uma agressão militar por parte de outro Estado. A apenas 40 quilômetros daqui o arame farpado impede as relações pessoais entre a população pacífica, entre vizinhos e parentes! Seres humanos assistem todos os dias a fatos violentos, raptos de pessoas, homicídios e ofensas que lesam profundamente a dignidade!".

O Papa Bergoglio responde explicando que todo progresso autêntico "tem como indispensável condição prévia a coexistência pacífica entre todos os povos e Estados da região", com o devido "respeito das prerrogativas soberanas de cada país no quadro do direito internacional". Diálogo civil, moderação e responsabilidade se fazem ainda mais necessários em um momento histórico ao qual "não faltam também extremismos violentos que manipulam e distorcem os princípios de natureza civil e religiosa, pondo-os a serviço de obscuros desígnios de domínio e morte".

Francisco recorda que a Geórgia se insere "a pleno título e de modo fecundo e peculiar no álveo da civilização europeia", mas é, ao mesmo tempo, "quase uma ponte natural entre a Europa e a Ásia, um gonzo que facilita as comunicações e as relações entre os povos". Por isso espera-se que "cada um possa fazer pleno uso das especificidades próprias, a começar pela possibilidade de viver em paz na sua terra ou de retornar a ela livremente se, por qualquer motivo, foi forçado a abandoná-la".

A tarde de Francisco – que se desloca em um utilitário de cor escura, em vez de usar o papamóvel – continua com uma visita ao Palácio do Patriarcado. Elias II promoveu reformas que permitiram à Igreja Georgiana readquirir gradualmente a influência perdida por causa das políticas antirreligiosas soviéticas. Durante os últimos anos da URSS, Elias se empenhou ativamente na vida social do país. Em 9 de abril de 1989, se uniu a uma manifestação pacífica ocorrida contra as autoridades soviéticas em Tbilisi e, inutilmente, havia exortado os participantes a buscarem resguardo na igreja de Kashveti para evitar derramamento de sangue. O protesto foi dispersado com o uso da força por soldados de Moscou, causando a morte de 22 pessoas e deixando centenas de feridos. O episódio é recordado como o "massacre de Tbilisi". Hoje Elias parece frágil, curvado, trêmulo. Faz força para falar e caminha com ajuda: é o papa que lhe oferece o braço enquanto entram juntos na sala de audiências do Patriarcado. O ambiente é de acolhimento e amizade. Bergoglio fica profundamente comovido pelos gestos de atenção demonstrados por Elias II e, na entrevista do voo de regresso, definirá o patriarca georgiano como "um homem de Deus".

No seu discurso, o chefe da Igreja Ortodoxa da Geórgia cita a ocupação da Abecásia e da Ossétia do Sul, lamentando a existência de 600 mil refugiados internos no país.

Há a execução dos hinos e da *Ave Maria* composta pelo patriarca. Assim que toma a palavra, o papa, falando de improviso, agradece: "Somente de um coração que tanto ama a Santa Mãe de Deus, coração de filho e também de criança, pode sair uma coisa tão bela!". Depois acrescenta: "Verdadeiramente o amor do Senhor eleva-nos, porque nos permite subir acima das incompreensões do passado, dos cálculos do presente e dos medos do futuro".

E conclui com uma oração e um auspício: "A multidão de santos que conta este país encoraja-nos a colocar o Evangelho em primeiro lugar, evangelizando como no passado, e, mais do que no passado, livres das amarras dos preconceitos e abertos à perene novidade de Deus".

Ao fim do encontro, as duas delegações brindam com o ótimo vinho georgiano, servido em cálices de prata. Os problemas e tensões subsistem, também e sobretudo devido ao número de radicais existentes na comunidade ortodoxa; mas, vendo como se falam e o afeto mútuo que manifestam Francisco e Elias, fica a impressão de que o degelo das relações continue.

O último compromisso do primeiro dia é na Igreja Católica Caldeia de São Simão Bar Sabba'e, oferecida para abrigar o encontro entre o papa e católicos do rito caldeu conduzidos pelo patriarca Louis Raphaël I Sako. Estão presentes também alguns refugiados iraquianos, obrigados pelo EI a abandonar suas aldeias. As vésperas são entoadas nas típicas melodias da língua caldeia e do aramaico. O papa não faz discursos, mas recita uma oração que compôs:

> Senhor Jesus, estendei a sombra da Vossa cruz sobre os povos em guerra: que eles aprendam o caminho da reconciliação, do diálogo e do perdão; fazei saborear a alegria da Vossa Ressurreição aos

povos exaustos pelas bombas: levantai da devastação o Iraque e a Síria; reuni sob a Vossa doce realeza os Vossos filhos dispersos: sustentai os cristãos da diáspora e dai-lhes a unidade da fé e do amor.

O patriarca Sako, saudando o pontífice ao fim do encontro, o convida a visitar o Iraque: "Precisamos de vossa presença e de vosso apoio". "*Inshallah*", responde Francisco, a expressão em árabe para dizer "Se Deus quiser".

Na saída, o papa solta uma pomba branca, símbolo da paz, que, como com frequência acontece nessas ocasiões, não quer saber de ser liberada e que, assim que o hóspede sai, "aterrissa" de novo diante da igreja depois de ter se empoleirado em uma cornija.

A segunda jornada da viagem, no dia em que a Igreja Católica celebra a memória de Santa Teresinha do Menino Jesus, tem início com a missa no estádio Mikheil Meskhi, que leva o nome do "melhor futebolista georgiano do século xx". A instalação tem capacidade para até 26 mil pessoas, mas há muitíssimos lugares vazios. Comparecem apenas alguns milhares de fiéis, que usam chapeuzinhos brancos e amarelos, cores da bandeira vaticana. Os católicos no país representam 2,5% da população (cerca de 112 mil fiéis), mas na capital o percentual cai a 1%. Francisco percorre o estádio a bordo de um carrinho de golfe elétrico, parando para cumprimentar muitas crianças. Entre as delegações presentes, contrariamente ao que se havia anunciado, não está a da Igreja Ortodoxa Georgiana, majoritária e influente no país. Na primeira fila encontra-se o presidente Margvelashvili.

No início do rito, o papa e os bispos celebrantes atravessam uma singular Porta Santa, aberta no vazio.

Na homilia, partindo dos escritos de Santa Teresa, Bergoglio menciona "o grande valor das mulheres", que "amam a Deus em número muito maior que os homens". "Aqui, na Geórgia, há muitas avós e mães que continuam a guardar e transmitir a fé." O papa insta a fazer da Igreja a "casa da consolação", a não "fossilizar-nos no que está errado ao nosso redor". Mas a condição para "receber a consolação de Deus" é "tornar-se pequenos como crianças". "Para acolher o amor de Deus, é necessária esta pequenez de coração: só como pequenos é que podemos estar no colo da mãe." E, portanto, não é necessário "acumular honras e prestígio, bens e sucessos terrenos, mas esvaziar-se de si mesmo; a criança é precisamente alguém que nada tem para dar e tudo a receber".

Por isso Francisco define como "felizes" as comunidades cristãs "pobres de meios", mas "ricas de Deus", e "feliz a Igreja que não se abandona aos critérios da funcionalidade e da eficiência organizativa, nem se preocupa com fazer boa figura". Palavras particularmente significativas bem além dos confins do Cáucaso e aplicáveis também, por exemplo, às recentes reformas em curso na cúria romana.

De tarde, na Igreja da Assunção de Tbilisi, Francisco encontra representantes da Igreja Católica local. Não tem um discurso preparado, mas faz anotações enquanto escuta os testemunhos. Comovem-no as palavras de Irina, mãe de dois filhos, que fala dos "problemas mundiais" que "arruínam" as famílias cristãs, citando ainda aquela que muitos chamam "ideologia de gênero", segundo a qual a identidade sexual seria de ordem cultural, e não um dado natural.

"Tu, Irina, mencionaste um grande inimigo atual do casamento: a ideologia de gênero", responde Bergoglio. "Hoje está em ato uma guerra mundial para destruir o casamento. Hoje existem colonizações ideológicas que o destroem, não com as armas, mas com as ideias." O papa explica que "o casal é a coisa mais linda que Deus criou". "A Bíblia diz-nos que Deus criou o homem e a mulher, criou-os à Sua imagem. Ou seja, o homem e a mulher que se tornam uma só carne são imagem de Deus." Porém com frequência surgem "incompreensões" e "tentações" no casamento, e os "custos do divórcio" não os paga apenas o casal que se separa, mas também Deus, "porque, quando se separa 'uma só carne', mancha-se a imagem de Deus". Sobretudo, "pagam as crianças, os filhos", que sofrem "quando veem os litígios e a separação dos pais". O papa repete que é normal brigar em um casamento, mas que, mesmo se "voam os pratos", é preciso fazer logo as pazes, "porque a 'guerra fria' do dia seguinte é muito perigosa".

Uma questão diz respeito às dificuldades do caminho ecumênico. Francisco é muito direto: "Há um grande pecado contra o ecumenismo: o proselitismo. Nunca se deve fazer proselitismo com os ortodoxos. São nossos irmãos e irmãs, discípulos de Jesus Cristo". É preciso, portanto, mostrar "amizade, caminhar juntos, rezar uns pelos outros. Rezar e praticar obras de caridade, juntos, quando for possível".

O papa se desloca, então, até o centro de assistência médica Redemptor Hominis, a cargo de padres camilianos, localizado no bairro de Temka, na periferia de Tbilisi, construído graças à Caritas italiana. Aqui, cumprimenta idosos e doentes e assiste a uma coreografia exibida por alguns dançarinos e por jovens com deficiências em cadeiras de rodas.

O último compromisso do dia é um novo encontro com Elias na antiga Catedral Patriarcal de Svetitskhoveli, centro espiritual da Igreja Georgiana. Na sua forma atual, a construção tem mil anos: rodeada de muros, domina a cidade do alto de uma colina. Também desta vez o papa e Elias II entram juntos, de mãos dadas, enquanto o coral entoa um canto tradicional. Eles se detêm para rezar diante da edícula, onde, segundo a tradição, Santa Sidônia foi sepultada com a preciosa túnica do Crucificado.

"A nossa unidade", diz o patriarca, saudando Bergoglio, "se encontra na fé verdadeira, e só a fé verdadeira educa a humanidade". "Gostaria de expressar uma vez mais, Santidade, minha mui profunda estima e o amor fraterno que guardo por vós."

Francisco agradece aos ortodoxos georgianos pelo seu "comovente testemunho de fé, que tanto me fez bem". "A história da Geórgia é como um livro antigo que, em cada página, fala de testemunhas santas e de valores cristãos, que forjaram a alma e a cultura do país."

A partir do símbolo da "túnica sagrada", que representa um "mistério de unidade", Francisco recorda: "Apesar dos nossos limites e para além de qualquer distinção histórica e cultural sucessiva, somos chamados a ser 'um só em Cristo Jesus', não colocando em primeiro lugar as discórdias e divisões entre os batizados, porque verdadeiramente é muito mais o que nos une do que aquilo que nos divide".

Um tocante canto em aramaico, executado por um coral de assírios pertencentes à Igreja Georgiana, conclui a cerimônia. A noite cai quando o papa e o patriarca se cumprimentam como irmãos à porta da antiga catedral.

Na manhã de domingo, 3 de outubro, ocorre uma surpresa: Elias II se encontra imprevistamente no aeroporto de Tbilisi para cumprimentar o pontífice antes de sua partida para o Azerbaijão. A presença não anunciada ou programada confirma o clima amistoso da visita.

Se na Geórgia os católicos não são muitos, no Azerbaijão são um minúsculo rebanho: contam-se cerca de 600. Um vice-ministro recebe Francisco na chegada a Baku e, na capital, que se desenvolveu de forma muito rápida e onde pululam arranha-céus ultramodernos, não se vê sinal da visita papal. Do aeroporto, Bergoglio ruma para a Igreja da Imaculada Conceição para celebrar a missa. A primeira igreja católica com esse nome, construída em 1912, foi destruída pelos bolcheviques em 1931; em 2002, João Paulo II celebrou a missa em um pequeno ginásio. Depois de sua visita, o então presidente Heydar Aliyev decidiu destinar um terreno à construção de um novo local de culto. Assim surgiu a igreja atual, que faz parte do Centro Salesiano e foi consagrada em 2007 pelo então secretário de Estado do Vaticano, Tarcisio Bertone. No interior não cabem mais de 300 fiéis. Outros, porém, encontraram lugar na parte externa. A liturgia é animada por um grupo de filipinos.

Na homilia, o papa explica que a fé "é um dom de Deus e sempre se deve pedir". "Não é uma força mágica que desce do céu, não é um 'dote' pessoal que se recebe de uma vez para sempre, nem mesmo um superpoder que serviria para resolver os problemas da vida." Ela é, ainda, estreitamente ligada ao serviço, como explica usando a metáfora – particularmente eficaz aqui – do tapete. Também a vida cristã "tem de ser pacientemente tecida a cada dia, entrelaçando entre si uma teia e uma tecedura bem definida: a teia da fé e a tecedura do serviço".

Ao fim da liturgia, celebrada em inglês, o papa acrescenta algumas palavras ditas de improviso: "Alguém pode pensar que o papa perca seu tempo: percorrer tantos quilômetros para visitar uma pequena comunidade... É uma comunidade periférica. Mas o papa, com isso, imita o Espírito Santo; também Ele desceu do céu em uma pequena comunidade periférica fechada no cenáculo. E, àquela comunidade temerosa, que se sentia pobre e talvez perseguida ou abandonada, deu coragem, força, parrésia para seguir em frente e proclamar o nome de Jesus! E as portas daquela comunidade de Jerusalém, que estavam fechadas pelo medo ou pela vergonha, se abrem, e delas sai a força do Espírito. O papa perde seu tempo como o perdeu o Espírito Santo então! Coragem! Avante! *Go ahead!* Sem medo, avante!".

No começo da tarde, Francisco chega à vasta praça diante do palácio presidencial Ganjlik, em Baku, onde é recepcionado pelo presidente Ilham Aliyev. Depois, com o semblante sério, passa em revista as tropas alinhadas e as saúda, dizendo em azeri: "*Salam asker*", ou seja, "Salve, soldados!".

O encontro com o presidente não é bem privado como previsto, pois os primeiros cinco minutos são transmitidos ao vivo pela televisão, com Bergoglio agradecendo a "calorosa acolhida" e o exemplo de liberdade de culto oferecido pelo país caucasiano, diante da esmagadora maioria de muçulmanos xiitas.

Depois do encontro e da troca de presentes – o presidente dá ao hóspede um tapete de 5 × 3 metros –, Francisco vai prestar visita ao monumento dos que caíram pela independência, a cerca de 8 quilômetros do palácio, onde estão sepultados também os que morreram na guerra do Nagorno-Karabakh. Então se dirige ao Centro Heydar Aliyev, uma estrutura supermoderna em forma de baleia, dedicada à memória do pai do atual chefe de Estado, destinada a exposições de arte e também sede da fundação comandada pela mulher do presidente, Mehriban Aliyeva, responsável pelo restauro de antigos afrescos nas catacumbas romanas dos Santos Pedro e Marcelino. Aqui, na presença do xeque dos muçulmanos do Cáucaso, de um bispo ortodoxo da Igreja de Moscou e de um rabino, tem lugar o encontro com as autoridades políticas.

Em seu discurso, o papa acena indiretamente ao conflito no Nagorno-Karabakh, ainda que sem mencionar a região ocupada por tropas armênias. Mesmo entre Estados, diz, "é necessário avançar, com sabedoria e coragem, pelo caminho que leva ao verdadeiro progresso e à liberdade dos povos, abrindo percursos originais que apontem para acordos duradouros e a paz. Assim se pouparão aos povos graves sofrimentos e dolorosas lacerações difíceis de curar". Depois, expressa sua proximidade "a quantos tiveram de deixar a sua terra e às inúmeras pessoas que sofrem por causa de conflitos sangrentos". E conclui com um apelo: "Dirijo a todos o convite a que não deixem de tentar tudo para se chegar a uma solução satisfatória".

Durante a entrevista no voo de regresso a Roma, acrescentará que a via do diálogo "sincero, face a face" deve ser sempre perseguida, mas, "se não é possível chegar a isso, é preciso ter a coragem de ir para um tribunal internacional".

A visita do papa ao Cáucaso se conclui com a calorosa recepção da comunidade islâmica. O xeque dos muçulmanos no Cáucaso, Allahshukur Pashazadeh, recebe Francisco na grande mesquita Heydar Aliyev dizendo-lhe: "Suas atividades nos suscitam vivo interesse. É muito importante observar sua abordagem crítica dos problemas que preocupam o mundo, sua séria reprovação ao problema dos migrantes, sua resistência aos que ligam o nome do islã ao terrorismo e, ao mesmo tempo, sua dura condenação das causas reais do terrorismo e seus discursos decisivos contra casos de xenofobia". Pashazadeh, xeque xiita que tem autoridade teológica também sobre os sunitas, pronunciou, nos meses anteriores à visita, palavras muito duras contra o EI. O Azerbaijão é um país no qual os religiosos convivem em paz, mas há tentativas de infiltração do fundamentalismo jihadista.

Quando toma a palavra, o papa, que como todos entrou com os pés descalços, recorda a "grande responsabilidade" que têm os líderes religiosos de oferecer respostas autênticas às buscas do homem, em um tempo no qual,"por um lado, avança o niilismo daqueles que não acreditam em nada mais senão nos seus próprios interesses, benefícios e lucros" e, de outro, "emergem cada vez mais as reações rígidas e fundamentalistas daqueles que, com a violência da palavra e dos gestos, querem impor atitudes extremas e radicalizadas, as mais distantes do Deus vivo".

Bergoglio, como pela manhã, servindo-se da metáfora do tapete diante do pequeno rebanho de católicos, parte de outra manufatura artística local, os apreciados vitrais conhecidos como "*shebeke*", típicos dessa zona. Eles têm uma singularidade: na sua confecção, não se utilizam nem cola nem pregos, só madeira e vidro, encaixados um no outro. "Da mesma forma", observa Francisco, "é dever de cada sociedade civil sustentar a religião, que permite a entrada de uma luz indispensável para viver: para isso é necessário garantir-lhe uma efetiva e autêntica liberdade. Assim não se devem usar as 'colas' artificiais que forçam o ser humano a crer, impondo-lhe um determinado credo e privando-o da liberdade de escolha; nem devem entrar nas religiões os 'pregos' externos dos interesses mundanos, das ambições de poder e dinheiro".

Com efeito, Deus "não pode ser invocado para interesses de parte nem para fins egoístas; não pode justificar nenhuma forma de fundamentalismo, imperialismo ou colonialismo. Mais uma vez, deste lugar tão significativo, levanta-se o grito angustiado: nunca mais violência em nome de Deus! Que o seu santo nome seja adorado, e não profanado nem mercantilizado por ódios e conflitos humanos".

O diálogo ao qual o papa insta não é um "sincretismo conciliador", nem "uma abertura diplomática que diga sim a tudo para evitar problemas". Trata-se de "dialogar com os outros e rezar por todos, para fazer surgir amor onde há ódio e perdão onde há ofensa".

No voo de retorno a Roma, depois de três dias muito intensos, Francisco responde às perguntas dos jornalistas, que lhe pedem explicações sobre a dureza das palavras empregadas no dia anterior para tratar das questões de gênero. A resposta que dá é iluminadora e surpreendente. "Na minha vida de sacerdote, de bispo – também de papa –, acompanhei pessoas com tendência homossexual e também com práticas homossexuais. Acompanhei-as, aproximei-as do Senhor; alguns não podem, mas eu acompanhei-as e nunca abandonei ninguém. Isto é o que se deve fazer. As pessoas devem ser acompanhadas como as acompanha Jesus. Quando chega diante de Jesus uma pessoa que tem esta condição, com toda a certeza Jesus não lhe dirá: 'Vai-te embora, porque és homossexual'. Isso não. Aquilo que eu disse tem a ver com o mal que hoje se faz com o ensino da ideologia de gênero. Contava-me um pai francês que, à mesa, estavam a falar com os filhos – ele católico, a esposa católica, os filhos católicos, não muito devotos mas católicos – e perguntou ao filho de 10 anos: 'E tu, que queres ser quando fores grande?'. 'Menina.' E então o pai deu-se conta de que, nos livros escolares, se ensinava a ideologia de *gênero*. Ora, isto é contra as coisas naturais. Uma coisa é que a pessoa tenha esta tendência, esta opção, e há também aqueles que mudam de sexo; e outra coisa é ministrar o ensino nas escolas nesta linha, para mudar a mentalidade. A isso eu chamo 'colonizações ideológicas'. No ano passado, recebi a carta de um espanhol que me contava a sua história de criança e de adolescente. Era uma menina, uma jovem, e sofreu muito porque se sentia rapaz, mas fisicamente era uma menina. Contou-o à mãe, quando já passava dos 20 anos, aos 22 anos, dizendo-lhe que queria fazer a operação cirúrgica e todas aquelas coisas. E a mãe pediu-lhe para não o fazer enquanto ela estivesse viva. Era já idosa, e passado pouco tempo morreu. Fez a operação. É funcionário de um ministério numa cidade de Espanha. Foi ter com o bispo. O bispo acompanhou-o tanto, um bom bispo: 'perdia' tempo para acompanhar esse homem. Depois casou-se: mudou a sua identidade civil, casou-se e escreveu-me a carta dizendo que para ele teria sido uma consolação vir com a esposa: ele, que era uma ela, mas é ele. E recebi-os. Estavam felizes. E, no bairro onde ele morava, havia um velho sacerdote, na casa dos 80, o velho pároco, que deixara a paróquia e ajudava as freiras, lá, na paróquia... E havia o novo [pároco]. Quando o novo o via, advertia-o lá da calçada: 'Vais para o inferno!'. Quando encontrava o velho, este dizia-lhe: 'Desde quando não te confessas? Anda, que te confesso, e assim poderás ir à comunhão'. Compreendeste? A vida é a vida, e as coisas devem-se acolher como vêm. O pecado é o pecado. As tendências ou os desequilíbrios hormonais geram muitos problemas e temos de ter cuidado para não dizer: 'É tudo o mesmo, façamos festa'. Não; isto não. Mas, cada caso, acolhê-lo, acompanhá-lo, estudá-lo, discernir e integrá-lo. Isto é o que Jesus faria hoje. Por favor, não digais: 'O papa santificará os transexuais'. Por favor! Porque eu vejo já os títulos dos jornais... É um problema de moral. É um problema humano. E deve-se resolver como se puder, sempre com a misericórdia de Deus... sempre com o coração aberto."

EM LUND, PARA UM RECOMEÇO COM OS LUTERANOS

A última viagem de 2016 estava anunciada havia muito tempo. Uma visita-relâmpago a Lund, na Suécia, cidade universitária onde, setenta anos antes, nascia a Federação Luterana Mundial. Um modo de comemorar os quinhentos anos da Reforma – o aniversário seria em 2017 – e celebrar também meio século de diálogo entre católicos e luteranos. Adicionou-se a essa viagem, que no programa papal deveria durar apenas um dia, outro meio dia, para permitir que Francisco celebrasse uma missa com a comunidade católica sueca e com os peregrinos vindos da vizinha Dinamarca e também da Noruega. Essa segunda etapa faz com que a missa de Todos os Santos, em 1º de novembro, não seja rezada pelo pontífice em São Pedro, mas no Swedbank Stadion de Malmö.

Depois da chegada e do almoço privativo, no comecinho da tarde de segunda-feira, 31 de outubro, Bergoglio se encontra com o rei Carlos XVI Gustavo e sua família, no Palácio Real de Lund, uma construção, no todo, modesta, de tijolos vermelhos, localizada a poucas dezenas de metros da antiga catedral românica, que receberá a oração ecumênica. Dali Francisco se desloca a pé, atravessando um pequeno parque arborizado. O clima é menos rigoroso do que o esperado, mas uma chuva leve e insistente penetra nos ossos e envolve tudo. São apenas poucos passos, mas parecem transpor distâncias ainda enormes, propor um novo olhar sobre um passado feito de lacerações e divisões, sugerir um novo caminho, compartilhado, rumo ao futuro. "O que parecia impossível aconteceu", diz, com voz comovida, o reverendo Martin Junge, secretário da Federação Luterana Mundial, no sermão proferido durante o encontro ecumênico. "Somos ramos de uma mesma parreira. Somos um no batismo. Estamos aqui nesta comemoração conjunta: preparamo-nos a redescobrir que somos em Cristo."

O gesto de Francisco segue a linha de seus predecessores. O passo mais importante, do ponto de vista da doutrina, se dá durante o pontificado de João Paulo II, com a declaração conjunta sobre a justificação, na qual se reconhece que "somente por graça, na fé na obra salvífica de Cristo, e não por causa de nosso mérito", os homens se justificam. O primado é da graça, isto é, da ação de Deus, não das obras ou méritos dos homens: "Confessamos juntos que o ser humano, no concernente à sua salvação, depende completamente da graça salvadora de Deus". Com essa declaração, firmada em 31 de outubro de 1999, dia em que se celebra a Reforma, católicos e luteranos reconhecem ter alcançado um consenso sobre a verdade fundamental no que concerne à doutrina da justificação, isto é, a questão que no início da Era Moderna constituiu um dos desencontros cruciais entre amplos setores da cristandade no Ocidente e a Igreja de Roma, e levou ao cisma.

Também Bento XVI, que colaborou para aquele documento como superior da Congregação para a Doutrina da Fé, já como papa usaria palavras significativas sobre Martinho Lutero, durante um discurso pronunciado em Erfurt, em 2011. O passo ulterior de Francisco soterra em definitivo os tempos agora distantes de Leão X, que lançou, no pavilhão de caça de Magliana, a bula *Exurge Domine* e comparava Martinho Lutero a um javali.

O coro canta o *Aleluia*, enquanto o Papa Bergoglio entra lentamente na catedral de Lundo, seguindo a grande cruz colorida que representa o banquete ao qual são chamados todos os povos da Terra. A simbologia e as cores são tipicamente latino-americanas, mais que nórdicas: de fato, a obra foi realizada pelo artista salvadorenho Christian Chavarría Ayala, que colabora com a Igreja Luterana.

"Temos a possibilidade de reparar um momento crucial da nossa história, superando controvérsias e mal-entendidos que impediram frequentemente nos compreendermos uns aos outros", diz Francisco diante de uma multidão variada de cristãos de diferentes confissões, entre os quais se destacam muitas mulheres vestidas como clérigos. Perto dele está a arcebispa primaz da Igreja da Suécia, Antje Jackelén.

Na homilia, o papa pede "olhar, com amor e honestidade, para o nosso passado e reconhecer o erro e pedir perdão". E afirma: "A nossa divisão se afastava da intuição originária do povo de Deus" e foi "perpetuada mais por homens de poder deste mundo do que por vontade do povo fiel". O papa reconhece "com gratidão" que a Reforma contribuiu para dar mais centralidade à Sagrada Escritura na vida da Igreja. Explica que, através do conceito de "só por graça divina", somos recordados de que "Deus tem sempre a iniciativa e que precede qualquer resposta humana inclusive no momento em que procura suscitar tal resposta". "Assim, a doutrina da justificação exprime a essência da existência humana diante de Deus."

Ao fim da oração na catedral, o papa e o bispo palestino Munib Younan, presidente da Federação Luterana Mundial, firmam uma declaração conjunta, saudada por um aplauso fragoroso e quase libertador por parte dos presentes.

No texto, os dois líderes afirmam: "Graças ao diálogo e testemunho compartilhado, já não somos desconhecidos; antes, aprendemos que aquilo que nos une é maior do que aquilo que nos separa". "Ao mesmo tempo que estamos profundamente gratos pelos dons espirituais e teológicos recebidos através da Reforma, também confessamos e lamentamos diante de Cristo que luteranos e católicos tenham ferido a unidade visível da Igreja."

Em um mundo frequentemente caracterizado pelo que Francisco chamou "a globalização da indiferença", os cristãos de confissões distintas podem testemunhar sua fé por meio de obras concretas: "Exortamos luteranos e católicos a trabalharem juntos para acolher quem é estrangeiro, prestar auxílio a quantos são forçados a fugir por causa da guerra e da perseguição, e defender os direitos dos refugiados e de quantos procuram asilo".

Por isso, continua a declaração, "rezamos pela cura das nossas feridas e das lembranças que turvam a nossa visão uns dos outros. Rejeitamos categoricamente todo o ódio e a violência, passados e presentes, especialmente os implementados em nome da religião. Hoje, escutamos o mandamento de Deus para se pôr de parte todo o conflito".

De Lund, Francisco toma um ônibus com bispos luteranos e se dirige a Malmö, à grande arena coberta onde se desenrola um encontro com testemunhos de católicos e luteranos empenhados em obras de paz e reconciliação.

Uma mulher do Burundi conta como salvou dezenas de crianças órfãs ameaçadas pela violência. Uma moça africana que fugiu do Sudão do Sul para o Quênia fala de sua experiência de refugiada a atleta olímpica. O responsável pela Caritas da Colômbia fala das dificuldades para reconciliar aqueles que tiveram a vida destruída pela guerra civil que, por mais de meio século, ensanguentou o país. No fim do encontro, é selado um documento entre a Caritas Internationalis e o World Service da Fundação Luterana Mundial, a fim de intensificar projetos comuns em prol de refugiados, pobres e imigrantes, e pela defesa da Criação.

Na manhã de 1º de novembro, diante de mais de 10 mil católicos reunidos no Swedbank Stadion de Malmö, Francisco celebra a missa de Todos os Santos. Ao entrar, o papa cumprimenta pessoalmente alguns enfermos. Há muitíssimos imigrantes de origem filipina e latino-americana.

Na homilia, Francisco explica que as bem-aventuranças evangélicas identificam quem segue Jesus. "Somos chamados a ser bem-aventurados, seguidores de Jesus, enfrentando os sofrimentos e angústias do nosso tempo." E propõe uma nova leitura, "para as vivermos com espírito renovado e sempre atual": "Felizes os que suportam com fé os males que outros lhes infligem e perdoam de coração; felizes os que olham nos olhos os descartados e marginalizados fazendo-se próximo deles; felizes os que reconhecem Deus em cada pessoa e lutam para que também outros o descubram; felizes os que protegem e cuidam da casa comum; felizes os que renunciam ao seu próprio bem-estar em benefício dos outros; felizes os que rezam e trabalham pela plena comunhão dos cristãos... Todos eles são portadores da misericórdia e ternura de Deus, e Dele receberão sem dúvida a merecida recompensa".

Francisco frisa que, por vezes, a santidade não se manifesta "em grandes obras nem em sucessos extraordinários, mas sabe viver, fiel e diariamente, as exigências do batismo. Uma santidade feita de amor a Deus e aos irmãos. Amor fiel até ao esquecimento de si mesmo e à entrega total aos outros, como a vida daquelas mães e pais que se sacrificam pelas suas famílias sabendo renunciar de boa vontade, embora nem sempre seja fácil, a tantas coisas, tantos projetos ou programas pessoais".

Ao fim da celebração, antes do *Angelus*, Francisco cumprimenta "cordialmente" o presidente e o secretário da Federação Luterana Mundial e o arcebispo da Igreja da Suécia. A breve visita, de dois meios dias e uma noite, se caracteriza por um clima mais suave do que previa a meteorologia e que retornaria aos níveis regulares da estação já na noite de 1º de novembro. Uma pequena confirmação do "degelo" que marca a oração ecumênica com os luteranos.

NO EGITO, PARA ISOLAR OS FUNDAMENTALISTAS E ABRAÇAR OS CRISTÃOS COPTAS MARTIRIZADOS

A noite já havia caído e o vento soprava quando, em 28 de abril de 2017, Francisco se detém a orar no átrio da igreja de São Pedro Al Boutrossiyya. Aqui, em dezembro de 2016, um terrorista suicida se explodiu, provocando a morte de 29 fiéis. As manchas do sangue derramado pelos mártires foram voluntariamente deixadas nas paredes. O papa se abaixa para pousar uma rosa branca ao pé da lápide que recorda seus nomes e rostos.

É o momento mais íntimo e comovente do primeiro dia da viagem egípcia de Bergoglio, organizada muito rapidamente e tida como arriscada. No Domingo de Ramos, duas bombas haviam ensanguentado a Semana Santa dos cristãos coptas e havia quem temesse pela segurança do bispo de Roma. O governo egípcio, as autoridades muçulmanas e todos os cristãos do país ansiavam vivamente pela viagem. Um sinal da preocupação com possíveis atentados ficou evidente no momento em que, em 27 de abril, os jornalistas da comitiva papal foram retirar as credenciais e o programa detalhado: pela primeira vez a Sala de Imprensa do Vaticano lhes solicitou não revelar, nos artigos, os locais onde aconteceriam os dois primeiros encontros antes que eles tivessem início.

O primeiro dia da viagem foi marcado por estes dois compromissos – com o grão-imã de Al Azhar, Ahmed Al Tayeb, e com o presidente egípcio, Abdel Fattah Al Sisi. A data foi dedicada à tentativa de desvincular qualquer eventual justificativa religiosa para o ódio e para o terrorismo jihadista, que abusa do nome de Deus massacrando inocentes. Mas é somente após o entardecer, no abraço com os cristãos coptas e seu papa, Teodoro II, que a memória dos mártires se torna oração e sinal de proximidade com uma comunidade que sofreu muitas provações e pagou um altíssimo tributo de sangue menos de três semanas antes, naquele Domingo de Ramos.

A sexta-feira é feriado no Cairo, e o tráfico caótico da cidade, que conta 10 milhões de habitantes e outros 15 milhões na região metropolitana, é bloqueado nas ruas por onde passa o papa, com o emprego de um imponente efetivo de segurança. Apesar dos riscos, Francisco usa um utilitário não blindado, como sempre fez, mesmo nos deslocamentos considerados mais perigosos – mas seu dia na capital egípcia é muito blindado, sem corpo a corpo com a multidão. Depois da visita de cortesia ao Palácio Presidencial de Heliópolis, o papa chega ao Centro de Conferências de Al Azhar, localizado no exterior do grande complexo universitário sunita. Ao recebê-lo, depois de tê-lo abraçado, Al Tayeb pede um minuto de silêncio pelas "vítimas do terrorismo, de todas as nacionalidades", e então afirma que o "islã não é uma religião do terrorismo", da mesma forma como, tendo levado a cabo as cruzadas e a "ocupação dos territórios palestinos", não o são nem o cristianismo, nem o judaísmo.

Quando toma a palavra, Francisco – que abre seu discurso com uma saudação em árabe – voa mais alto e, ao mesmo tempo, tenta mergulhar ainda mais. "Juntos, afirmamos a incompatibilidade entre violência e fé, entre crer e odiar". "Como responsáveis religiosos, somos chamados... a trazer à luz do dia as tentativas de justificar toda forma de ódio em nome da religião." Interrompido mais de uma vez pelos aplausos dos líderes religiosos presentes, o papa explica que "a única alternativa à civilização do encontro é a incivilidade do conflito". "E, para contrastar verdadeiramente a barbárie de quem sopra sobre o ódio e incita à violência, é preciso acompanhar e fazer amadurecer gerações que, à lógica incendiária do mal, respondam com o crescimento paciente do bem." Mas Bergoglio convida também a "remover as situações de pobreza e exploração, onde mais facilmente criam raízes os extremismos", bloqueando ainda os "fluxos de dinheiro e de armas para quem fomenta a violência". Uma violência que é "a negação de toda religiosidade autêntica", enquanto "só a paz é santa".

Depois de sair pelos fundos do Centro de Conferências, Francisco se dirige a um dos grandes salões do hotel Al-Masàh, complexo hoteleiro gerido diretamente pelo Ministério da Defesa, que ocupa uma área de 75 mil metros quadrados e que contém, em seu interior, um simulador de voo e uma mesquita. O papa recorda ao presidente Al Sisi e aos representantes da classe política e da sociedade civil que o Egito "é chamado a condenar e derrotar toda violência e todo terrorismo". É a ocasião para afirmar que "não se pode construir a civilização sem repudiar toda ideologia do mal, da violência e toda interpretação extremista que pretende aniquilar o outro e destruir as diversidades, manipulando e ultrajando o Santo Nome de Deus. O senhor presidente falou disto várias vezes e em diferentes circunstâncias com clareza" – a menção a Al Sisi não é casual e reconhece seu papel nas tentativas de extinguir o caldo de cultura do jihadismo.

Nada do que o papa e o presidente se disseram em particular foi divulgado; tampouco se disse se conversaram sobre Giulio Regeni, jovem pesquisador italiano brutalmente assassinado: um caso internacional que complicou as relações entre Itália e Egito. "Foi uma conversa privada", frisa o porta-voz Greg Burke. No voo de volta, Francisco, respondendo a uma pergunta sobre esse tema, não revelou o conteúdo da conversa, mas confirmou que se preocupou e pediu a intervenção da Santa Sé a fim de que a verdade sobre o caso possa emergir.

O primeiro dia da visita se conclui na velha área cristã do Cairo, onde ficam a Catedral de São Marcos e o Patriarcado. Teodoro II dá as boas-vindas ao papa "à nossa amada terra do Egito, que a cada dia paga um tributo de sangue pela paz". Coloca em torno do seu pescoço uma cruz copta decorada. Bergoglio recorda, comovido, que "o sangue inocente dos mártires nos une". E, enfim, os dois líderes assinam uma declaração conjunta na qual se empenham "sinceramente em não repetir o batismo" para qualquer um que passe de uma Igreja à outra.

Na manhã de 29 de abril, Francisco celebra missa no estádio Defesa Aérea – seu único compromisso a ter real participação multitudinária. O local, conhecido também como "Estádio 30 de Junho", faz parte do complexo esportivo da Aeronáutica Militar, construído e gerido pelo Ministério da Defesa para celebrar as proezas da defesa aérea durante a guerra de atrito entre Egito e Israel, e concluído em 1970. Inicialmente a celebração não deveria ter lugar aqui, mas o local foi escolhido para permitir maior participação de fiéis – no estádio cabem até 30 mil pessoas. Estão presentes católicos de vários ritos, mas também coptas ortodoxos e muçulmanos. A liturgia alterna cantos em árabe e em italiano. Diante do palco com o altar papal, nota-se um pequeno drone branco, com uma câmera incorporada. A missa é transmitida ao vivo pelo principal canal de TV do Egito. Em uma passagem significativa da homilia, o papa diz que "o único extremismo permitido aos crentes é o da caridade".

O último compromisso antes de tomar o caminho de volta é o encontro com sacerdotes, religiosos e religiosas no Seminário Patriarcal Al-Maadi. O papa diz que a pessoa consagrada não deve "ceder às tentações que todos os dias encontra no seu caminho", como "deixar-se arrastar e não guiar", "lamentar-se continuamente", nem à tentação "da crítica e da inveja", a de "se comparar com os outros", a do "individualismo", a de "caminhar sem bússola nem objetivo".

Padres, frades e irmãs – acrescenta, com um toque de humor, considerando o país onde as palavras são pronunciadas – devem se guardar da tentação do "faraonismo", ou seja, a de "endurecer o coração e fechá-lo ao Senhor e aos irmãos": é a "tentação de se sentir acima dos outros e, consequentemente, de os submeter a si por vanglória; de ter a presunção de ser servido em vez de servir".

FÁTIMA, ORAÇÃO PELA CONCÓRDIA DOS POVOS

Pouco após decolar de Roma, ao cumprimentar os jornalistas, o papa define essa viagem como "um pouco especial". E de fato seria. As intensas horas que vive em Fátima entre a noite de sexta, 12 de maio, e o começo da tarde do dia seguinte representam – na agenda das 19 viagens internacionais de Francisco – aquelas durante as quais o bispo de Roma menos ocupou o papel principal. No Santuário da Cova da Iria, onde há exatos cem anos Nossa Senhora apareceu a três crianças que ali levavam um rebanho para pastar, os verdadeiros protagonistas são, de fato, Maria e as pessoas comuns, mais de meio milhão de peregrinos, vindos de Portugal inteiro, mas também de várias partes da Europa e do mundo. Francisco, como já se viu, é um papa profundamente mariano e muito ligado à devoção popular, como atestam suas frequentes visitas à *Salus Populi Romani*, o ícone conservado na Basílica de Santa Maria Maior.

A intenção do papa era que a viagem ocupasse somente um dia, um bate-volta. Mas, seja pela duração da viagem (quase três horas e meia para ir e outras tantas para voltar), seja pela importância de participar da comovente e significativa procissão das velas, acaba optando por fazê-la em dois dias. Francisco, entretanto, não quis ceder em relação à natureza da viagem, uma peregrinação centrada exclusivamente no centenário das aparições, e não uma visita a Portugal. A poucas semanas da partida, no fim de abril, fora oficializada a canonização de dois dos três videntes, Francisco e Jacinta Marto, dezessete anos após terem sido beatificados por João Paulo II, no mesmo dia em que se divulgou o conteúdo do Terceiro Segredo de Fátima. São as primeiras crianças santas que não foram vítimas de martírio. As perícias dos milagres que as levaram à auréola e a conclusão definitiva do processo se deram depois do anúncio da viagem a Fátima, deixando "muito feliz" o Papa Francisco, que assim pôde tornar mais solene ainda a celebração do centenário.

No santuário português, expressivo de uma grande fé popular e mariana, Bergoglio quis invocar a Virgem pedindo-lhe o dom da "concórdia entre todos os povos" de um mundo sacudido por múltiplas guerras. O dia 13 de maio tem também um significado particular na vida do papa: na mesma data, 25 anos antes, Bergoglio recebeu o telefonema do núncio apostólico da Argentina, Ubaldo Calabresi, comunicando-lhe de que havia sido nomeado bispo auxiliar de Buenos Aires. Depois de aterrissar na base militar de Monte Real, onde acontece o encontro com o presidente da República, Marcelo Nuno Duarte Rebelo de Sousa, Francisco vai de helicóptero a Fátima. Assim que chega à esplanada do santuário, dirige-se à capelinha das aparições, a minúscula igreja hoje incorporada a uma estrutura moderna e mais ampla que a protege, erguida no ponto exato onde os pastorinhos viam a Virgem. Diante da estátua de Maria, primeiro deposita um ramo de flores brancas e depois uma rosa de ouro, presente tradicional dos pontífices aos santuários marianos.

Na oração que recita, intercalada pelo canto de invocações marianas, Francisco se apresenta como "peregrino da paz": "Para o mundo peço a concórdia entre todos os povos". Pede a Nossa Senhora que veja "as dores da família humana que geme e chora neste vale de lágrimas". "Faz-nos seguir o exemplo dos bem-aventurados Francisco e Jacinta", continua, "e de todos os que se entregam à mensagem do Evangelho". "Percorreremos, assim, todas as rotas, seremos peregrinos de todos os caminhos, derrubaremos todos os muros e venceremos todas as fronteiras, saindo em direção a todas as periferias, aí revelando a justiça e a paz de Deus." "Seremos, na alegria do

Evangelho", conclui, "a Igreja vestida de branco, da alvura branqueada no sangue do Cordeiro derramado ainda em todas as guerras que destroem o mundo em que vivemos". Também se compara àquele "bispo vestido de branco" contido na visão do Terceiro Segredo, que apresenta um pontífice morto junto a outros tantos mártires cristãos, e o uso dessa expressão na oração suscitaria diversas interrogações. Mas, na entrevista à imprensa do dia seguinte, falando com os jornalistas no voo de regresso a Roma, Francisco explica que não foi ele o autor da oração e assegura, citando as palavras do então cardeal Joseph Ratzinger, que o Terceiro Segredo foi revelado integralmente.

Na noite de sexta, diante de um mar de velas acesas que iluminam a fria noite de Fátima, Francisco participa do rosário. Saúda os peregrinos, dizendo que os tem "a todos no coração", "principalmente os que mais precisarem", como a aparição havia ensinado aos três pastorinhos depois de lhes mostrar a visão do inferno. Pede que "sobre cada um dos deserdados e infelizes a quem roubaram o presente, dos excluídos e abandonados a quem negam o futuro, dos órfãos e injustiçados a quem não se permite ter um passado, desça a bênção de Deus encarnada em Jesus Cristo". E, depois de recordar as palavras de Paulo VI que dizem que, "se queremos ser cristãos, devemos ser marianos", esclarece quais são as formas de olhar para Nossa Senhora e dirigir-se a ela, e quais não estão de acordo com o Evangelho.

"Peregrinos com Maria… Qual Maria? Uma 'mestra de vida espiritual', a primeira que seguiu Cristo pelo caminho 'estreito' da cruz, dando-nos o exemplo, ou então uma Senhora 'inatingível' e, consequentemente, inimitável? A 'bendita por ter acreditado' sempre e em todas as circunstâncias nas palavras divinas, ou então uma 'santinha' a quem se recorre para obter favores a baixo preço? A Virgem Maria do Evangelho venerada pela Igreja orante, ou uma esboçada por sensibilidades subjetivas que a veem segurando o braço justiceiro de Deus pronto a castigar: uma Maria melhor do que Cristo, visto como Juiz impiedoso; mais misericordiosa que o Cordeiro imolado por nós?"

"Grande injustiça fazemos a Deus e à Sua graça", diz ainda, "quando se afirma em primeiro lugar que os pecados são punidos pelo Seu julgamento, sem antepor – como mostra o Evangelho – que são perdoados pela Sua misericórdia!". "Devemos antepor a misericórdia ao julgamento", recorda o pontífice, "e, em todo caso, o julgamento de Deus será sempre feito à luz da Sua misericórdia". "Naturalmente a misericórdia de Deus não nega a justiça, porque Jesus tomou sobre Si as consequências do nosso pecado juntamente com a justa pena. Não negou o pecado, mas pagou por nós na Cruz." Eis por que "ficamos livres dos nossos pecados" e devemos pôr "de lado qualquer forma de medo e temor, porque não se coaduna com quem é amado". Não se trata, pois, de uma fé fundada no medo, sobre a recorrência de segredos e visões, mas baseada no Evangelho e no amor.

Na manhã de sábado, 13, festa do centenário, depois de orar silenciosamente diante dos túmulos dos dois pequenos pastores que estava por proclamar santos e diante do túmulo da terceira vidente, a irmã Lúcia, o papa celebra a missa no exterior do santuário.

Na homilia, Bergoglio explica que Nossa Senhora, "antevendo e advertindo-nos para o risco do Inferno ao qual leva a vida – tantas vezes proposta e imposta – sem Deus e profanando Deus nas Suas criaturas, veio lembrar-nos a Luz de Deus que nos habita e cobre". Convida os peregrinos a permanecerem "agarrados" a ela "como filhos", "Como uma âncora, fundemos a nossa esperança nessa humanidade colocada nos Céus à direita do Pai".

Conclui explicando que "o Céu desencadeia aqui uma verdadeira mobilização geral contra esta indiferença que nos gela o coração e agrava a miopia do olhar". "Não queiramos ser uma esperança abortada! A vida só pode sobreviver graças à generosidade de outra vida. 'Se o grão de trigo, lançado à terra, não morrer, fica ele só; mas, se morrer, dá muito fruto': disse e fez o Senhor, que sempre nos precede. Quando passamos através de alguma cruz, Ele já passou antes. Assim, não subimos à cruz para encontrar Jesus; mas foi Ele que Se humilhou e desceu até à cruz para nos encontrar a nós e, em nós, vencer as trevas do mal e trazer-nos para a Luz."

Depois de dirigir um pensamento aos muitos enfermos presentes e de saudar a partida da estátua da Virgem sacudindo, como todos os peregrinos, um lenço branco, Francisco almoça com os bispos de Portugal e parte de volta a Roma.

NAS ALTURAS E SEM FREIOS: OS BASTIDORES DOS VOOS PAPAIS

Paulo VI foi o primeiro a dirigir-se aos jornalistas de um voo papal. Montini, iniciador das modernas viagens pontifícias com suas visitas aos cinco continentes, costumava deslocar-se para cumprimentar pessoalmente os repórteres que voavam com ele. O estabelecido era que o papa não fizesse conferências de imprensa ou desse entrevistas, mas ele não se furtava a uma ou outra pergunta, como confirma Domenico Agasso Sr., vaticanista do semanário *Epoca*, enviado especial que acompanhava Montini. "Paulo VI vinha nos cumprimentar, um por um, às vezes tanto na ida quanto na volta. Alguns de nós fazíamos perguntas. Uma vez eu lhe entreguei uma doação para as crianças paquistanesas que me fora confiada por uma paróquia. Na volta, ele veio me dizer pessoalmente que a havia entregado."

Em janeiro de 1979, durante o voo para o México, os jornalistas da comitiva de João Paulo II foram avisados de que cumprimentos pessoais estavam no programa, mas entrevistas, não. Sucede, porém, que enquanto Wojtyła está passando um jornalista norte-americano lhe pergunta, em voz alta: "Sua Santidade irá aos Estados Unidos?". A resposta do papa inaugura a praxe das entrevistas concedidas em altitude de cruzeiro, sistema que continuará por um bom tempo. Nas viagens longas, intercontinentais, João Paulo II cumprimenta pessoalmente cada jornalista e responde às perguntas que lhe são colocadas, sem, contudo, usar equipamento que permita a todos escutar as respostas. Um adido da Rádio Vaticano o segue para registrar tudo, mas muitas vezes acontece os repórteres, não tendo ouvido o que foi perguntado três filas adiante, repetirem as mesmas questões. Nas viagens mais curtas, com o avião menor, o papa usa um microfone para fazer a saudação e depois os jornalistas lhe fazem perguntas. Nos anos 1990, depois das primeiras quedas e dos sintomas iniciais do Parkinson, passa a utilizar essa solução também nos voos de maior duração. Nos seus últimos cinco anos de pontificado, também por causa dos problemas de locomoção, João Paulo II deixa de dar as entrevistas nos voos.

Seu sucessor, Bento XVI, retoma a tradição e, nas primeiras viagens, se submete às perguntas dos jornalistas sem filtro algum. Em alguns casos, as respostas provocam polêmicas internacionais, como acontece em 2009 com suas declarações sobre o uso de preservativos, dadas durante um voo a Camarões. O clamor midiático termina por obscurecer o conteúdo dessa importante viagem à África. Na segunda parte de seu pontificado, Bento XVI continua com as entrevistas no voo de ida, mas as perguntas já não são feitas diretamente pelos repórteres, e sim recolhidas nos dias anteriores pelo porta-voz, o padre Federico Lombardi, que seleciona as mais representativas. Quase sempre, é ele quem as dirige ao pontífice.

Francisco, no início de seu papado, introduz uma novidade significativa. Na sua primeira viagem, aquela ao Rio de Janeiro, em julho de 2013, escolhe cumprimentar pessoalmente os jornalistas, mas passa para o voo de volta a conferência de imprensa, a fim de evitar que uma resposta e suas eventuais interpretações possam roubar atenção da viagem em curso.

Os encontros com Francisco nas alturas são longos, e Bergoglio se submete à artilharia das perguntas mais diversas. Os jornalistas se dividem em grupos por idioma, dentro dos quais escolhem, em rodízio, quem fará as perguntas, evitando assim repetições. Com os predecessores, o voo de volta significa, enfim, um momento para relaxar. Com Francisco, se torna uma maratona de trabalho: é preciso transcrever a entrevista, checar com os colegas essa ou aquela frase, escrever os artigos que serão transmitidos logo ao aterrissar, ou mesmo antes, se a aeronave dispuser de *wi-fi*.

É impossível dar conta de maneira ampla do que se diz nessas entrevistas à imprensa; sua simples transcrição renderia um livro inteiro. Escolhemos aqui somente algumas respostas mais representativas, ou por terem ficado no imaginário coletivo ou porque se tornaram o centro de polêmicas midiáticas.

No primeiro voo internacional do novo papa, para o Brasil, os jornalistas, já a bordo, veem Francisco subir a escadinha do avião levando consigo uma velha bolsa de couro negro. Nunca se havia visto um papa que levasse sozinho sua bagagem de mão. Por isso, durante a entrevista, perguntamos o que era que ele carregava ali.

"Não era o código da bomba atômica!", responde-nos. "Eu a levei porque sempre assim fiz: quando viajo, levo-a eu. Que tinha dentro? Tinha um barbeador, tinha o breviário, tinha a agenda, tinha um livro para ler – levei um sobre Santa Teresinha, de que sou devoto... Eu sempre levei minha mala quando viajo: é normal. Devemos ser normais... Temos de nos habituar a ser normais."

Durante esse mesmo encontro com a imprensa, Francisco faz também um pronunciamento sobre os homossexuais. "Se uma pessoa é gay e procura o Senhor e tem boa vontade, quem sou eu para a julgar? O catecismo da Igreja Católica explica isso muito bem: não se deve marginalizar essas pessoas."

Com os jornalistas no voo de volta de Tel Aviv, em maio de 2014, profere palavras fortes sobre a pedofilia clerical: "Um sacerdote que faz isso trai o Corpo do Senhor, porque esse sacerdote deve levar esse menino, essa menina, esse adolescente, essa adolescente à santidade; e esse adolescente, essa menina confia... E ele, em vez de os levar à santidade, abusa deles. Isso é gravíssimo! É precisamente – só para dar uma comparação – como fazer uma missa negra".

Naquela mesma conferência, fala ainda de economia: "Estamos num sistema econômico mundial em que, no centro, está o dinheiro, não a pessoa humana. Num verdadeiro sistema econômico, no centro devem estar o homem e a mulher, a pessoa humana. E hoje, no centro, está o dinheiro. Para se manter, para se equilibrar, este sistema deve ir em frente com algumas medidas 'de descarte'. Descartam-se as crianças. Descartam-se os idosos... Descartam-se os idosos, mesmo com situações de eutanásia escondida, em muitos países".

Depois, o papa fala de martírio: "Há mártires! Há mártires, hoje; mártires cristãos. Católicos e não católicos, mas mártires. Nalguns lugares, não se pode trazer o crucifixo, ou não podes ter uma Bíblia... Eu creio que, neste tempo, há mais mártires do que nos primeiros tempos da Igreja".

No voo de regresso da Coreia, em agosto de 2014, perguntam a Francisco o que ele acha dos bombardeios norte-americanos na Síria. "Nesses casos, em que há uma agressão injusta, posso apenas dizer que é lícito fazer parar o agressor injusto. Sublinho o verbo: fazer parar. Não digo bombardear, fazer a guerra, mas fazê-lo parar. Os meios pelos quais se pode fazê-lo parar deverão ser avaliados. Parar o agressor injusto é lícito. Mas devemos também usar a memória! Quantas vezes, com essa desculpa de parar o agressor injusto, as potências se apoderaram dos povos e fizeram uma verdadeira guerra de conquista! Uma nação sozinha não pode julgar como se para um agressor injusto. Depois da Segunda Guerra Mundial, afirmou-se a ideia das Nações Unidas: é lá que se deve discutir, interrogar-se: 'É um agressor injusto? Parece que sim. Como é que o fazemos parar?'."

Durante a mesma conferência, dirige-se ao papa uma pergunta sobre suas férias. "Sou um pouco apegado demais ao habitat. A última vez que tirei férias fora de Buenos Aires, com a comunidade jesuíta, foi em 1975. Desde então, sempre tiro férias – de verdade! –, mas no habitat. Mudo o ritmo: durmo mais, leio as coisas que me agradam, ouço a música, rezo mais... E isto repousa-me."

Em alguns casos, as viagens, além de longas, incluem mais de um país, com distâncias consideráveis entre um e outro: nessas ocasiões, Francisco se submete a duas conferências de imprensa. Foi o que se deu, por exemplo, na viagem ao Sri Lanka e às Filipinas, em janeiro de 2015. O atentado contra a redação do semanário satírico *Charlie Hebdo*, em Paris, acontecera pouco antes. "Quantas guerras religiosas tivemos! Também nós fomos pecadores neste ponto. Mas não se pode matar em nome de Deus. Isso é uma aberração", diz o papa. Depois, respondendo a outra pergunta, faz a comparação que atrairá numerosas críticas no mundo ocidental – e aprovação no mundo muçulmano. "Temos a obrigação de dizer abertamente; temos esta liberdade, mas sem ofender. Porque é verdade que não se pode reagir violentamente, mas se o dr. Gasbarri [no momento ao lado do papa], grande amigo, me diz um palavrão contra a minha mãe, pode esperar um soco. É normal! Não se pode provocar, não se pode insultar a fé dos outros, não se pode zombar da fé. O Papa Bento XVI, num discurso, falara dessa mentalidade pós-positivista que acabava por levar a crer que as religiões ou as expressões religiosas são uma espécie de subcultura."

Durante o voo de Manila a Roma, após ter falado das colonizações ideológicas que impõem aos países pobres estilos de vida exógenos à sua cultura e às suas tradições e de ter demonstrado sua preocupação com a queda demográfica, Francisco lembra que a Igreja é a favor da "paternidade responsável". E, para ilustrar, usa como exemplo uma expressão que suscitará amplo debate: "Creem alguns – desculpem a frase – que, para ser bons católicos, devem ser como coelhos. Não. Paternidade responsável".

No regresso da viagem à América Latina, em julho de 2015, Francisco responde também a uma pergunta sobre as *selfies*: "O que eu acho? É uma outra cultura. Eu me sinto um bisavô. Hoje, ao se despedir, um policial, grande, teria uns 40 anos, me disse: 'faço uma *selfie*'. Eu lhe disse: 'Mas você é um adolescente!'. É uma outra cultura, mas eu respeito isso".

No voo que leva de Cuba aos Estados Unidos, segunda etapa daquela importante viagem de setembro de 2015, o Papa Bergoglio responde candidamente a uma pergunta sobre os opositores internos que o criticam por falar com frequência dos pobres, acusando-o de ser comunista. "No outro voo, uma colega sua, referindo-se a quando eu fui falar aos movimentos populares, disse: 'Mas a Igreja segui-lo-á?'. E eu disse: 'Sou eu que sigo a Igreja'. E, nisto, creio que não erro... As coisas podem ser explicadas. É possível que alguma explicação tenha dado a impressão de ser um pouquinho mais 'esquerdista', mas seria um erro de explicação. Não. A minha doutrina na *Laudato si'*, sobre tudo isso, sobre o imperialismo econômico e tudo o mais, é da doutrina social da Igreja. E, se for necessário que recite o 'Credo', estou disposto a fazê-lo."

Na volta dos Estados Unidos, a propósito dos muros contra imigrantes, o papa diz: "Todos os muros caem... hoje, amanhã ou depois de cem anos. Mas cairão. Não é uma solução. O muro não é uma solução".

Na entrevista concedida durante a volta da República Centro-Africana, enquanto ainda causa furor o Vatileaks 2 – o caso dos documentos sigilosos sobre a situação econômica e financeira da Santa Sé vazados e transmitidos à imprensa –, o papa diz: "A imprensa livre, laica e também confessional, desde que seja profissional – porque o profissionalismo da imprensa pode ser laico ou confessional, o importante é que sejam profissionais de verdade, que as notícias não sejam manipuladas –, para mim é importante, porque a denúncia das injustiças, das corrupções é um bom serviço... E, depois, o responsável deve fazer qualquer coisa, promover um julgamento, levar ao tribunal. Mas a imprensa profissional deve dizer tudo, sem cair nos três pecados mais comuns: a desinformação (dizer metade e ocultar a outra metade), a calúnia (a imprensa não profissional, isto é, quando não há profissionalismo, enxovalha o outro com ou sem verdade) e a difamação".

Francisco aborda novamente o tema da pedofilia na Igreja no voo de regresso do México, em fevereiro de 2016. "Um bispo que muda de paróquia um sacerdote quando se verifica um caso de pedofilia é um inconsciente, e a melhor coisa que pode fazer é apresentar a renúncia. Está claro?"

Nessa mesma entrevista, responde ainda a uma pergunta sobre o futuro presidente dos Estados Unidos, Donald Trump: "Uma pessoa que só pensa em fazer muros, onde quer que seja, e não em fazer pontes não é cristã. Isso não está no Evangelho. Quanto àquilo que me perguntava sobre o conselho que daria de votar ou não votar: não me intrometo".

Ainda nessa ocasião, Francisco fala do aborto: "O aborto não é um 'mal menor'. É um crime. É eliminar uma pessoa para salvar outra. É aquilo que faz a máfia. É um crime, é um mal absoluto". Pedem ao papa que comente o documentário que trata da longa amizade entre o Papa Wojtyła e a filósofa Anna-Teresa Tymieniecka: "Um homem que não sabe ter uma boa relação de amizade com uma mulher (não falo de misóginos! Esses são doentes...) é um homem a quem falta alguma coisa. E eu, inclusive por experiência pessoal, quando peço um conselho, dirijo-me a um colaborador, a um amigo, um homem, mas gosto também de ouvir o parecer de uma mulher".

No voo de retorno da Armênia, em junho de 2016, o papa volta a falar dos gays: "Creio que a Igreja não só deve pedir desculpas – como disse aquele cardeal 'marxista' [Reinhard Marx] – a essa pessoa que é gay, que ofendeu, mas deve pedir desculpas também aos pobres, às mulheres e às crianças exploradas no trabalho; deve pedir desculpas por ter abençoado tantas armas... E quando digo 'Igreja' entendo os cristãos; a Igreja é santa, os pecadores somos nós – os cristãos devem pedir desculpas por não terem acompanhado tantas opções, tantas famílias... Recordo a cultura de Buenos Aires quando era criança: uma cultura católica fechada. Eu venho disso! Não se podia entrar na casa de uma família divorciada!".

No regresso da Polônia, um mês mais tarde, falando dos recentes atentados de origem islâmica, Francisco afirma: "Penso que não é justo identificar o islã com a violência. Isso não é justo, nem é verdade!". E acrescenta: "O terrorismo está em toda parte! Pense no terrorismo tribal de alguns países africanos... O terrorismo – não sei se devo dizê-lo, porque é um pouco perigoso – cresce quando não há outra opção, quando, no centro da economia mundial, está o deus-dinheiro e não a pessoa, o homem e a mulher. Esse já é o primeiro terrorismo".

Em suas viagens, o papa é acompanhado por um grupo que vai de 50 a 70 jornalistas, segundo a capacidade do avião. A Sala de Imprensa do Vaticano abre o credenciamento para cada voo com bastante antecedência e, em poucos dias, a lista se encerra. A maioria dos repórteres que voam com o papa são "habitués" e trabalham como correspondentes em Roma e no Vaticano para as principais publicações internacionais. Outros, por sua vez, são jornalistas dos países visitados, que requisitam o credenciamento para viagens específicas. Os jornalistas – ou melhor, seus jornais, agências ou canais de televisão – pagam uma cifra bastante elevada pela passagem de avião: são voos especiais, não de linha, e o custo corresponde à tarifa IATA de uma viagem de ida para cada trecho. De fato, paga-se tanto quanto uma passagem de primeira classe em valor cheio, às vezes até mais. Também a Santa Sé a paga para os membros da comitiva segundo essas mesmas tarifas. Os repórteres da comitiva, depois de controles de segurança criteriosos, sobem antecipadamente à aeronave. O setor a eles destinado fica no fundo. Há alguns postos predeterminados, marcados por cartazes com o nome, para fotógrafos, câmeras, rádios e agências. Os outros são livres e quem sobe primeiro escolhe os melhores, já que no cartão de embarque não há lugares designados.

Quem segue os passos dos jornalistas, distribuindo crachás e acompanhando-os nos vários locais onde se desenvolvem os eventos papais, é o assistente do diretor da Sala de Imprensa do Vaticano, Matteo Bruni, que assumiu no lugar de um veterano das viagens pontifícias, Vik van Brantegem. Nos lugares centrais da aeronave viajam os gendarmes, os guardas suíços e alguns dos colaboradores do pontífice. Na primeira classe e na executiva, vão os cardeais da comitiva e os prelados mais próximos do papa. O pontífice viaja em um assento na primeira fila.

Em anos anteriores, quando os aviões eram dotados de menos tecnologia, para os deslocamentos longos alguns assentos eram retirados, de maneira a instalar uma cama de verdade, circundada por uma tenda. As novas aeronaves e as fiações conectadas aos assentos tornaram essa operação muito mais complicada. Por outro lado, os assentos de primeira classe, hoje, são muito confortáveis e reclinam o suficiente para garantir um bom repouso. De todo modo, antes de sua primeira viagem, ao Brasil, Francisco quis se certificar de que a Alitalia não preparasse nenhuma instalação especial. O papa não costumava viajar em primeira classe quando era arcebispo de Buenos Aires. Um de seus colaboradores nos conta que, diante de todos aqueles telefones, luzes e telas, uma vez ele exclamou: "Quando me sento no avião com essas coisas todas, tenho a impressão de estar num hospital, fico à espera de que, a qualquer momento, venha alguém colocar-me no soro!”.

A decolagem costuma ser no aeroporto de Fiumicino, e o pouso, no de Ciampino. O voo da Alitalia, sempre com a sigla AZ4000, acompanha o papa na ida, enquanto a principal companhia do país visitado se encarrega do trajeto de regresso. Quando não há, ou se a que há não é suficientemente segura, a Alitalia opera também o voo de volta e os eventuais deslocamentos internos. Francisco viaja com um séquito de cerca de vinte colaboradores. Entre eles estão o assistente pessoal do papa, Sandro Mariotti, o cardeal secretário de Estado e o substituto, o diretor da Sala de Imprensa do Vaticano, o superior da Secretaria de Comunicação e o médico pessoal do papa. Outras duas figuras indispensáveis são o organizador das viagens papais (até fevereiro de 2016, o alto e discreto Alberto Gasbarri; desde sua aposentadoria, o monsenhor colombiano Mauricio Rueda Beltz) e o comandante dos gendarmes do Vaticano, Domenico Giani, chefe da equipe de segurança do pontífice. Um adido se ocupa da bagagem de Francisco, que compreende não só suas vestimentas, mas também alguns paramentos, o bastão pastoral e os presentes, às vezes volumosos, que serão oferecidos aos chefes de Estado e aos bispos. Como já foi dito, Bergoglio leva consigo, na cabine, a velha bolsa negra com seus objetos pessoais, entre os quais um barbeador, que usa duas vezes ao dia: às 4h30, quando se levanta, e no começo da tarde, depois de um breve cochilo.

O protetor de encosto de cabeça e os travesseiros brancos com o brasão pontifício bordado em relevo são característicos de todos os voos papais. Também o menu, impresso em cartão, traz o brasão do pontífice. Além disso, todos os passageiros recebem um folheto com a rota do voo. Aeromoças e comissários são escolhidos entre os mais experientes da companhia. Cada um deles termina o voo tirando uma foto ao lado do papa, que nunca deixa de entrar na cabine de comando para cumprimentar os pilotos.

Na viagem de ida, durante o cumprimento aos jornalistas, Francisco percorre lentamente os corredores e troca algumas palavras com cada um deles, acompanhado de alguns colaboradores, aos quais encarrega os presentes, as cartas, os bilhetes e os livros que recebe. Há quem lhe peça orações e quem peça uma *selfie*, quem o faça escutar no celular a voz dos filhos pequenos que o cumprimentam, quem lhe mostra um novo aplicativo com *emoticons* papais ilustrados e ouve em resposta: "Saí bem melhor aí do que na realidade". Durante a viagem a Cuba, uma jornalista do canal Telemundo lhe entregou uma cópia do Emmy concedido à ótima cobertura do conclave. Maria Antonieta Collins, jornalista da rede Univision, lhe entregou uma grande caixa de empanadas de carne, salgado típico argentino, que encomendou em um dos melhores restaurantes de Miami e levou até Roma para entregar no voo papal. Francisco não pensou duas vezes: entregou-as rapidamente às comissárias para que as dividissem e as servissem como tira-gosto.

Um dos episódios mais curiosos se deu no voo de ida para Cuba e México, em fevereiro de 2016, quando um jornalista se inclinou subitamente para limpar os sapatos do papa. Tratava-se de Noel Díaz, formado em medicina, com especializações em neurologia e oftalmologia, mas que fora engraxate: "Minha família era pobre", contou, "e, quando era criança, eu consegui comprar a roupa da minha primeira comunhão engraxando sapatos".

Entre as novidades introduzidas por Francisco está o convite para acompanhar a comitiva, oferecido como prêmio a um funcionário do Vaticano a cada viagem. E, sobretudo, o hábito de visitar, antes e depois de cada ausência, a imagem *Salus Populi Romani*, ícone da Virgem que é muito caro aos romanos, na basílica de Santa Maria Maior. O papa vai até lá na noite antes da partida para rezar sozinho. E tão logo chega a Roma, ainda antes de voltar ao Vaticano, Francisco passa pela basílica para agradecer a Nossa Senhora.

LEIA TAMBÉM:

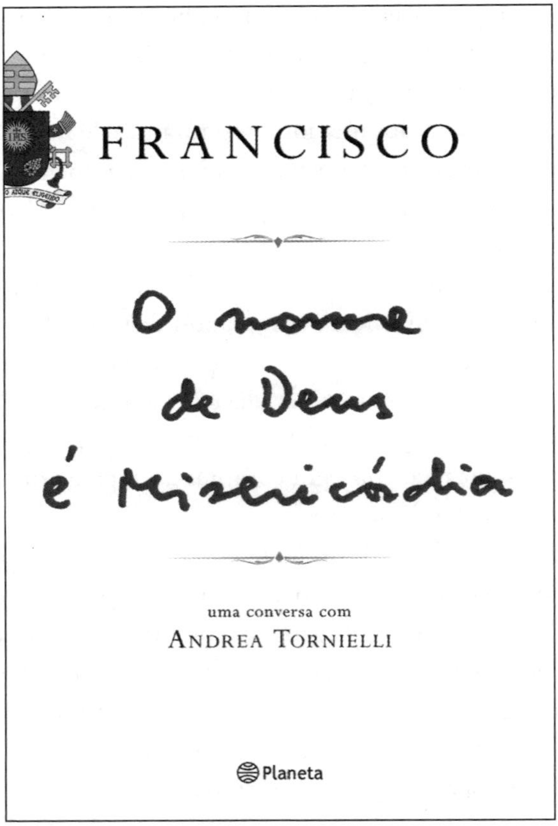
FRANCISCO
O nome de Deus é Misericórdia
uma conversa com
ANDREA TORNIELLI
Planeta

"A Igreja não está no mundo para condenar, mas para promover o encontro com aquele amor visceral que é a misericórdia de Deus. Para que isso aconteça, é necessário sair. Sair das igrejas e das paróquias, sair e ir à procura das pessoas onde elas se encontram, onde sofrem, onde esperam." – Papa Francisco

Considerado o primeiro livro do Papa Francisco, *O nome de Deus é Misericórdia* traz uma entrevista exclusiva concedida ao vaticanista Andrea Tornielli, na qual o pontífice explica o porquê do Ano da Misericórdia.

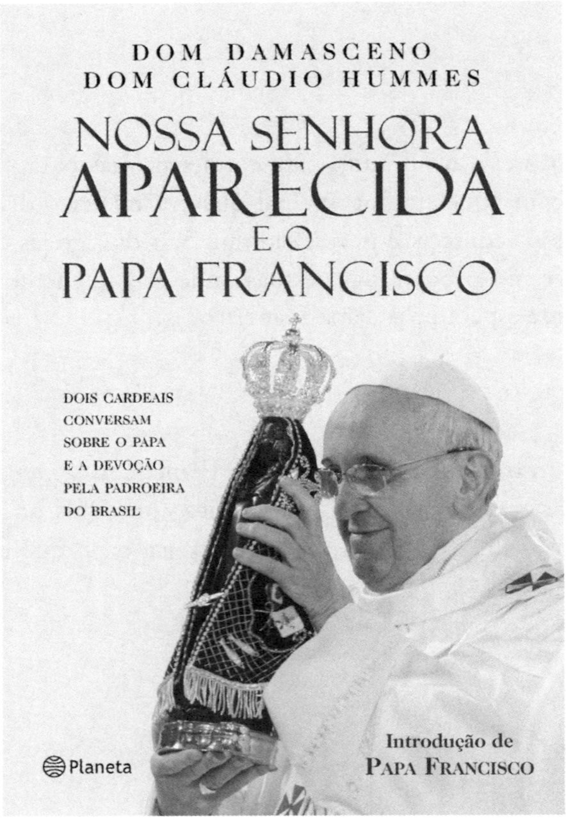
DOM DAMASCENO
DOM CLÁUDIO HUMMES
NOSSA SENHORA
APARECIDA
E O
PAPA FRANCISCO
DOIS CARDEAIS
CONVERSAM
SOBRE O PAPA
E A DEVOÇÃO
PELA PADROEIRA
DO BRASIL
Introdução de
PAPA FRANCISCO
Planeta

Esta é uma das percepções de Papa Francisco sobre a maior devoção católica da América Latina e uma das aparições marianas mais importantes do mundo: Nossa Senhora Aparecida. Todos os anos, milhares de fieis percorrem dezenas de quilômetros a pé para agradecer pelas preces atendidas pela padroeira do Brasil.

Muitos pontífices demonstraram seu carinho e amor por ela, mas Francisco, o primeiro Papa Latino Americano sabe como ninguém o tamanho de sua importância. Neste livro será possível entender qual é a opinião, a percepção e a admiração de Francisco por Nossa Senhora Aparecida, além de toda a trajetória destes dois ícones que se cruzaram por diversas vezes durante os seus legados.

Com histórias inéditas, relatos pessoais e confidenciais, dom Damasceno e dom Cláudio Hummes contarão fatos destes trezentos anos de história, inclusive os já conhecidos, por um viés totalmente diferente. Incluindo orações marianas, entrevistas, informações relevantes e um texto exclusivo do próprio Papa Francisco diretamente do Vaticano, *Nossa Senhora Aparecida e o Papa Francisco* comemora o Jubileu dos 300 Anos de Bênçãos de uma forma extraordinária e cheia de fé.

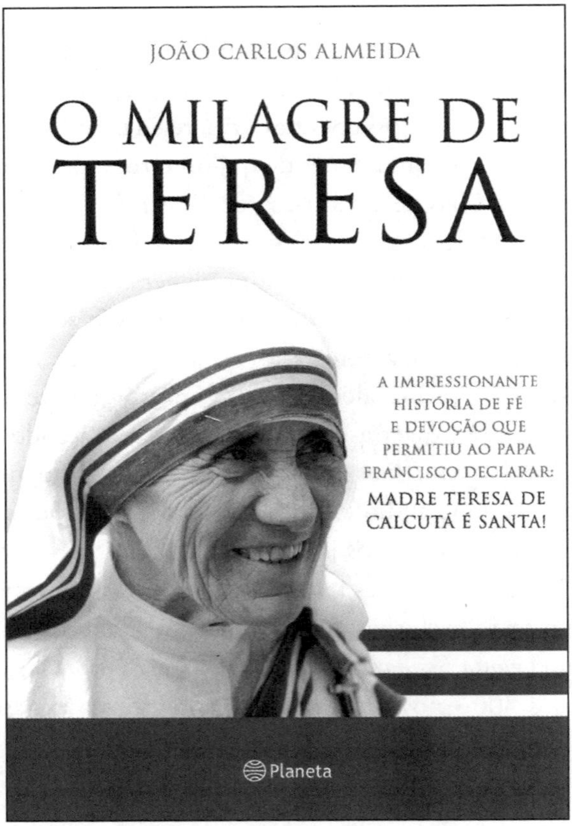

JOÃO CARLOS ALMEIDA
O MILAGRE DE
TERESA
A IMPRESSIONANTE
HISTÓRIA DE FÉ
E DEVOÇÃO QUE
PERMITIU AO PAPA
FRANCISCO DECLARAR:
MADRE TERESA DE
CALCUTÁ É SANTA!
Planeta

Madre Teresa de Calcutá é um ícone que transcende as religiões. Seus feitos são reconhecidos pelos maiores líderes do mundo. A maior prova disso veio em 1979, quando recebeu o prêmio Nobel da Paz. Falecida em 1997, a "santa das sarjetas" teve seu processo de beatificação confirmado pelo então Papa João Paulo II, em 2003. Era necessário um milagre para que ela pudesse receber o mais alto grau de reconhecimento da Igreja Católica: a canonização. No dia 9 de dezembro de 2008 aconteceu um fato extraordinário, na Baixada Santista, no Brasil. Era o que faltava.

Um paciente em coma, com múltiplos abscessos cerebrais e hidrocefalia acordou diante do médico que estava pronto para operá-lo. A cirurgia nunca aconteceu e o paciente ficou completamente curado enquanto sua esposa rezava com fé ardente pedindo a intercessão de Madre Teresa. Após vários anos de investigação, a Igreja Católica reconheceu tratar-se de um verdadeiro milagre que abriria as portas para a canonização da "santa dos pobres". Neste livro, que possui *Nihil Obstat* – aprovação da Igreja Católica para publicações –, será possível conhecer, a partir de informações inéditas, os detalhes dessa impressionante história de fé e devoção. Prepare-se para tocar o céu com suas próprias mãos.

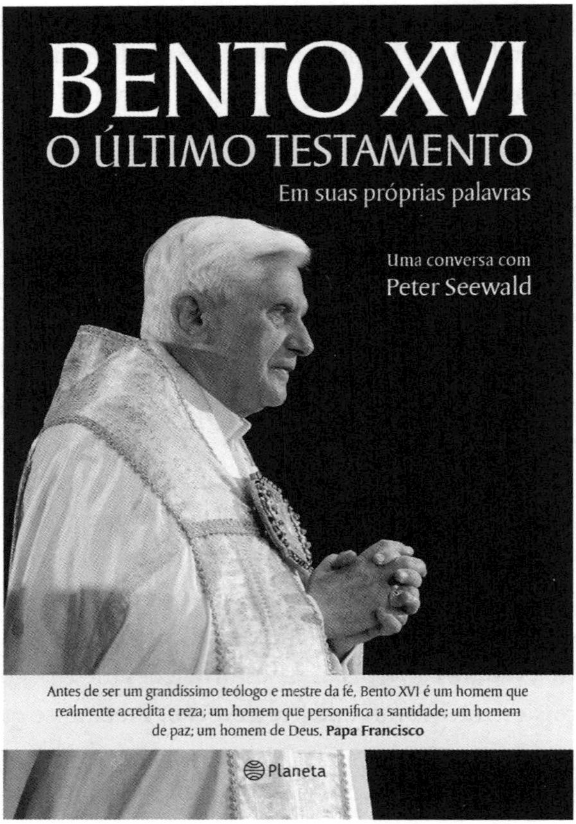
BENTO XVI
O ÚLTIMO TESTAMENTO
Em suas próprias palavras
Uma conversa com
Peter Seewald
Antes de ser um grandíssimo teólogo e mestre da fé, Bento XVI é um homem que realmente acredita e reza; um homem que personifica a santidade; um homem de paz; um homem de Deus. Papa Francisco
Planeta

Bento XVI fez história ao ser o primeiro papa em mais de setecentos anos a renunciar. A Igreja Católica em todo o mundo ficou chocada. Desgastado pela corrupção na Igreja e por uma série interminável de escândalos sexuais clericais, ele decidiu que a resolução de todos esses problemas estava fora de seu poder, considerando um homem de sua idade.

O último testamento está mais próximo de uma autobiografia do homem tímido e privado que permaneceu "escondido do mundo" em um antigo convento nos jardins do Vaticano. Ele quebra seu silêncio sobre questões como o caso *Vatileaks*, em que seu mordomo vazou algumas de suas cartas pessoais que alegavam corrupção e escândalo na cidade sede da Igreja Católica; a presença de um "lobby gay" entre padres e como ele o desmantelou; sua suposta educação nazista; suas tentativas de limpar a "sujeira na igreja" (abuso sexual clerical), entre outras.

Em um nível mais pessoal, ele escreve com grande admiração sobre seu sucessor, o Papa Francisco, que ele admite ter um toque popular, uma qualidade de estrela que lhe falta. Muita polêmica ainda envolve a trajetória de Bento XVI - neste livro ele aborda essas controvérsias e revela como, em sua idade avançada, governar e reformar o papado, e particularmente o Vaticano, estava além de suas capacidades.

Este livro foi composto em Adobe Garamond Pro e Bliss Pro e impresso pela
RR Donnelley para a Editora Planeta do Brasil em setembro de 2017.